AF217983

ISRAELI HEBREW
For Speakers of English

Book Two
Revised Edition

Written By
Gad Ben-Horin
Peter Cole
Hilla Israeli
Shlomo Lederman
Michal Allon Livnat
Vered Nachshon
Roberta Stock
Yael Ziv

Series Editor
Peter Cole

Duben Books
6 Briar Lane
Newark, DE 19711 USA

DubenBooks@USA.net
http://www.IsraeliHebrew.com
Phone and Fax: (302) 292-1941

ISBN# 0943443024

For information on audio and computer assisted instruction to accompany the Israeli Hebrew Series, see our website: http://www.IsraeliHebrew.com

© 1979 by:

Gad Ben-Horin

Peter Cole

Hilla Israeli

Shlomo Lederman

Michal Allon Livnat

Vered Nachshon

Roberta Stock

Yael Ziv

Cover cartoon used with the permission of the artist:

K. Gardosh ("DOSH")

Tel Aviv, Israel

© 1979

Printed in the U.S.A.

ב

PREFACE

This textbook is the second in a three volume series, Israeli Hebrew for Speakers of English, now in use at the University of Illinois. The series, designed for use with both university and high school students, leads the language learner through the fundamentals of Modern Hebrew morphology, syntax and lexicon, and prepares him for advanced studies in the language. The series is intended to be compatible with the Modern Hebrew PLATO program, a computer-based supplement to classroom language instruction. The textbooks are designed, however, to be used independently of the computer program. The books are accompanied by audio tapes (available from the Language Learning Laboratory of the University of Illinois).

It has been the assumption of the authors that the spoken rather than the written language should be emphasized during the initial stages of language learning. In the first two books of the series, we attempt to provide the student with a firm foundation in Israeli Hebrew as it is spoken in informal contexts by educated native speakers. The decision to teach informal spoken Hebrew has led to occasional departures from normative Hebrew. For example, educated native speakers of Hebrew generally say כְּתַבְתֶּם etc. and not כְּתַבְתֶּם in informal contexts. Thus, we have taught the form כְּתַבְתֶּם actively and have only mentioned in passing the existence of the more formal כְּתַבְתֶּם. Similarly, we have taught the colloquial אוֹתְכֶם actively rather than the more formal אֶתְכֶם. In sentences where two forms co-exist in informal speech (like לאן and לאיפה) we followed usage and taught both forms. We believe this to be justified because we wish to prepare our students to speak and understand the Hebrew spoken by native speakers in Israel today.

Although a colloquial style is emphasized during the initial stages of Hebrew study, a progression toward more literary usage can be seen in the latter chapters of Book Two and throughout Book Three. The goal of the series as a whole is to enable the advanced student to deal competently with the full range of styles in use in Israel. This would include conversational, journalistic and literary Hebrew. We believe that an emphasis on informal spoken Hebrew during the first year of study facilitates the accomplishment of this goal.

Related to our emphasis on the spoken language is the decision to stress oral rather than written drill in the first two volumes of the series. The pedagogical philosophy of the series is pragmatic. Choral repetitions, chain drills and transformation drills, the staples of the audio-lingual method, have been used extensively. These drills should generally be done orally and with the students' books closed. Their purpose is to develop oral facility in the structure being taught. Teachers who are inexperienced in the audio-lingual method should be warned that drills of this type must be carried out very rapidly, or their mechanical nature is likely to lead to inattention on the part of the student. When used properly, however, these drills remain the most effective method of introducing and practicing a new structure.

Throughout the books, reading passages and grammar points are used to present and explain difficult structures as well as new vocabulary. The grammar points may serve as a guide to both teacher and student as to the main emphasis of each unit. We also include a variety of exercises, such as matching drills and translation exercises, which are intended primarily for use as homework assignments. It should be noted that more exercises have been provided than could conveniently be done by any one class. This was done in order to allow the classroom teacher maximal flexibility in choosing exercises that fulfill the needs of his class.

The present edition is the second edition of Book Two. The first edition was written by Gad Ben-Horin, Peter Cole, Hilla Israeli, Vered Nachshon, Roberta Stock and Yael Ziv. The second, revised, edition was prepared by Peter Cole, Shlomo Lederman and Michal Allon Livnat. The current edition follows the general pattern of the first edition. A large number of additional drills are incorporated and the numerous minor errors of the first edition have, we hope, been corrected. We hope that the book has been substantially improved.

The difficult and painstaking job of preparing the manuscript for camera ready reproduction was undertaken by Niva and Uzi Merin. The excellent page design of the present edition is due to the Merins. ניקוד is due to Shlomo Lederman.

Finally, we would like to acknowledge the help of a number of individuals and organizations that have contributed to the success of this enterprise: K. Gardosh ("Dosh") for permission to use his cartoon on the cover of the book; Rina Donchin, Gaby Hermon, Hanah Kronfeld and Yael Ziv for their very attentive comments, suggestions and other help; the Language Learning Laboratory and the Linguistics Department of the University of Illinois for their moral and financial support.

The revised edition of Book Two is the product of the efforts of all of us. It is the result of many years of work and we are proud of it. It is our hope that this book and the others in the series will prove useful to the Hebrew teacher, and, more importantly, to the Hebrew student.

תוכן   העניינים

UNIT א

PART ONE - Review

א-1 קטע קריאה (Reading Passage)

מילים חדשות

vacation	חוֹפֶשׁ (ז.)
meet	פָּגַשׁ
head	רֹאשׁ (ז.)

LOAN WORDS

psychology	פְּסִיכוֹלוֹגְיָה

סִימֶסְטֶר חדש בא. אתמול קמנו רק בַּצוהריים, אבל היום אנחנו צריכים לקום בשעה שבע בבוקר. למה? **החוֹפֶשׁ** היה כל-כך נחמד!

היינו בבית - עם אבא ואמא, עם האחים והאחיות. **פָּגַשְׁנוּ** שם חברים שלא ראינו הרבה זמן כי הם לומדים באוניברסיטאות אחרות. אחר-כך לקחנו את המכונית ונסענו לפְלוֹרִידָה. שכחנו שאנחנו סטודנטים.

אבל עכשיו אמרנו **לַחוֹפֶשׁ** "שלום ולהתראות" וחזרנו לַקַמְפּוּס. עוד פעם אנחנו צריכים לפתוח את כל הספרים - מָתֵימָטִיקָה, הִיסְטוֹרְיָה, **פְּסִיכוֹלוֹגְיָה** ו...עברית.

שכחתם את כל העברית שלמדתם בסימסטר הראשון? "כן!", אנחנו אומרים למורה. "לא נכון!" הוא עונה לנו. המורה לא יודע דבר אחד: אנחנו באוניברסיטה אבל הראש שלנו עוד לא כאן - **הראש** שלנו שם, בפְלוֹרִידָה...

א-2 תרגיל

Repeat the story in 1-א, using:

a. אֲנִי instead of אֲנַחְנוּ

b. רִינָה instead of אֲנַחְנוּ

א-3 תרגיל בעל-פה

Say the "opposite" of the following words:

דוגמא: אבא - אמא

אבא	לשים	קנינו
אין לי מושג	בבקשה	טוב
אישה	בת	יש לי
בא	הולכים	כאן
בוקר	היום	כבר
גדול	זולה	כותבת
גם	חדש	לאט
ארוחת בוקר	זקן	לבד
בעל	לפעמים	לוקח
לפני	חשוב	לילה
מלוכלכות	סוגר	מוכר
מלך	עצובים	עשיר
נקבה	קיבוץ	צריך
קצת	שאלות	לשאול

א-4 תרגיל בעל-פה

Give the infinitive of the following verbs.

עשיתי	סוגרים	שרתי	רציתי	חושבת
קנית	עוזרת	באנו	שואל	לקחנו
ראית	יודע	פתחת	שוכחים	אמרתי
קמה	חוזר	קניתם	שותה	יושב

א-5 תרגיל בעל-פה

Change the sentences below to the past tense

דוגמא: אני לומד עברית.
למדתי עברית.

1. אני לומד עברית.
2. היא אוהבת את דני.

3. אתה אוכל סטיק.
4. את אומרת לדני לבוא.
5. דני גר בשיקגו.
6. רינה הולכת לחנות.
7. אנחנו בסיפריה.
8. אתם חושבים על רינה.
9. אתן כותבות מכתב.
10. הם לובשים בגדים.
11. הן לוקחות המבורגר.
12. אני מוכר גלידה.
13. אתה נוסע לתל-אביב.
14. את עושה ספגטי.
15. משה עובד בקפטריה.
16. מתי אתה במשרד?
17. חנה פותחת את הדלת.
18. אנחנו קונים ספרים.
19. אנחנו קוראות ספר.
20. קוראים לו דני.
21. אתם רואים אותו?
22. אני רץ כל יום.
23. קוראים לי רינה.
24. הם ישנים כל היום.

א-6 <u>תרגיל בעל-פה</u>

Change the sentences below to the present tense.

1. היו כאן שלושה ספרים.
2. לא היתה פה מסיבה.
3. היה עיתון בבית.
4. לא היו כאן ספרים.
5. היתה פה מסיבה.
6. למה לא היה עיתון?
7. היו כאן מורים טובים.
8. היתה כאן מורה טובה.

א-7 <u>שיחה</u>

התלמידים בכיתה אומרים מה הם עשו בַּחוֹפֶשׁ.

א-8 <u>תרגיל כתיבה</u>

אתה צריך לכתוב מה עשית בַּחוֹפֶשׁ.

תרגיל 9-א

Two of the verbs in each group indicate a similar type of activity.
The third verb has an entirely unrelated meaning. Underline that verb.

דוגמא: אני כתבתי
          אני קראתי
          אני נסעתי

1. אתם הלכתם   4. היא נתנה   7. הם שואלים
   אתם שאלתם   היא לקחה   הם באים
   אתם רצתם   היא עבדה   הם עונים

2. הוא שכח   5. לבוא   8. היא עובדת
   הוא ישן   לחזור   היא שומעת
   הוא קם   לקנות   היא רואה

3. אתן אכלתן   6. לסגור   9. היא פגשה
   אתן שרתן   לקחת   היא ראתה
   אתן שתיתן   לפתוח   היא ישבה

תרגיל 10-א

א. קטע קריאה

מילים חדשות

no longer   כְּבָר לֹא
live   חַי (לִחְיוֹת .inf)
without   בְּלִי
              אֲגוֹרָה   בְּלִירָה יִשְׂרָאֵלִית יֵשׁ
                          100 אֲגוֹרוֹת

שם של רחוב בתל-אביב

רחוב אַלֶנְבִּי

מוֹרְדְכַי כֹּהֵן כְּבָר לֹא עובד. הוא כבר איש זקן. לפני הרבה שנים, כשהוא היה
צעיר, מורדכי כהן מכר עיתונים. בבוקר הוא קם בשעה שש והלך לפתוח את החנות
הקטנה שלו ברחוב אַלֶנְבִּי בתל-אביב. הוא עבד קשה כל היום כי עיתונים עלו אז רק

שתי אֲגורות והרבה אנשים קנו אותם. לפעמים, הוא אפילו לא אכל ולא שתה כל היום אבל הוא היה שָׂמֵחַ כי הוא פָּגַשׁ הרבה אנשים מְעַנְיְינִים בעבודה שלו. הוא סגר את החנות רק בשבע בערב וחזר לבית שלו.

עכשיו מורדכי כהן כְּבָר לא צעיר. הוא זקן והוא לא יכול לעבוד. הוא חַי לבד, בְּלִי חברים, והוא לא פוגש הרבה אנשים. הוא יושב כל היום בבית וחושב על הימים הטובים כשעיתון עלה רק שתי אֲגורות.

ב. Repeat the story in א using שָׂרָה כֹּהֵן instead of מוֹרְדְּכַי כֹּהֵן.

א-11 שאלות

א. מה מורדכי כהן עשה כשהוא היה צעיר?

ב. איפה החנות שלו היתה?

ג. מתי הוא קם בבוקר?

ד. למה הרבה אנשים קנו אז עיתונים?

ה. למה מורדכי כהן היה שמח?

ו. באיזה שעה הוא סגר את החנות בערב?

ז. למה מורדכי כהן כבר לא עובד?

ח. יש לו עכשיו הרבה חברים?

ט. מה הוא עושה בבית?

א-12 תרגיל

Match each sentence from cclumn א with a sentence from column ב that says the same.

א. מתי פָּגַשְׁתָּ אותם?

ב. היא באה לשיעור בְּלִי הספר.

ג. הוא חַי הרבה שנים.

ד. השבוע אנחנו לא לומדים.

ה. אין לו הרבה שכל.

1. הוא היה זָקֵן.
2. יש לנו חוֹפֶש השבוע.
3. באיזה שעה ראית אותם?
4. הוא לא חכם.
5. היא לא לקחה את הספר כשהיא הלכה לשיעור.

תרגיל 13-א

Fill in the blanks with the correct forms of the verbs in parentheses.

אתמול קמתי בחמש בבוקר. _____ לנסוע לאחות שלי שגרה בטבריה.
(ר.צ.ה)

כְּשֶ _____ לתחנה, לא _____ שם את האוטובוס. הוא עוד לא _____ .
(ב.א)   (ר.א.ה)   (ב.א)

אז _____ במסעדה על-יד התחנה, _____ עיתון ו _____ קפה.
(י.ש.ב)   (ק.נ.ה)   (ש.ת.ה)

כשהאוטובוס בא, _____ את הנהג מתי אנחנו צריכים _____ בטבריה,
(ש.א.ל)   (ה.י.ה)

אבל הנהג לא _____ לי.
(ע.נ.ה)

האוטובוס _____ ארבע שעות. כשבאתי לבית של אחות שלי בשעה עשר,
(נ.ס.ע)

לא _____ אותה שם. הבעל שלה _____ לי שהיא _____ היום לתל-
(פ.ג.ש)   (א.מ.ר)   (נ.ס.ע)

אביב _____ אותי שם. אין לי שכל. איך _____ שהיא צריכה _____
(פ.ג.ש)   (ש.כ.ח)   (ב.א)

היום לתל-אביב?

תרגיל בעל-פה - חזרה 14-א

a. Recite the cardinal numbers from 1 to 12 (masculine and feminine).
b. Recite the ordinal numbers from 1 to 10 (masculine and feminine).
c. Recite the days of the week.

תרגיל בעל-פה - חזרה 15-א

Translate into Hebrew the following time expressions:

now	last month
last week	this time
yesterday	five years ago
a month ago	last time
three years ago	four week ago

last semester
this year
nine months ago

this week
today
ten days ago

א-16 תרגיל בעל-פה - חזרה

Change the following sentence into the past tense.

דוגמא: אני תלמיד טוב.
היתי תלמיד טוב.

א. אני תלמיד טוב.
ב. יש פה מסיבה.
ג. אתם תלמידים טובים.
ד. אין אוכל.
ה. מתי את בבית?
ו. הם חברים של דני.
ז. איפה המשרד שלך?
ח. יש פה הרבה סטודנטים.

א-17 תרגיל בעל-פה - חזרה

Make questions for which the following sentences are answers.

דוגמא: יש לי שלושה חתולים.
כמה חתולים יש לך?

א. יש לי שלושה חתולים.
ב. הספר עולה שבע לירות.
ג. השעה שמונה.
ד. לקחנו אותם לקונצרט.
ה. נתתי לו ספר מתמטיקה.
ו. רציתי לראות את דוד.
ז. נסענו לירושלים במכונית של עוזי.
ח. באתי לפני שלוש שעות.
ט. הספר של רינה.

י. אני אוכל כי אני רעב.

יא. המכונית של רינה.

יב. יש לו חדר יפה.

PART TWO - Present Tense of PI'EL Pattern (בִּנְיָן פִּיעֵל).

Past Tense of Pi'el Pattern

18-א

מילים חדשות

speak, talk (to)	לְדַבֵּר (עִם)
teach	לְלַמֵּד
pay (for)	לְשַׁלֵּם לְ- (בִּשְׁבִיל)
tell (a story, information)	לְסַפֵּר לְ-
receive, get	לְקַבֵּל
play (a game)	לְשַׂחֵק
ask/request (something from someone)	לְבַקֵּשׁ מִ-
language	שָׂפָה (נ.)

LOAN WORDS

Yiddish	אִידִישׁ
baseball	בֵּייסְבּוֹל

א. דני **מְדַבֵּר עִם** עוזי. סנדי שומעת אותם ושואלת באנגלית:

סנדי: סְלִיחָה, איזה שפה אתם **מְדַבְּרִים**? עברית?

דני: כן, אנחנו **מְדַבְּרִים** עברית. איך ידעת?

סנדי אומרת בעברית:

סנדי: אני לומדת עברית באוניברסיטה, אבל אני עוד לא **מְדַבֶּרֶת** כל-כך טוב. אני לא יכולה **לְדַבֵּר** מהר.

עוזי: ואני לא **מְדַבֵּר** אנגלית כל-כך טוב. את יודעת **לְדַבֵּר אִידִישׁ**?

סנדי: לא. רק אמא שלי והחברות שלה **מְדַבְּרוֹת אִידִישׁ**. אני לא אוהבת לשמוע **אִידִישׁ**.

עוזי: למה? אני יודע **אִידִישׁ**. זאת שָׂפָה יפה. אבל אנחנו יכולים **לְדַבֵּר** עכשיו באנגלית.

ב. רחל, החברה של יצחק, חושבת שֶבחורים לא צריכים **לְשַלֵם** בשביל בחורות. כשהיא הולכת עם יצחק לבאר רק היא **מְשַלֶמֶת** בשביל הבירה. אחר-כך היא **מְבַקֶשֶת** ללכת למסעדה יקרה ושם יצחק **מְשַלֵם** הרבה כסף בשביל הארוחה היקרה. גם בחורה לא צריכה **לְשַלֵם** כל הזמן בשביל בחורים.

א-19 <u>תרגיל בעל- פה</u>

Repeat these example sentences after your teacher.

א. אני מְדַבֵּר עברית.
היא לא מְדַבֶּרֶת עם משה.
הם מְדַבְּרִים על פוליטיקה.
למה אתן לא מְדַבְּרוֹת עם יעקב?
אנחנו לא אוהבים לְדַבֵּר על פוליטיקה.

ב. דני מְלַמֵד את רינה מתימטיקה.
רינה מְשַלֶמֶת לדני כסף.

ג. האמא מְסַפֶּרֶת לילדים סיפור.
הילדים מְבַקְשִים עוד סיפור.

ד. אנחנו מְשַחְקִים בייסבול.
אנחנו אוהבים לְשַחֵק בייסבול.

א-20

<u>GRAMMAR POINTS</u>

1. בִּנְיָנִים (Verb patterns)

a. All the verbs we have learned so far belong to a pattern of verbs called בִּנְיָן פָּעַל (Pa'al pattern). Some of these verbs are regular (e.g., כּוֹתֵב), and others, like final-ה verbs (e.g., קוֹנֶה), short verbs (e.g., גָר), or final-ח/ע verbs (e.g., שׁוֹמֵעַ, פּוֹתֵחַ) are irregular. But all of them belong to a single בִּנְיָן (pattern) - בִּנְיָן פָּעַל.

b. There are 7 בִּנְיָנִים, patterns, into which Hebrew verbs may fall: 5 frequently used ones, and 2 which are less common in everyday speech but are used in writing and by the media. In this lesson you are learning the second בִּנְיָן, which is called בִּנְיָן פִּיעֵל. The two בִּנְיָנִים, פָּעַל and פִּיעֵל, do not differ in meaning in a systematic way. Thus, it is necessary to memorize which verb occurs in which בִּנְיָן.

2. a. The present tense (זְמַן הוֹוֶה) of בִּנְיָן פִּיעֵל:

נקבה	זכר	
אני מְדַבֶּרֶת את מְדַבֶּרֶת היא מְדַבֶּרֶת	אני מְדַבֵּר אתה מְדַבֵּר הוא מְדַבֵּר	יחיד
אנחנו מְדַבְּרוֹת אתן מְדַבְּרוֹת הן מְדַבְּרוֹת	אנחנו מְדַבְּרִים אתם מְדַבְּרִים הם מְדַבְּרִים	רבים

עוד דוגמאות:

רבים נקבה	רבים זכר	יחיד נקבה	יחיד זכר	
מְשַׁלְּמוֹת	מְשַׁלְּמִים	מְשַׁלֶּמֶת	מְשַׁלֵּם	'pay'
מְלַמְּדוֹת	מְלַמְּדִים	מְלַמֶּדֶת	מְלַמֵּד	'teach'

As you see, the present forms in בִּנְיָן פִּיעֵל always begin with the prefix -מְ.

b. The infinitive forms of verbs in בנין פִּיעֵל:

דוגמאות: לְדַבֵּר, לְשַׁלֵּם, לְלַמֵּד, לְבַקֵּשׁ

3. Compare the following two verbs:

לוֹמֵד 'learn/study' - בנין פָּעַל

מְלַמֵּד 'teach' - בנין פִּיעֵל

Both verbs have the root ל.מ.ד, but their meaning is different (though related). It is common in Hebrew to find verbs in different בנינים which have the same root. Another example is: סוֹפֵר 'count' and מְסַפֵּר 'tell'.

א-21 תרגיל בעל-פה

אתם צריכים להגיד את המשפטים האלה:

דוגמא: הילד מְדַבֵּר אנגלית.

הילדה - הילדה מְדַבֶּרֶת אנגלית.

א. הילד מְדַבֵּר אנגלית.

1. הילדה	4. את	7. אתן
2. הילדות	5. האנשים האלה	8. התלמידים
3. אתה	6. אנחנו	9. הסטודנטית הזאת

ב. האיש מְסַפֵּר לנו סִיפּור.

1. האישה	3. אבא של רינה	5. המורה
2. הם	4. הן	6. אתה

ג. למה אני לא מְקַבֵּל ארוחה?

1. את	3. הן	5. הבת שלי
2. חיים ויצחק	4. הוא	6. אתם

ד. הילד מְשַׂחֵק בֵּייסבּוֹל.

1. הילדה	3. הילדות	5. החברים שלי
2. אנחנו	4. היא	6. הן

א-22 תרגיל בעל-פה

Repeat the sentences below omitting the first verb and changing the second verb (the infinitive) into the main verb as in the examples.

דוגמאות: הוא רוצה לְדַבֵּר הרבה שפות. הוא מְדַבֵּר הרבה שפות.

הן צריכות לְשַׁלֵּם שלוש לירות. הן מְשַׁלְּמוֹת שלוש לירות.

א. חיים רוצה לְלַמֵּד עברית.

ב. הילדה אוהבת לְקַבֵּל הרבה מתנות.

ג. סטודנטים לא אוהבים לְבַקֵּשׁ הרבה כסף מההורים שלהם.
ד. למה אתה לא רוצה לְדַבֵּר עם רינה?
ה. בחופש התלמידים לא צריכים לִלְמוֹד.
ו. מי אוהב לְשַׂחֵק בייסבול?
ז. למה את לא רוצה לְסַפֵּר לי סיפור?
ח. שרה ורינה רוצות לְקַבֵּל A.
ט. אנחנו לא יכולים לְשַׁלֵּם בשביל הארוחה.
י. בחופש המורים לא צריכים לְלַמֵּד.

א-23 תרגיל בעל-פה - חזרה

Change the object of the sentences below into a definite noun.

דוגמא: קראתי ספר.
קראתי את הספר.

א. קראתי ספר.
ב. עזרתי לאיש ברחוב.
ג. כתבתי מכתבים.
ד. הוא יושב במסעדה.
ה. הלכנו לספריה.
ו. הם קוראים ספר.
ז. הוא חושב על אישה.
ח. הוא קורא מכתב שלי.
ט. רינה עוזרת לחבר שלה.
י. דני חושב על ספר שהוא קרא.

א-24 תרגיל בעל-פה - חזרה

Translate the following phrases:

1. the teacher's book
2. I read the book.
3. the university library
4. the fisherman's wife
5. the teacher's students
6. mother's food
7. my cats
8. Rina's brother

א-25 <u>תרגיל</u>

Answer the questions below with complete sentences, using the items in parentheses. Be sure to use the correct form of the verb.

דוגמא: הוא עובד עכשיו? (לא / ד.ב.ר / חברים שלו)
לא, הוא מְדַבֵּר עם חברים שלו.

א. חיים בבית? (לא / ש.ח.ק / בייסבול / ברחוב)
ב. שרה משחקת עם הבן שלה? (לא / ס.פ.ר / לו / סיפור)
ג. אתם מקבלים הרבה מכתבים מההורים שלכם? (כן / הרבה)
ד. אתה מדבר עברית? (לא / רק אנגלית)
ה. למה אתם לא קונים את הספר? (כי / לא / ר.צ.ה / ש.ל.ם / הרבה כסף)
ו. דני, לאן אתה הולך? (ה.ל.ך / ש.ח.ק / עם חברים שלי)
ז. איפה היית? (לא / ר.צ.ה / ס.פ.ר / לך)
ח. איזה מכונית ההורים של יעקב קונים לו? (ק.ב.ל / מההורים שלו / קדילק)
ט. מה היא רוצה לארוחת ערב? (ב.ק.ש / סטייק עם צ'יפס)

א-26 <u>תרגיל</u>

Fill in the correct forms of לוֹמֵד or מְלַמֵּד.

<u>מילה חדשה</u>

בֵּית סֵפֶר (ז.) school

חנה מורה באוניברסיטה. היא __________ מתמטיקה. הסטודנטים אוהבים __________ בכיתה שלה כי חנה __________ טוב מאוד. חנה __________ גם בערב. בערב היא __________ בְּבֵית-סֵפֶר אחר. התלמידים שם __________ בערב כי הם עובדים כל היום. חנה אוהבת __________ אותם.

א-27

א. <u>דיאלוג</u>

אבא : רינה מלמדת אוֹתָךְ טוב?
שלומית: כן, היא מורה טובה מאוד.
אבא : את יכולה לספר לי מה אתם עושים בשיעורים?

שלומית: אנחנו משחקים.

אבא : משחקים? כל הזמן?

שלומית: כן. רינה יודעת שילדים אוהבים לשחק. אנחנו מבקשים מרינה לשחק והיא תמיד אומרת "בסדר".

אבא : אז מה אתם לומדים?

שלומית: אני לא יודעת. אני יודעת רק דבר אחד - אני משחקת.

אבא : ואני יודע רק דבר אחד - אני משלם!

ב. אבא של שלומית אומר: Fill in the blanks.

אני צריך ללכת ו_________ (ד.ב.ר) עם הבוס של רינה. אני צריך _________ (ס.פ.ר) לו שרינה לא _________ (ל.מ.ד) בשיעורים ושהיא רק _________ (ש.ח.ק) עם התלמידים. אני הולך _________ (ב.ק.ש) מורה אחרת בשביל הבת שלי. אם אני לא _________ (ק.ב.ל) מורה טובה בשביל שלומית, אני לא רוצה _________ (ש.ל.ם) להם כסף.

א-28 <u>תרגיל קריאה</u>

<u>The Past Tense of בנין פיעל</u>

<u>מילה חדשה</u>

אִיתוֹ with him

א. שרה : **דִיבַּרְתָּ** כבר עם הבוס?

דוד : לא, עוד לא **דִיבַּרְתִי אִיתוֹ**. הוא לא במשרד עכשיו. את **דִיבַּרְתְּ אִיתוֹ**?

שרה : כן, **דִיבַּרְנוּ** בבוקר אבל אני הולכת **לְדַבֵּר אִיתוֹ** עוד-פעם.

ב. המורה: עוזי, רק עכשיו **בִּיקַשְׁתִי** מדני לא **לְדַבֵּר** עם תלמידים אחרים בשיעור. אז למה אתה מדבר?

עוזי : המורה, **בִּיקַשְׁתְּ** רק מדני. מתי אמרת לי לא **לְדַבֵּר**?

ג. יעקב ורחל הלכו יחד למסעדה יקרה. יעקב **בִּיקֵשׁ** סטייק ורחל **בִּיקְשָׁה** המבורגר. הם **קִיבְּלוּ** אוכל טוב מאוד אבל הם גם **שִׁילְמוּ** בשבילו הרבה כסף.

א-29 **תרגיל**

חזור על המשפטים אחרי המורה.

א. דִיבַּרְתְ עם הבוס?
ב. יעקב בִּיקֵש סטיק.
ג. רחל בִּיקְשָה המבורגר.
ד. הם שִילְמוּ הרבה כסף.
ה. סִיפַּרְתִי לךָ הכל.
ו. קִיבַּלְתֶם את הכסף?
ז. אתמול שִיחַקְנוּ בייסבול.

א-30

GRAMMAR POINTS

1. The past tense (זמן עָבָר) of בנין פִּיעֵל

	זכר	נקבה
יחיד	אני דִיבַּרְתִי אתה דִיבַּרְתָ הוא דִיבֵּר	אני דִיבַּרְתִי את דִיבַּרְתְ היא דִיבְּרָה
רביב	אנחנו דִיבַּרְנוּ אתם דִיבַּרְתֶם הם דִיבְּרוּ	אנחנו דִיבַּרְנוּ אתן דִיבַּרְתֶן הן דִיבְּרוּ

Remember: In the past tense, pronouns are usually omitted in the first and second persons, singular and plural.

2. a. שוֹאֵל versus מְבַקֵש

The verb שוֹאֵל 'ask' is only used in the sense of asking a question.

דוגמאות: הם שואלים איך קוראים לך.
שאלתי אותו מה השעה.

The verb מְבַקֵשׁ 'ask for, request' is used whenever
the asking is a request.

ביקשתי מעוזי לפתוח את הרדיו.

I asked Uzi to turn on the radio.

היא ביקשה את הספר מדוד.

She asked David for the book.

b. מְדַבֵּר vs מְסַפֵּר vs אוֹמֵר

אוֹמֵר (לְ-) - say, tell (information or order, never a
              story)

מְסַפֵּר (לְ-) - tell (information or story, never an order)

מְדַבֵּר (עִם) - speak, talk to

דוגמאות:

I said "hi" to him.   אמרתי לו "שלום".

He told me to turn off   הוא אמר לי לסגור את הרדיו.
the radio.

I told them that I bought   סיפרתי להם שקניתי מכונית
a new car.   חדשה.

We haven't talked to the   עוד לא דיברנו עם המורה.
teacher yet.

א-31 תרגיל בעל-פה

אתם צריכים להגיד את המשפטים האלה.

דוגמא: בִּיקַשְׁתִּי מדוד את הספר.

אתה - בִּיקַשְׁתָּ מדוד את הספר.

א. בִּיקַשְׁתִּי מדוד את הספר.

7. אתן	4. היא	1. אתה
8. הם	5. אנחנו	2. את
9. הן	6. אתם	3. הוא

ב. הוא שִילֵם הרבה כסף.

1. היא
2. אנחנו
3. אתן
4. חבר שלי
5. חברה שלי
6. אתה
7. את
8. ההורים שלי
9. האיש הזקן

ג. דוגמא: שִילַמְתִי הרבה כסף.

הוא – הוא שִילֵם הרבה כסף.

קיבל – הוא קִיבֵל הרבה כסף.

אוכל – הוא קִיבֵל הרבה אוכל.

שִילַמְתִי הרבה כסף

1. הוא
2. קיבל
3. אוכל (noun)
4. היא
5. ביקשה
6. אנחנו
7. קיבלנו
8. האנשים הזקנים
9. כסף
10. את
11. שילמת
12. אתם

ד. דני דִיבֵר עם רינה.

1. הוא
2. אני
3. את
4. בכיתה
5. היא
6. הרבה
7. אנחנו
8. עם המורה
9. הם

ה. המורה סִיפְרָה לנו סיפור.

1. לכם
2. המורה (ז.)
3. לי
4. משה
5. לרינה
6. בדיחה
7. הם
8. את
9. הן

ו. אתמול שִיחַקְנוּ בייסבול.

1. אני
2. פוקר
3. אתם
4. הוא
5. עם חנה
6. היא
7. בסרט
8. הם
9. הן

א-32 תרגיל בעל-פה

Change the following sentences from present to past.

דוגמא: הוא מְדַבֵּר הרבה.
הוא דִיבֵּר הרבה.

א. הוא מְדַבֵּר הרבה.
ב. המורה מְסַפֶּרֶת סיפור.
ג. אנחנו מְבַקְשִׁים קפה.
ד. אני מְלַמֵּד אנגלית.
ה. אתה מְשַׁלֵּם לו?
ו. הם מְשַׂחְקִים פוקר.
ז. הוא לא מְקַבֵּל צ'קים.
ח. את מְלַמֶּדֶת עברית.
ט. רינה וחנה מְדַבְּרוֹת הרבה.
י. אתם מְשַׂחְקִים בסרט?

א-33 תרגיל

Give a negative answer to the following questions, using the time expressions in parentheses.

דוגמא: את מְשַׂחֶקֶת היום בייסבול? (אתמול)
לא, שִׂיחַקְתִּי בייסבול אתמול.

א. פרופסור כהן מְלַמֵּד עכשיו? (לפני שעה)
ב. שלומית מְסַפֶּרֶת לילדים סיפור? (בבוקר)
ג. אתם מְדַבְּרִים היום עם רחל? (אתמול)
ד. הם צריכים לְשַׁלֵּם את הכסף היום? (לפני שלושה ימים)
ה. אתה צריך לְקַבֵּל השבוע מכתב ממרים? (בשבוע שעבר)

א-34 תרגיל

In the following sentences change the subject from the singular to the plural, making all necessary changes in the verb.

דוגמא: הוא עוד לא דִיבֵּר עם המורה.
הם עוד לא דִיבְּרוּ עם המורה.

א. כל החופש שִׂיחַקְתִּי בייסבול.
ב. הבת שלי בִּיקְשָׁה בגדים חדשים.
ג. מתי קִיבַּלְתָּ את המכתב הזה?
ד. למה לא שִׁילַּמְתְּ כסף לנהג של האוטובוס.
ה. הוא לִימֵּד אידיש בבית-ספר בניו-יורק.
ו. בִּיקַּשְׁתִּי מעוזי לסגור את הטלביזיה.

א-35 <u>תרגיל</u>

Construct sentences from the items below, making all necessary changes. All the verbs should be in the past tense.

דוגמא: ק.ב.ל / המכתב / שלו / אתמול
קִיבַּלְתִּי את המכתב שלו אתמול.

א. הוא / ב.ק.ש / התמונה / שלי
ב. הם / ס.פ.ר / לי / על / רינה
ג. מה / פרופסור כהן / ל.מ.ד / אוניברסיטה
ד. אנחנו / לא / ק.ב.ל / העבודה / הזאת
ה. מה / אתם / ס.פ.ר / לדני
ו. את / ר.צ.ה / ד.ב.ר / עם / המורה שלך?
ז. הילד / הקטן / ש.ח.ק / עם / החתול / שלו
ח. אתן / ק.ב.ל / כבר / הכסף?

א-36 <u>בדיחה</u>

<u>מילים חדשות</u>

the owner of the restaurant	בַּעַל הַמִּסְעָדָה (ז.)
what, whatever, that which	מַה שֶׁ-
fear, be afraid	פָּחַד
hungry	רָעֵב, רְעֵבָה (נ.)

מה עושה בחור עני אם אין לו אפילו כסף לקנות אוכל? הֶרְשֶׁלֶה היה בחור בְּלִי כסף, אבל עם הרבה שכל. לפעמים, כשהוא היה רָעֵב, הרשלה הלך למסעדה אחת בָּעִיר שלו וּבִיקֵשׁ לְקַבֵּל ארוחת-ערב. הוא אמר **לְבַעַל הַמִסְעָדָה** שהוא לא יכול לְשַׁלֵּם בשביל האוכל אבל הוא יכול לְסַפֵּר סִיפּוּרִים יפים לאנשים שאוכלים במסעדה. כל האנשים שאכלו במסעדה אָהֲבוּ לשמוע את הסיפורים והבדיחות שהרשלה סִיפֵּר ובשביל זה הרשלה קִיבֵּל הרבה ארוחות טובות.

יום אחד, כשהרשלה בא למסעדה, בעל המסעדה לא רצה לתת לו אוכל. ״מהיום אם אתה רוצה לְקַבֵּל ארוחה, אתה צריך לְשַׁלֵּם,״ הוא אמר. ״הארוחות שאתה מְקַבֵּל כאן בלי לְשַׁלֵּם עולות לי הרבה כסף.״

הרשלה לא חשב הרבה ואמר לבעל המסעדה: ״אתה צריך לדעת דבר אחד. אם אני לא מְקַבֵּל ארוחה, אני הולך לעשות **מַה שֶׁ**אבא שלי עשה. אני לא רוצה לעשות **מַה שֶׁ**אבא שלי עשה אבל אם אני לא מְקַבֵּל ארוחה...״

הרשלה הלך וְדִיבֵּר עם האנשים שאכלו במסעדה: ״אם הוא לא נותן לי ארוחת-ערב, אני הולך לעשות **מַה שֶׁ**אבא שלי עשה.״

מה הרשלה הולך לעשות? איזה דברים רעים הוא יכול לעשות? בעל המסעדה **פָּחַד**. הוא רץ ועשה ארוחה גדולה ויפה, נתן אותה להרשלה ואז הוא אמר להרשלה: ״הרשלה, קִיבַּלְתָּ כבר את הארוחה שרצית. אתה יכול לספר לנו עכשיו מה אבא שלך עשה כשהוא לא קִיבֵּל ארוחת-ערב?״

״כן,״ ענה הרשלה. ״כשאבא שלי לא קִיבֵּל ארוחת-ערב, הוא הלך לישון רָעֵב.״

א-37

א. <u>שאלות על הבדיחה בא-36</u>

1. מה הרשלה אהב לעשות כשהוא היה רעב?
2. למה הוא קיבל ארוחות טובות מבעל המסעדה?
3. למה בעל המסעדה אמר להרשלה יום אחד שהוא לא יכול לקבל ארוחה?
4. מה הרשלה עשה?
5. למה בעל המסעדה הלך עכשיו ועשה בשביל הרשלה ארוחת-ערב?
6. מה הוא שאל את הרשלה אחר-כך?
7. מה היתה התשובה של הרשלה?

ב. תרגיל

Match each word from column א with its opposite from column ב.

א. עִם	1. מְשַׂחֵק
ב. מְקַבֶּלֶת	2. לא רוֹצֶה לֶאֱכוֹל
ג. עוֹבֵד	3. צְעִירָה
ד. רָעֵב	4. יַחַד
ה. זְקֵנָה	5. בְּלִי
ו. לְבַד	6. נוֹתֶנֶת

א-38 תרגיל

מילה חדשה

סַבָּא grandfather

a. Fill in the blanks with the appropriate form and tense of שׁוֹאֵל or מְבַקֵּשׁ.

שְׁלוֹמִית ________ אותי כל הזמן מתי היא יכולה לפגוש אותי, אבל אני לא רוצה לראות אותה כי היא תמיד ________ שאלות. אני לא אוהב בחורות ש________ אותי כל הזמן איפה הייתי אתמול ומה עשיתי.

פעם ________ משלומית: "שלומית, בלי שאלות בבקשה." היא ענתה לי: "בסדר. אני לא הולכת ________ אותך עוד שאלות. אני רק ________ דבר אחד: לא ללכת עם בחורות אחרות.

אמרתי לה: "שלומית, אני לא ________ מבחורות לראות רק אותי ואני גם לא ________ אותן הרבה שאלות."

b. Fill in the blanks with the appropriate form of אוֹמֵר, מְסַפֵּר, or מְדַבֵּר.

רותי לא אוהבת לבקש כסף מהאבא שלה, כי כשהיא ________ עם אבא שלה הוא תמיד ________ לה: "כשאני הייתי ילד קטן, עבדתי קשה ולא ביקשתי כסף מאבא שלי." האבא של רותי אוהב ________ לה על הימים כשהוא היה ילד קטן. הוא תמיד ________ שהוא היה ילד טוב.

יום אחד, רותי ישבה עם הסַבָּא שלה. הם ________ על הרבה דברים.

גם הסַבָּא של רותי אוהב __________ על הימים שהוא היה ילד קטן. הוא __________ לרותי שהוא היה ילד טוב אבל הבן שלו לא היה ילד כל-כך טוב. הסַבָּא של רותי __________ לה שהאבא שלה לא אהב לעבוד והוא תמיד בא לבקש כסף. רותי חשבה: "אז למה אבא __________ לי תמיד מה לעשות?"

א-39 <u>תרגום</u>

אתה צריך לכתוב את המשפטים הבאים בעברית.

1. I asked them who lives here.
2. We asked the teacher to help us.
3. He asked Rina for her book.
4. Children always want to play in the street.
5. Yesterday I received a letter from my uncle.
6. Why does she have to talk so much?
7. Have you talked to your boss?
8. The boss told me to do this work.
9. She told me about her new boyfriend.
10. We asked them not to ask many questions.

א-40 <u>תרגיל</u>

א. Fill in the blanks with the correct form and tense of the verbs in parentheses.

<u>LOAN WORDS</u>

a course, class	קוּרְס (ז.)
bridge (game)	בְּרִידְג' (ז.)

פרופסור לֵוִי כבר לא __________ (ל.מ.ד) באוניברסיטה. הוא לא __________ (ר.צ.ה) __________ (ע.ב.ד) קשה.

יום אחד הוא __________ (ה.י.ה) בבית כשאיש חשוב מהאוניברסיטה בא. האיש __________ (ב.ק.ש) מהפרופסור לוי __________ (ל.מ.ד) קוּרְס אחד בהיסטוריה. האיש __________ (ס.פ.ר)

לפרופסור לֵוִי שהמורה בַּקוּרס הזה לא יכול ________ (ל.מ.ד). האיש החשוב אמר:

"אם אתה רוצה ________ (ע.ז.ר) לנו, האוניברסיטה יכולה ________ (ש.ל.מ) לך הרבה כסף."

פרופסור לוי ________ (ב.ק.ש) מהאיש זמן בשביל לחשוב. הוא ________ (ר.צ.ה) ________ (ד.ב.ר) עם האישה שלו אבל היא לא ________ (ה.י.ה) בבית. האישה של פרופסור לוי ________ (ה.ל.כ) לבית של האחות שלה. הרבה פעמים הן ________ (י.ש.ב) יחד ו________ (ש.ח.ק) בְּרִידג'. אבל היום היא לא שם.

פרופסור לוי ________ (ד.ב.ר) עם האישה שלו בטלפון. הוא ________ (ס.פ.ר) לה מה האיש מהאוניברסיטה ________ (א.מ.ר) לו. אבל היא אפילו לא ________ (ר.צ.ה) ________ (ש.מ.ע). היא ________ (ר.צ.ה) ________ (ש.ח.ק) בְּרִידג'. היא ________ (ע.נ.ה) לו: "אתה יכול ________ (ע.ש.ה) מה שאתה רוצה."

פרופסור לוי ________ (ח.ש.ב): "איזה אישה יש לי? היא תמיד ________ (ב.ק.ש) ________ (י.ד.ע) מה אני ________ (ע.ש.ה). אבל כשאני ________ (ס.פ.ר) לה, היא אפילו לא רוצה ________ (ש.מ.ע)."

ב. אתה צריך לכתוב דיאלוג:

הפרופסור מדבר עם האישה שלו כשהיא חוזרת לבית.

PART THREE - Questions about objects of prepositions

א-41 תרגיל קריאה

אתה צריך לקרוא את המשפטים האלה:

א. שרה חושבת על העבודה.
על מה שרה חושבת?

ב. דני מדבר עם ההורים שלו.
עם מי דני מדבר?

ג. היא שילמה את הכסף לעוזי.
למי היא שילמה את הכסף?

ד. קיבלתי את הספר הזה מאחות שלי.
ממי קיבלת את הספר הזה?

ה. המכונית הזאת של שלומית.
של מי המכונית הזאת?

ו. רות ראתה אתמול את אח שלה.
את מי רות ראתה אתמול?

א-42

GRAMMAR POINTS

1. In Hebrew, questions about the object of prepositions like לְ-, בְּ-, מִ-, עִם, עַל-יַד, בִּשְׁבִיל, שֶׁל etc. begin with the preposition at the beginning of the sentence, immediately before the question word.

דוגמאות:

He lives next to Moshe.	הוא גר על-יד משה.
Who does he live next to?	על-יד מי הוא גר?
The presents are for my son.	המתנות בשביל הבן שלי.
Who are the presents for?	בשביל מי המתנות?

2. a. Questions about the direct object
In questions about the direct object, את appears before מי (את מי...?), but not before מה (מה...?).

דוגמאות:

Who does he love?	את מי הוא אוהב?
	הוא אוהב את הבחורה הזאת.
What did he buy in the store?	מה הוא קנה בחנות?
	הוא קנה את הספר הזה.

b. Questions about a complex possessive noun.

דוגמאות:

I took Jacob's car.	לקחתי את המכונית של יעקב.
Whose car did you take?	את המכונית של מי לקחת?

א-43 שאלות

Ask questions about the underlined words.

דוגמא: יצחק פגש את אח שלו ברחוב.
את מי יצחק פגש ברחוב?

א. אני אוהב לשבת על-יד המורה.
ב. דני הלך לסרט עם חנה.
ג. עוזי חזר מאמריקה אתמול.
ד. קיבלתי את החתול שלי משלומית.
ה. הוא סיפר את הסיפור לילדים הקטנים.
ו. היא עזרה לדני אתמול.
ז. הבית הזה שלהם.
ח. שילמנו חמש לירות בשביל הארוחה.
ט. רינה משחקת עם עוזי וחיים.
י. לימדתי את עוזי וחיים עברית.
יא. האישה סוגרת את החנות בשעה חמש.
יב. הם חושבים כל הזמן על ההורים שלהם.
יג. לימדתי את אמא של עוזי עברית.

א-44 <u>שאלות</u>

אתה צריך לשאול שאלות על המשפטים. אתה שואל את כל השאלות שאתה יכול לשאול.

דוגמא: דני עבד עם יעקב במשרד של פרופסור כהן.
מי עבד עם יעקב במשרד של פרופסור כהן?
מה דני עשה עם יעקב במשרד של פרופסור כהן?
עם מי דני עבד במשרד של פרופסור כהן?
איפה דני עבד עם יעקב?
במשרד של מי דני עבד עם יעקב?

א. חנה סיפרה למשה על העבודה שלה.
ב. לקחתי את הספר "עברית טובה" מהספריה.
ג. חזרנו לפני שעה מהבית של עוזי.
ד. החברה של משה גרה על-יד הקמפוס בדירה גדולה.

א-45 <u>תרגיל</u>

Answer the questions below, using the words in parentheses. Your answers should form a complete passage.

א. איפה סטודנטים אוהבים לשתות בירה? (באמריקה)
ב. איזה סטודנטים לא שותים הרבה בירה? (סטודנטים יִשְׂרְאֵלִים)
ג. לאן סְטִיב נסע? (לישראל)
ד. את מי הוא נסע לפגוש שם? (חבר שלו)
ה. איך קוראים לחבר? (עוזי)
ו. עם מי סְטִיב הלך לְבָּאר ביום שישי בערב? (עם עוזי)
ז. את מי הם פגשו שם? (החברים של עוזי)
ח. על מה סְטִיב סיפר להם? (על הבָּארים באמריקה)
ט. מה הוא שאל אותם? (למה אין בירה בַּבָּאר)

א-46 <u>דיאלוג</u>

<u>LOAN WORD</u>

car, auto (ז.) אוטו

א. דוד: של מי האוטו היפה הזה?
רינה: של משה. הוא נחמד, נכון?
דוד: נכון. ממי הוא קנה אותו?
רינה: הוא קנה אותו מחבר.
דוד: כמה הוא שילם בשבילו?
רינה: לא חשוב לי. אני שמחה רק שמשה נותן לי לנסוע באוטו שלו.
דוד: במה משה נוסע לעבודה?
רינה: באוטובוס.
דוד: אז בשביל מה הוא קנה את האוטו?
רינה: בשבילי.

ב. Make up a dialogue with questions and answers. The questions should open with: את מי, עם מי, על מה, לאיפה, למי, של מי, בשביל מה.

תרגום א-47

אתה צריך לכתוב את המשפטים האלה בעברית.

1. Who did you (m. sg.) tell the story to?
2. Who do you (f. sg.) sit next to in class?
3. Who did you (m. pl.) meet there? What did you do together?
4. Where is this painting from?
5. Who did you (f. sg.) talk to at the party?
6. What is this joke about?
7. Who is the party for?
8. Whose house is the party at?

PART FOUR - The inflection of עִם

48-א

מילים חדשות

with me, with you... ...אִתִּי, אִתְּךָ

אתמול פגשתי חבר שלא ראיתי עשר שנים. כשהיינו ילדים קטנים, שיחקתי **אִתּוֹ** בייסבול ברחוב. אבל מאז לא ראיתי אותו. אתמול ישבתי עם רינה במסעדה ודיברתי **אִתָּהּ** על דברים לא חשובים ופתאום ראיתי אותו. הוא בא, ישב **אִתָּנוּ** וסיפר לי: "המשפחה שלי גרה עכשיו בעיר אחרת ואני גר **אִתָּם** שם."

אמרתי לו "אני שמח מאוד לפגוש אותך עוד פעם ולדבר **אִתְּךָ**. לא שכחתי את הימים הטובים כששיחקנו יחד בייסבול ברחוב."

49-א תרגיל בעל-פה

אתה צריך לקרוא את המשפטים האלה.

א. שיחקתי עִם אברהם.
שיחקתי אִתּוֹ בייסבול.

ב. דיברתי עִם רינה.
דיברתי אִתָּהּ על דברים לא חשובים.

ג. הוא ישב אִתָּנוּ במסעדה.

ד. אני גר עִם ההורים שלי.
אני גר אִתָּם בתל-אביב.

50-א

GRAMMAR POINTS

1. You have already learned the inflection of several prepositions with pronouns.

לְ- ⟵ לִי, לְךָ, לָךְ...

שֶׁל ⟵ שֶׁלִּי, שֶׁלְּךָ, שֶׁלָּךְ...

אֶת ⟵ אוֹתִי, אוֹתְךָ, אוֹתָךְ...

בִּשְׁבִיל ⟵ בִּשְׁבִילִי, בִּשְׁבִילְךָ, בִּשְׁבִילֵךְ...

The inflection of עִם with a pronoun is as follows:

	זכר	נקבה
יחיד	אִיתִי אִיתְךָ אִיתוֹ	אִיתִי אִיתָךְ אִיתָה
רבים	אִיתָנוּ אִיתְכֶם אִיתָם	אִיתָנוּ אִיתְכֶן אִיתָן

2. Notice the difference between the inflection of את and עם:

א. אֶת - אוֹתִי, אוֹתְךָ, אוֹתוֹ... me, you, him...

אני רואה אוֹתוֹ פעם בשבוע. I see him once a week.

ב. עִם - אִיתִי, אִיתְךָ, אִיתוֹ.. with me, with you, with him..

אני הולכת אִיתוֹ לסרט פעם בשבוע. I go to a movie with him once a week.

א-51 תרגיל בעל-פה

אתם צריכים להגיד את המשפטים האלה.

דוגמא: אני מדבר אִיתוֹ עכשיו.

אִיתְךָ - אני מדבר אִיתְךָ עכשיו.

א. אני מדבר אִיתוֹ עכשיו.

1. אִיתְךָ
2. אִיתָה
3. אִיתְכֶם
4. אִיתָם
5. אִיתָן
6. אִיתָךְ
7. אִיתְכֶן
8. אִיתָן

דוגמא: הילד לא רוצה לדבר איתי.

אִיתָךְ - הילד לא רוצה לדבר איתך.

ב. הילד לא רוצה לדבר איתי.

1. אִיתָךְ
2. איתוֹ
3. לאכול
4. לנסוע
5. איתנו
6. איתכם
7. לשחק
8. ללמוד

א-52 תרגיל

Fill in the correct form of עם plus pronoun.

א. הוא פגש אותי במסעדה וישב לדבר ________.
ב. אנחנו לומדים ________ כי אנחנו רוצים לעזור לך.
ג. אני לא אוהב אוֹתָךְ ואני לא רוצה לדבר ________.
ד. הלכתי עם חיים לָרחוב ושיחקתי ________ בייסבול.
ה. אברהם שאל את רינה אם הוא יכול ללכת ________ לקונצרט.
ו. חבר שלנו לקח אותנו למסיבה אבל הוא לא ישב ________ שם.
ז. אתם יכולים לקחת את המכונית שלי אבל אני לא בא ________.
ח. עשיתי בשבילכן ארוחה טובה אבל אין לי זמן לשבת ולאכול ________.
ט. הם בחורים נחמדים. למה אתה לא מדבר ________?
י. דני הלך לבית של חנה ורינה כי הוא רוצה לשחק ________ בְּרִידְג'.

א-53 משפטים

Construct 15 sentences using different combinations of the items below. (Combine עם+אני into איתי, etc.)

דוגמא: הבוס שלי נוסע אִיתִי תמיד.

הבוס הבת	שֶׁלִּי שֶׁלְּךָ שֶׁלָּה שֶׁלָּנוּ שֶׁלָּהֶן	נוסע מדבר אוכל	אני אתה היא אנחנו הן	תמיד

א-54 תרגיל

Fill in the blanks with the appropriate words.

רינה: פגשת את שרה?

אברהם: כן, פגשתי ________ (אותה, איתה) אתמול.

רינה: מה עשית ________ (אותה, איתה)?

אברהם: לקחתי ________ (אותה, איתה) למסעדה נחמדה.

רינה: על מה היא דיברה ________ (אותך, איתך)?

אברהם: היא סיפרה לי שהחבר שלה כבר לא רוצה לראות ________ (אותה, איתה).

רינה: אני יודעת. הוא הולך ________ (אותי, איתי) עכשיו.

א-55 תרגיל

Combine the underlined words into one word.

דוגמא: הוא רוצה לשחק איתי ואיתך.

הוא רוצה לשחק איתנו.

א. היא לא מדברת איתי ועם האישה שלי.

ב. אני רוצה ללכת איתך ואיתו לספריה.

ג. ישבתי איתו ואיתה על-יד הבית שלהם.

ד. כמה חברים היו איתך ואיתה במסיבה?

ה. אנחנו רוצים לדבר איתך ואיתו בעברית.

ו. הוא עבד יחד איתי ואיתה במשרד.

א-56 תרגיל

Fill in the blanks with the appropriate prepositions. Choose among:

לוֹ, לָהֶם, אִיתָּם, שֶׁל, מִ-, עַל-יַד, אֶת, לְ-/לַ-, בְּ-/בַּ- , **עִם**

חיים גר ________ קיבוץ קטן ויפה. הוא אוהב ________ הקיבוץ שלו. כל האנשים ________ קיבוץ עובדים יחד ואוכלים יחד. חיים עוזר ________ והם עוזרים ________. הקיבוץ של חיים ________ ירושלים. לפעמים, חיים נוסע ________ חברים מהקיבוץ ________ ירושלים. הוא נוסע ________ ירושלים **לשמוע** שם קונצרט או לקחת ספרים מעניינים ________ הספריה ________ האוניברסיטה.

הם נוסעים ________ צוהריים וחוזרים ________ קיבוץ ________ לילה.
הם נוסעים ________ מכונית שהם מקבלים ________ הקיבוץ. חיים שמח. הוא
חושב שיש ________ מזל שהוא גר ________ קיבוץ כל כך יפה ________
ירושלים.

PART FIVE - Comprehension Passage

א-57 קטע קריאה

מילים חדשות

country, land	אֶרֶץ (נ.) אֲרָצוֹת (ר.)
the land of Israel	אֶרֶץ יִשְׂרָאֵל
the country, the Country (i.e., Israel)	הָאָרֶץ
the Bible	הַתַּנַ"ךְ
life	חַיִּים (ר.)
dictionary	מִילוֹן (ז.)
every day	יוֹם יוֹם
two thousand	אַלְפַּיִים
neighbor	שָׁכֵן (ז.) שְׁכֵנָה (נ.)

LOAN WORDS

the Mishna	הַמִּשְׁנָה
Ladino	לָאדִינוֹ
Arabic	עֲרָבִית
modern	מוֹדֶרְנִי (מוֹדֶרְנִית, מוֹדֶרְנִיִּים, מוֹדֶרְנִיּוֹת)
Russia	רוּסְיָה

אֱלִיעֶזֶר בֶּן-יְהוּדָה

חשבתם פעם על הַשָּׂפָה שאתם לומדים? היום בישראל אנשים מדברים עברית, משחקים בעברית ומספרים בדיחות בעברית. אבל אתם צריכים לדעת שעברית לא היתה כל הזמן שפה שאנשים דיברו ברחוב. נכון, לפני הרבה שנים, כְּשֶׁהַיְהוּדִים גרו **בְּאֶרֶץ יִשְׂרָאֵל**, העברית שאנחנו קוראים בַּתַּנַ"ךְ וּבַמִּשְׁנָה היתה שפה של **יוֹם יוֹם**. אבל אחר-כך, **אַלְפַּיִם** שנים, עברית לא היתה שפה שאנשים דיברו. בבית וברחוב יהודים דיברו שפות אחרות: **אִידִישׁ, עֲרָבִית, לָאדִינוֹ...**

כל השנים האלה, ילדים יהודים למדו עברית רק בְּבֵית-סֵפֶר יְהוּדִי. הם למדו שם לקרוא את הַתַּנַ"ךְ בעברית. היו אפילו יהודים חכמים שכתבו ספרים בעברית. אבל זאת היתה שפה בלי מילים חדשות בשביל דברים **מוֹדֶרְנִיִּים**, שפה שאנשים לא יכולים לדבר ברחוב.

האנשים הראשונים שדיברו עוד פעם על **אֶרֶץ** בשביל היהודים בישראל לא חשבו על דבר חשוב אחד: מה צריכה להיות השפה של הארץ הזאת. רק איש אחד חשב על זה, והוא אמר: "**בָּאָרֶץ** של היהודים כולם צריכים לדבר עברית." השם של האיש - אֱלִיעֶזֶר בֶּן-יְהוּדָה.

אֱלִיעֶזֶר בֶּן-יְהוּדָה חַי בַּשָּׁנִים 1858-1922 (אֶלֶף שְׁמוֹנֶה מֵאוֹת חֲמִשִּׁים וּשְׁמוֹנֶה-אֶלֶף תְּשַׁע מֵאוֹת עֶשְׂרִים וּשְׁתַּיִם). הוא והאישה שלו באו **לָאָרֶץ** מֵרוּסְיָה, והם גרו בירושלים. כשהם באו לירושלים, בן-יהודה אמר לאישה שלו: "מהיום אנחנו הולכים לדבר רק עברית בבית שלנו." הַשְּׁכֵנִים שלו בירושלים חשבו שהוא מְשֻׁגָּע. "השפה העברית טובה רק בשביל בֵּית הַכְּנֶסֶת," הם חשבו. "לא בשביל לדבר בבית וברחוב." אבל... הבן של בן-יהודה שמע רק עברית בבית והוא כבר דיבר רק עברית. אַחֲרֵי עשר שנים גם השכנים של "המשוגע" כבר דיברו עברית בבתים שלהם וגם הבנים שלהם למדו לדבר עברית. בפעם הראשונה אחרי **אַלְפַּיִם** שנים, עברית היתה עוד פעם השפה שאנשים למדו מהאמא שלהם.

כל **הַחַיִּים** שלו, בן-יהודה עבד בשביל השפה העברית. הוא היה מורה לעברית בְּבֵית-סֵפֶר בירושלים. הוא גם כתב עיתון בעברית על הַחַיִּים של האנשים **בָּאָרֶץ** ועל פּוֹלִיטִיקָה. בן-יהודה אפילו ישב הרבה שנים וכתב את **הַמִּילוֹן** הראשון בעברית מוֹדֶרְנִית. **בַּמִּילוֹן** שלו יש הרבה מאוד מילים חדשות.

היום כשכולם בישראל מדברים עברית **מוֹדֶרְנִית** ואנחנו לא יכולים אפילו לחשוב על ישראל בלי השפה העברית, אנחנו צריכים לא לשכוח את אֱלִיעֶזֶר בֶּן-יְהוּדָה.

א-58 תרגיל על מילים חדשות

Match each item from column א with its explanation in column ב.

א	ב
מִילוֹן	אֶרֶץ יִשְׂרָאֵל
שָׁכֵן	יהודים הולכים לשם בשבת.
הָאָרֶץ	הוא עוזר לנו ללמוד מילים שאנחנו לא יודעים.
בֵּית-הַכְּנֶסֶת	איש שגר על-יד הבית שלנו.

א-59 שאלות

א. מתי עברית היתה שפה חיה?

ב. איפה אנשים למדו אחר-כך עברית במשך אלפיים שנים?

ג. מה אליעזר בן-יהודה חשב? איזה שפה כולם צריכים לדבר במדינה של היהודים?

ד. למה השכנים של בן-יהודה חשבו שהוא משוגע?

ה. מה הם חשבו אחרי עשר שנים?

ו. בשביל מה בן-יהודה עבד כל החיים שלו? איך?

ז. למה אנחנו צריכים להגיד "תודה" לבן-יהודה?

א-60 תרגיל תרגום

1. Do you (m.) speak Yiddish? - No, but my grandfather spoke Yiddish very well.
2. Dani asked the teacher (f.) not to ask him questions.
3. I met my neighbor (f.) this morning. She told me that she doesn't teach any longer.
4. She is not talking to you.
5. They paid me for the dictionary.
6. How many languages do you know?
7. We (m.) play baseball every day. Do you (m.pl.) want to play with us?

8. She received my letter yesterday.
9. The owner of the restaurant asked me if I (f.) was still hungry.
10. Life in the land of Israel is difficult.

61-א

SUMMARY

In this unit you have learned:

1. בִּנְיָן פִּיעֵל present and past tense.
2. Questions about objects of prepositions.
3. The inflection of עִם with pronouns: אִיתִּי, אִיתְּךָ...
4. The following new vocabulary:

NEW WORDS

אֲגוֹרָה (נ.) בְּלִירָה יִשְׂרְאֵלִית 100 אֲגוֹרוֹת

two thousand	אַלְפַּיִים
country, land	אֶרֶץ (נ.), אֲרָצוֹת (ר.)
the land of Israel	אֶרֶץ יִשְׂרָאֵל
Israel	הָאָרֶץ
ask for, request	בִּיקֵשׁ מִ-
school	בֵּית-סֵפֶר (ז.)
without	בְּלִי
the owner of the restaurant	בַּעַל הַמִּסְעָדָה
speak, talk (to)	דִּיבֵּר (עִם)
vacation	חוֹפֶשׁ (ז.)
live	חַי
life	חַיִּים (ז. ר.)
every day	יוֹם יוֹם
no longer	כְּבָר לֹא
teach	לִימֵּד
what, that, which, whatever	מַה שֶּׁ-
dictionary	מִילוֹן (ז.)
grandfather	סַבָּא

tell (information, story)	סִיפֵּר לְ-
fear, be afraid	פַּחַד
meet (somebody)	פַּגַשׁ
receive, get	קִיבֵּל
hungry	רָעֵב, רְעֵבָה (נ.)
play	שִׂיחֵק
pay for	שִׁילֵּם לְ- (בִּשְׁבִיל)
neighbor	שָׁכֵן, שְׁכֵנָה (נ.)
language	שָׂפָה (נ.)
head	רֹאשׁ (ז.)
Bible	תַּנַ"ךְ

LOAN WORDS

car, automobile	אוֹטוֹ (ז.)
Yiddish	אִידִישׁ (נ.)
baseball	בֵּיְיסְבּוֹל (ז.)
bridge (game)	בְּרִידְג' (ז.)
Ladino	לָאדִינוֹ (נ.)
modern	מוֹדֶרְנִי, מוֹדֶרְנִית, מוֹדֶרְנִיִּים, מוֹדֶרְנִיּוֹת
Mishna	מִשְׁנָה (נ.)
Arabic	עֲרָבִית (נ.)
psychology	פְּסִיכוֹלוֹגְיָה (נ.)
course, class	קוּרְס (ז.)
Russia	רוּסְיָה (נ.)

UNIT ב

PART ONE - The past tense of -יֵש לְ and -אֵין לְ

ב-1 תרגיל קריאה

א. לְמֹשֶה יש משפחה נחמדה. יש לו אישה טובה, יש לו בן נחמד, ויש לו גם שתי בנות חכמות ויפות. אין להם כסף, ואין להם מכונית. אבל הם שְׂמֵחִים. יש להם הרבה חברים כי כל הַשְּׁכֵנִים שלהם אוהבים אותם.

ב. **למשה היתה** משפחה נחמדה. **היתה לו** אישה טובה, **היה לו** בן נחמד, **והיו לו** גם שתי בנות חכמות ויפות. **לא היה להם** כסף **ולא היתה להם** מכונית. אבל הם היו שמחים. **היו להם** הרבה חברים כי כל השכנים שלהם אהבו אותם.

ב-2 תרגיל בעל-פה

Repeat these example sentences after your teacher.

א. יש לי בעל טוב.
היה לי בעל טוב.

ב. יש להם דירה יפה.
היתה להם דירה יפה.

ג. יש לדני הרבה חברים.
היו לדני הרבה חברים.

ד. אין לה שָׁעוֹן.
לא היה לה שעון.

ה. אין למשה עבודה.
לא היתה למשה עֲבודה.

ו. אין לנו שְׁכֵנִים טובים.
לא היו לנו שכנים טובים.

GRAMMAR POINTS

1. The past tense of יֵשׁ לְ- ('have')

The past tense of יֵשׁ לְ-, the Hebrew equivalent of 'had', has three forms:

הָיָה לְ-
הָיְתָה לְ-
הָיוּ לְ-

The choice of forms depends on the gender and number of the noun that is possessed (and not on the possessor).

דוגמאות:

Rina had a good teacher.	1. היה לרינה מוֹרֶה טוב.
We had a new television.	2. היתה לנו טלביזיה חדשה.
I had many friends (m.).	3. היו לי הרבה חברים.
I had many friends (f.).	4. היו לי הרבה חברות.

2. The past tense of אֵין לְ- ('not have')

The past tense of אֵין לְ-, the Hebrew equivalent of 'didn't have/had no', has three forms:

לֹא הָיָה לְ-
לֹא הָיְתָה לְ-
לֹא הָיוּ לְ-

דוגמאות:

We had no money.	1. לא היה לנו כסף.
They had no work.	2. לא היתה להם עבודה.
They didn't have sons.	3. לא היו להם בנים.
They didn't have daughters.	4. לא היו להם בנות.

3. When the possessor is a noun (not a pronoun), different word orders are possible, as in the examples below.

דוגמאות:

1. היתה למשה חנות קטנה.   Moshe had a little store.

   למשה היתה חנות קטנה.

2. לא היו למשה מורים טובים.   Moshe didn't have good

   למשה לא היו מורים טובים.   teachers.

Notice, however, that regardless of the word order, the possessor always starts with -ל, and ה.י.ה agrees with the possessed noun.

ב-4   תרגיל בעל-פה

אתם צריכים להגיד את המשפטים האלה.

דוגמא: היה למשה אח קטן.

אחות - היתה למשה אחות קטנה.

א.   היה למשה אח קטן.

7. רק חבר אחד	4. הרבה כסף	1. אחות קטנה
8. מכונית חדשה	5. ספריה יפה	2. הורים טובים
9. שתי מכוניות	6. שכנים נחמדים	3. חברה נחמדה

דוגמא: לא היתה לי מכונית.

אוטו - לא היה לי אוטו.

להם - לא היה להם אוטו.

ב.   לא היתה לי מכונית.

9. בנים	5. טלביזיה בבית	1. אוטו
10. עבודה מעניינת	6. רדיו	2. להם
11. הרבה חברים	7. הרבה כסף	3. ספריה
12. לו	8. לה	4. לאח שלי

ב-5   תרגיל קריאה

מילים חדשות

kitchen	מִטְבָּח (ז.)	
bed	מִיטָה (נ.)	
table, desk	שׁוּלְחָן (ז.) שׁוּלְחָנוֹת (ר.)	
chair	כִּיסֵא (ז.) כִּיסְאוֹת (ר.)	
closet, cabinet	אָרוֹן (ז.) אֲרוֹנוֹת (ר.)	
lamp	מְנוֹרָה (נ.)	
on, upon	עַל	

בשנה שעברה לא היה לי הרבה כסף. גרתי אז בדירה קטנה יחד עם חבר שלי. היו לנו בדירה מִטְבָּח ועוד חדר אחד. בחדר היו לנו מִיטוֹת ישנות וְשׁוּלְחָן קטן עם כִּיסֵא אחד. היה לנו גם אָרוֹן גדול בשביל הבגדים, אבל לא היו לנו כל-כך הרבה בגדים. אז שַׂמְנוּ בָּאָרוֹן הזה גם את הספרים שלנו. בַּמִּטְבָּח היה גם שׁוּלְחָן - עם שני כִּיסְאוֹת. בכל הדירה היתה לנו רק מְנוֹרָה אחת. שַׂמְנוּ אותה על השׁוּלְחָן בַּמִּטְבָּח כי בלילה אהבנו לשבת בַּמִּטְבָּח וללמוד שם.

תרגיל על המילים החדשות

Complete each sentence from column א with the appropriate ending from column ב.

ב		א	
בלי מְנוֹרָה	א.	אנחנו עושים אוכל	1.
בַּמִּטְבָּח	ב.	אני לא יכול לישון כי דני ישֵׁן	2.
שלושה כסאות	ג.	הוא שָׂם בארון	3.
במיטה שלי	ד.	בלילה אנחנו לא יכולים לראות	4.
את הבגדים שלו	ה.	על יד השולחן היו	5.

ב-6 תרגיל בעל-פה

אתם צריכים להגיד את המשפטים האלה.

דוגמא: אתמול היה כאן שולחן.

מיטה - אתמול היתה כאן מיטה.

א. אתמול היה כאן שולחן.

1. מיטה
2. כיסא יפה
3. כיסאות יפים
4. מנורה
5. ארון נחמד
6. ארונות נחמדים
7. שני כיסאות
8. שולחנות גדולים
9. בגדים ישנים

דוגמא: היה לי שולחן קטן בחדר.

מנורה - היתה לי מנורה קטנה בחדר.

ב. היה לי שולחן קטן בחדר.

1. מנורה
2. מילון
3. חדש
4. כיסאות
5. מנורות
6. יפות
7. בגדים
8. ארון
9. מיטה
10. רדיו
11. ארונות
12. תמונה

דוגמא: לא היה לנו שולחן.

מיטה - לא היתה לי מיטה.

ג. לא היה לנו שולחן.

1. מיטה
2. הרבה בגדים
3. ארון גדול
4. כיסאות יפים
5. מנורה טובה
6. מטבח בדירה
7. מנורה על השולחן
8. כיסאות על יד השולחן
9. ארון בשביל הבגדים

ב-7 תרגיל בעל-פה

Change the following sentences into the past tense.

דוגמא: יש לי שולחן.

היה לי שולחן.

א. יש לי שולחן.

ב. יש לה מיטה.

ג. יש לנו שני כיסאות.

ד. יש לך מכונית?

ה. יש לך אחות?
ו. יש להם מטבח גדול.
ז. אין לנו טלוויזיה.
ח. אין לו אמא.
ט. לדני יש הרבה חברים.
י. אין לרינה עבודה.
יא. אין לי מנורה.
יב. יש לכם זמן?

ב-8 תרגיל

a. Change the sentences below to the past tense. Then translate them into English.

דוגמא: יש הרבה עבודה במשרד.
היתה הרבה עבודה במשרד.
There was a lot of work in the office.

א. יש הרבה מילים חדשות בסיפור הזה.
ב. יש בחדר ארון גדול.
ג. אין על השולחן ספרים.
ד. אין בחדר הזה מיטה.
ה. יש על-יד השולחן שלושה כיסאות.
ו. יש על המיטה בגדים בשבילך.

b. Change the sentences below to the past tense. Then translate them into English.

דוגמא: אין לה ילדים.
לא היו לה ילדים.
She had no children.

א. יש לו ארון גדול בחדר.
ב. אין להם כל-כך הרבה כסף.
ג. יש לך זמן בשבילי?
ד. אין לה הרבה בגדים יפים.
ה. לאברהם יש חנות קטנה ברחוב דיזנגוף.
ו. אין לי כיסאות בשביל השולחן הזה.

ז. לאברהם יש מיטה ישנה מאוד.

ח. יש לאח שלי טלביזיה יקרה מאוד אבל היא לא עובדת טוב.

ב-9 תרגיל

אתם צריכים לכתוב משפטים בזמן עבר.

דוגמא: לה / חבר / נחמד
היה לה חבר נחמד.

א. להם / דירה / קטנה

ב. לי / עבודה / מעניינת

ג. לה / בוס / נחמד

ד. לא / לך / טלפון / בבית?

ה. למשה / עבודה / חשובה / לעשות

ו. לו / אישה / נחמדה

ז. לא / לי / זמן / לבוא / היום

ח. לי / הרבה / ספרים / על / השולחן

ב-10 תרגיל

Fill in the blanks with the appropriate words. Choose from among:
לא היו / לא היתה / לא היה, היו / היתה / היה, אין, יש

הבגדים החדשים של המֶלֶך

לפני הרבה שנים ________ מֶלך אחד בארץ קטנה. ________ לו הרבה כסף, והוא אהב לקנות בגדים יפים. ________ לו בגדים לבוקר, בגדים לצוהריים ובגדים לערב. אבל הוא תמיד חשב ש________ לו הרבה בגדים יפים.

יום אחד המלך ראה על-יד הבית שלו שני אנשים. הם אמרו לו: "________ לנו כאן בגדים חדשים ויפים, אבל אתה צריך לדעת שרק אנשים חכמים יכולים לראות את הבגדים האלה." המלך לא ראה את הבגדים אבל הוא לא סִיפֵּר את זה. הוא חשב: "האנשים בארץ שלי לא צריכים לדעת ש________ לי שכל." המלך שִילֵם לשני האנשים הרבה כסף וקִיבֵּל את הבגדים שהוא לא ראה. הוא ________ שמח כי עכשיו ________ לו עוד בגדים.

יום אחד אחרי זה, המלך הלך ברחובות עם הבגדים החדשים. __________
הרבה אנשים ברחובות. הם שמעו כבר ש__________ למלך בגדים חדשים ושרק
אנשים חכמים יכולים לראות אותם. כולם אמרו: "למלך __________ בגדים יפים
מאוד." __________ שם גם ילד קטן אחד, והוא אמר לכולם: "__________ לכם
שכל! למלך __________ בגדים!"

GRAMMAR NOTE:

Note the difference in meaning between the following sentences:

הם שמעו שֶׁיֵּשׁ למלך בגדים חדשים.
They heard that the king had new clothes.

הם שמעו שהיו למלך בגדים חדשים.
They heard that the king had had new clothes.

ב-11 תרגיל

אתם צריכים לכתוב מה אנחנו יכולים ללמוד מהסיפור "הבגדים החדשים של המלך".

ב-12

VOCABULARY NOTES

You have already learned the following expressions using
אין/יש ל-:

I have / I don't have time.	יש לי / אין לי זְמַן
I have / I don't have luck.	יש לי / אין לי מַזָּל
I have / I don't have brains.	יש לי / אין לי שֵׂכֶל
I have no idea.	אין לי מוּשָּׂג

Another expression that you should learn is:

I feel / I don't feel like it	יש לי / אין לי חֵשֶׁק

(literally: I have / I don't have a desire)

The past tense of all the above expressions is formed with היה ל- / לא היה ל-, since the possessed nouns מזל, חשק etc. are masculine.

דוגמאות:

יש לה הַרְבֵּה מַזָּל.
היה לה הַרְבֵּה מַזָּל.

אין לה שֵׂכֶל.
לא היה לה שֵׂכֶל.

אין לו חֵשֶק לאכול.
לא היה לו חֵשֶק לאכול.

ב-13 **דיאלוג**

א. א: למה לא באתָ אתמול למסיבה של רותי?
ב: לא היה לי זמן.
א: אין לך שכל. זאת היתה מסיבה נחמדה.
ב: היו שם הרבה אנשים?
א: כן. לא היו אפילו כיסאות בשביל כולם. אפילו במטבח היו אנשים.
ב: מה עשיתם?
א: לא היה לנו חֵשֶק לשמוע מוזיקה אז ישבנו ודיברנו.
ב: ואתה קורא לזה "מסיבה נחמדה"?
א: כן. היה שם אוכל טוב מאוד.
ב: יש לי מזל שלא הלכתי למסיבה.

ב. אתה צריך לכתוב דיאלוג: רותי מספרת לחברה שלה על המסיבה.

ב-14 **תרגיל**

א. אני לא יודע מה לעשות. יש לי מורה טובה אבל אני לא לומד הרבה. בכיתה, אין לי חֵשֶק ללמוד כי אני יושב וחושב על דברים אחרים. אחר-כך בבית, אין לי זמן ללמוד כי יש לי הרבה דברים אחרים לעשות. יש לי אחים קטנים ואני אוהב לשחק איתם. אחר-כך יש לי עבודה לעשות בשביל האמא שלי. ובערב, אפילו אם יש לי זמן, אין לי חשק לשבת ולעשות שיעורים. יש לי חשק רק ללכת לישון.

ב. Retell the passage above in the past tense. Start as follows:

כשהייתי קטן לא ידעתי מה לעשות...

ב-15 תרגיל

Answer the questions below using the expressions in parentheses.

דוגמאות: למה אתה לא הולך איתנו למסיבה? (לא / חשק)
אין לי חשק ללכת.

היית אתמול בספריה? (לא / זמן)
לא, לא היה לי זמן.

א. את יודעת כמה אנשים צריכים להיות במסיבה? (לא / מושג)
ב. למה שלומית לא באה אתמול לשיעור? (לא / חשק / לבוא)
ג. דני לא תלמיד טוב. אז איך הוא קיבל הפעם A? (מזל)
ד. למה היא לא רצתה ללכת איתך לסרט? (לא / זמן)
ה. אתם הולכים היום לשחק בייסבול? (לא / חשק)
ו. למה הוא תלמיד כל-כך טוב? (הרבה שכל)
ז. פגשתם את חנה אחרי הקונצרט? (לא / זמן)
ח. יש לך מושג איפה המשרד של פרופסור כהן? (לא / מושג)

ב-16 תרגום

אתה צריך לכתוב את המשפטים האלה בעברית.

1. There was only one closet in my apartment.
2. There was a pretty lamp on the table.
3. There are no chairs in the kitchen.
4. She didn't even have a bed in her room.
5. Did you (f.sg.) have classes today?
6. What do you (m. pl.) have in your car?
7. I didn't feel like talking to my mother yesterday.
8. You (m. sg.) have to tell me the story now. You had time to think.
9. Shlomit has no brains. She had a beautiful car and she sold it.
10. I (m.) had many friends but I wasn't happy.

PART TWO - The future tense (זְמַן עָתִיד) of יש/אין and יש ל-/אין ל-

ב-17

א. דיאלוג

א: **יִהְיֶה** היום קונצרט בקמפוס?

ב: כן. **יִהְיֶה** קונצרט. אני חושב **שֶׁיִּהְיוּ** שם הרבה אנשים.

א: אם אנחנו הולכים לשמוע את הקונצרט, מה אתה רוצה לעשות אחר-כך?

ב: שמעתי **שֶׁתִּהְיֶה** הערב מסיבה בבית של רינה.

א: **יִהְיֶה** במסיבה הזאת הרבה אוכל?

ב: אפילו אם לא **יִהְיֶה** אוכל, אנחנו צריכים ללכת. **תִּהְיֶה** במסיבה מוזיקה **וְיִהְיוּ** גם הרבה חברים שלנו.

ב. בחדר החדש שלי:

אתה רואה? כאן **יִהְיֶה** שולחן. על השולחן **יִהְיֶה** טלפון **וְתִהְיֶה** גם מנורה. על יד השולחן **יִהְיוּ** כיסאות. שם **יִהְיֶה** ארון גדול ובארון **יִהְיוּ** כל הבגדים שלי. **תִּהְיֶה** גם מיטה בחדר אבל עוד לא חשבתי איפה לשים אותה. **יִהְיוּ** בחדר גם תמונות אבל **לֹא יִהְיוּ** כאן ספרים **וְלֹא תִּהְיֶה** טלוויזיה. מי צריך את זה?

ב-18

GRAMMAR POINTS

In the example sentences below, you see that the future forms of ה.י.ה (like the past forms) agree with the subject in gender and number.

זמן עבר	זמן עתיד (future tense)
1. היום הָיָה עיתון מעניין. Today there was an interesting newspaper.	1. היום **יִהְיֶה** עיתון מעניין. Today there will be an interesting newspaper.
2. הָיְתָה שם מסיבה נחמדה. There was a nice party there.	2. **תִּהְיֶה** שם מסיבה נחמדה. There will be a nice party there.

3. הָיוּ בארון הזה בגדים.
There were clothes in this closet.

4. הָיוּ כאן הרבה מסיבות.
There were many parties here.

3. **יִהְיוּ** בארון הזה בגדים.
There will be clothes in this closet.

4. **יִהְיוּ** כאן הרבה מסיבות.
There will be many parties here.

The forms of 'there will be' are:

יִהְיֶה (זכר, יחיד)
תִּהְיֶה (נקבה, יחיד)
יִהְיוּ (זכר ונקבה* רבים)

Similarly, in negative sentences:

1. לא היה כסף בבית.
2. לא היתה היום ארוחת-ערב.
3. לא היו היום שיעורים.
4. לא היו השבוע מסיבות.

1. לא **יהיה** כסף בבית.
2. לא **תהיה** היום ארוחת-ערב.
3. לא **יהיו** היום שיעורים.
4. לא **יהיו** השבוע מסיבות.

* In literary Hebrew the form **תִּהְיֶינָה** is used for feminine plural.

ב-19 <u>תרגיל בעל-פה</u>

אתם צריכים להגיד את המשפטים האלה.

דוגמא: יהיו הרבה סטודנטים בכיתה.
רק סטודנט אחד - יהיה רק סטודנט אחד בכיתה.

א. יהיו הרבה סטודנטים בכיתה.

1. רק סטודנט אחד
2. סטודנטית נחמדה
3. שלוש סטודנטיות
4. ספרים מעניינים
5. איש חשוב
6. אישה חשובה
7. שולחן עם ספרים
8. תמונה יפה
9. תמונות יפות

דוגמא: היום לא יהיה שיעור.
הרבה עבודה - היום לא תהיה הרבה עבודה.

ב. היום לא יהיה שיעור.

1. הרבה עבודה
2. הרבה תלמידים בשיעור
3. אוכל בבית
4. ארוחת ערב
5. שיעורים
6. קונצרט
7. אוטובוסים
8. בירה בבאר
9. עיתונים

ב-20 תרגיל

Rewrite each of the sentences below twice: first in the past tense, and then in the future tense.

דוגמא: היום יש עיתון מְעַנְיֵין.
היום היה עיתון מעניין.
היום יהיה עיתון מעניין.

א. יש בחדר רק מיטה אחת.
ב. יש בשיעור רק שלושה תלמידים.
ג. אין כסף בבית.
ד. אין היום אוטובוס.
ה. יש כאן תמונה יפה.
ו. באוניברסיטה שלנו יש ספריה טובה מאוד.
ז. אין שיעור!
ח. אין כאן מיטות טובות.
ט. אין עבודה בשביל כל האנשים.

ב-21 דיאלוג

מילים חדשות

פּוֹלִיטִיקַאי	politician
עוֹזֶרֶת (נ.)	cleaning woman
מַזְכִּירָה (נ.)	secretary
מָחָר	tomorrow

א. חיים: אני רוצה להיות פוֹלִיטִיקָאי. **יִהְיֶה לִי** הרבה כסף, **יִהְיֶה לִי** משרד גדול, **וְתִהְיֶה לִי** מַזְכִּירָה יפה. **יִהְיוּ לִי** גם הרבה חברים.

משה: להיות פוֹלִיטִיקָאי? **תִהְיֶה לְךָ** עבודה כל היום וכל הלילה, **וְלֹא יִהְיֶה לְךָ** זמן אפילו בשביל המשפחה שלך.

ב. מרים: אני צריכה בעל עשיר. **יִהְיֶה לִי** אוטו חדש, **תִהְיֶה לִי** עוֹזֶרֶת בבית, **וְיִהְיוּ לִי** גם הרבה בגדים יפים.

רחל: בשביל זה את לא צריכה בעל. בשביל זה את צריכה רק כסף!

ב-22 תרגיל בעל-פה

אתם צריכים להגיד את המשפטים אחרי המורה.

א. מתי יהיה לָךְ זמן בשבילי?

ב. תהיה לו עבודה מעניינת.

ג. יהיו לנו חמישה חדרים.

ד. היום לא יהיה לו זמן בשבילך.

ה. שלומית כבר לא חברה שלו. עכשיו לא תהיה לו חברה הרבה זמן.

ו. לא היו לכם שיעורים השבוע.

ב-23

GRAMMAR POINTS

1. The future tense of יש ל- ('have')

The future tense of יש ל-, the Hebrew equivalent of 'will have', has three forms:

$$\text{יִהְיֶה ל-} \qquad \text{תִהְיֶה ל-} \qquad \text{יִהְיוּ ל-}$$

Like the past tense, the future of ה.י.ה (יִהְיֶה, תִהְיֶה, יִהְיוּ) agrees in number and gender with the noun that is possessed.

Future Tense	Past Tense
1. יהיה לחנה בעל טוב.	1. היה לחנה בעל טוב.
Hannah will have a good husband.	Hannah had a good husband.

זמן עתיד	זמן עבר
2. תהיה לדני אישה טובה. Danny will have a good wife.	2. היתה לדני אישה טובה. Danny had a good wife.
3. יהיו לי הרבה {חברים. / חברות.} I will have many friends.	3. היו לי הרבה {חברים. / חברות.} I had many friends.

2. The future tense of אין ל- ('not have')
   Again we find three forms:

לא יהיה ל-   לא תהיה ל-   לא יהיו ל-

זמן עתיד	זמן עבר
1. לא יהיה לחנה כסף. Hannah will have no money.	1. לא היה לחנה כסף. Hannah had no money.
2. לדני לא תהיה עבודה. Danny will have no work.	2. לדני לא היתה עבודה. Danny had no work.
3. לא יהיו לי {חברים. / חברות.} I'll have no friends.	3. לא היו לי {חברים. / חברות.} I had no friends.

3. In literary Hebrew, the future tense of יש ל- and אין ל- is different, when the noun which is possessed is in the feminine plural.

דוגמאות:

לתלמידים תהיינה הרבה שאלות.

לחנה תהיינה הרבה חברות.

ב-24 תרגיל בעל-פה

א. מחר יהיה לי כסף.

1. לך	6. לנו	11. לה
2. לך	7. ספרים	12. בגדים חדשים
3. לו	8. לכם	13. לכם
4. עבודה	9. לי	14. להם
5. לה	10. לאח שלי	15. דירה

ב. מָחָר יהיה לנו שיעור.

1. שיעורים   3. זמן   5. שאלות

2. עבודה   4. מכונית   6. חנות

ב-25 <u>תרגיל</u>

Rewrite each of the sentences below twice: first in the past, and then in the future tense.

דוגמא: יש לי חברים טובים.

היו לי חברים טובים.

יהיו לי חברים טובים.

א. אין לי חברה.

ב. אין לו מה לעשות.

ג. יש להם עבודה מעניינת.

ד. לאישה שלי יש אוטו קטן.

ה. יש לה מורים טובים.

ו. אין להם בן. יש להם רק בת.

ז. יש לי הרבה דברים בחנות.

ח. אין לי מיטה בחדר. יש לי רק שולחן וארון.

ט. לדני ומשה יש תמונה של פיקסו בחדר.

ב-26 <u>דיאלוג</u>

א: יהיה לָךְ זמן מָחָר בערב?

ב: למה אתה שואל?

א: אנחנו רוצים לְשַׂחֵק בְּרִידְג'.

ב: אני לא חושבת שיהיה לי חֵשֶׁק לשחק.

א: למה? מה יהיה לך לעשות?

ב: אני עוד לא יודעת. אם יהיו לי הרבה שיעורים, לא יהיה לי זמן בשביל דברים אחרים.

א: ואם לא יהיו לך שיעוֹרים?

ב: אני לא יכולה לדעת מהיום מה יהיה לי לעשות מחר.

ב-27 <u>תרגיל</u>

קיבלת הרבה כסף ואתה מספר לחבר שלך מה אתה הולך לקנות. מה יהיה לך?

יהיה לי...

תהיה לי...

יהיו לי...

ב-28 <u>תרגיל קריאה וכתיבה</u>

<u>מילה חדשה</u>

בְּחִינָה (נ.) test

א. היתה לי **בְּחִינָה** ביום שישי, אבל לא היה לי זמן ללמוד. היו לי הרבה דברים אחרים לעשות. גם לחברה שלי היתה בחינה. לה היה זמן ללמוד, אבל לא היה לה חשק ללמוד. בבחינה שלי היו שבע שאלות: שלוש שאלות על ספר אחד וארבע שאלות על ספר שני. לא היה לי מוּשָּׂג מה לעשות. אבל לחברה שלי היה מזל. היו לה רק שאלות שהיא כבר יודעת.

ב. אתה צריך לכתוב את א. בזמן עתיד.

ב-29 <u>תרגיל</u>

Construct sentences in the future tense from the items below.

דוגמא: לי / מחר / הרבה שיעורים

יהיו לי מחר הרבה שיעורים.

א. לכם / דירה יפה / בישראל

ב. מחר / כאן / קונצרט

ג. לא / לכן / זמן / לשחק בייסבול / מחר

ד. מחר / לא / לי / מה לעשות

ה. מחר / לה / דברים אחרים לעשות

ו. לכם / עבודה / היום בערב?

ז. איפה / מסיבה / מחר?

ח. מה / לכם / בדירה החדשה?

ט. לא / לנו / הרבה דברים

י. לנו / בדירה החדשה / רק שולחן, ארון ומיטה

ב-30 <u>בדיחה</u>

<u>מילים חדשות</u>

בַּעַל הַחֲנוּת (ז.)	owner of the store
בְּמֶשֶׁךְ	during
הַמָּשִׁיחַ	the Messiah

א. אתם כבר יודעים שֶׁלְהֶרְשֶׁלֶה לא היה הרבה כסף. אבל היתה לו אישה, והיו לו עשרה בנים. מה עושה יהודי בלי כסף אם הוא רוצה שיהיה למשפחה שלו אוכל לאכול? על יד הבית של הרשלה היתה חנות קטנה. יום אחד הרשלה בא לחנות הזאת ואמר **לְבַעַל-הַחֲנוּת**: "האישה והבנים שלי רְעֵבִים, אבל אין לי עכשיו כסף לשלם לך. אני יכול לקבל אוכל מהחנות שלך ולשלם לך כשיהיה לי כסף?"

בעל-החנות היה איש טוב והוא אמר "בסדר!". הרשלה לקח מהחנות הרבה אוכל, ובעל-החנות כתב במחברת שלו כמה כסף הדברים עולים.

ביום השני הרשלה בא עוד פעם לחנות, לקח עוד אוכל, ובעל-החנות כתב עוד פעם במחברת כמה זה עולה.

במשך חודש הרשלה בא יום יום לחנות וקיבל אוכל בלי לשלם. ואז, יום אחד, הוא בא לחנות **ובעל-החנות** אמר לו: "הרשלה, מֵהַיּוֹם אתה כבר לא יכול לקבל אוכל. אם אתה רוצה אוכל - אתה צריך לשלם לפני זה בשביל הדברים שכבר קיבלתָ."

"לא טוב," ענה הרשלה "אתה צריך לחשוב על האישה והבנים שלי. אין להם מה לאכול."

"הרשלה," אמר **בעל-החנות** "אתה יודע שאין לך כסף. מתי אתה חושב שיהיה לך כסף לשלם? ביום **שֶׁהַמָּשִׁיחַ** בא?"

והרשלה ענה לו: "לא - יום אחד לפני זה!"

VOCABULARY NOTE

Notice that the word בעל 'owner' precedes the word which specifies what is owned.

the owner of the store	בַּעַל הַחֲנוּת
the owner of the house	בַּעַל הַבַּיִת
the owner of the restaurant	בַּעַל הַמִּסְעָדָה

ב. שאלות

א. כמה בנים היו להרשלה?

ב. להרשלה היה כסף?

ג. איך היה להרשלה אוכל בשביל המשפחה שלו?

ד. יום אחד בעל-החנות לא רצה לתת להרשלה אוכל. מה הוא אמר להרשלה?

ה. על מי הרשלה ביקש מבעל-החנות לחשוב?

ו. מה בעל-החנות ענה אז?

ז. מה היתה התשובה של הרשלה? למה? מה הרשלה ידע?

ג. אתה צריך לדעת לספר את הבדיחה בלי הספר.

ב-31 תרגיל

Fill in the blanks with the appropriate form of 'will have' or 'won't have' in Hebrew.

דוגמא: בעל-החנות שאל את הרשלה: מתי אתה חושב ש<u>יהיה לך</u> כסף לשלם לי?"

א. הוא רוצה לעזור לאנשים כי אז ________ הרבה חברים.

ב. היא רוצה משפחה גדולה. היא רוצה ש________ חמישה בנים ושלוש בנות.

ג. אם אתה לא נותן לי אוכל בלי כסף, ________ בנים שלי מה לאכול.

ד. אין לי מזל. מתי ________ מזל?

ה. דני רוצה חברה. מתי ________ חברה?

ו. כמה כסף אתה חושב ש________ בבנק אחרי החודש?

ז. כמה חדרים ________ בדירה החדשה?

ח. אם אתה לא אוהב לעזור לאנשים ________ הרבה חברים.

PART THREE - הַשָׁעוֹן

ב-32 תרגיל

אתם צריכים להגיד את המשפטים אחרי המורה.

מילים חדשות

half	חֵצִי
quarter	רֶבַע
early	מוּקְדָם
late	מְאוּחָר
minute	דַקָה (נ.)

א. סליחה, מה השעה?
השעה חמש **וָרֶבַע**.

ב. באיזה שעה את רוצה לפגוש אותי?
בשעה שש **וָחֵצִי** בערב.

ג. השעה **רֶבַע** לְתשע? כבר מאוחר! אני צריך לקום.

ד. היא הלכה לישון לפני עשר דקות. היא תמיד הולכת לישון **מוּקְדָם**.

ה. עכשיו ארבע וְשבע דַקות. לפני עשר **דַקות** השעה היתה שלוש דַקות לְארבע.

ב-33 דיאלוג

א: באיזה שעה קמתָ הבוקר?

ב: קמתי בְּרֶבַע לשבע.

א: כל-כך מוּקְדָם?

ב: זה לא מוּקְדָם. בשבילי זה מְאוּחָר.

א: למה?

ב: אני צריך להיות בעבודה בשעה שבע וָחֵצִי והאוטובוס שלוקח אותי נוסע בשבע וָרֶבַע.

א: ו...?

ב: קמתי ולבשתי בגדים - זה לוקח עשר דַקות.
אכלתי ארוחת בוקר - רֶבַע שעה.
רצתי לתחנה - עוד חמש דַקות.

א: באת לתחנה בזמן?

ב: לא. כשבאתי לשם, אנשים אמרו לי שהאוטובוס נסע לפני שתי דקות.

א: למה?

ב: האוטובוסים כאן תמיד נוסעים מהתחנה לפני הזמן.

א: אז מה עשית?

ב: האוטובוסים נוסעים פעם בְּחֲצִי שעה. לקחתי את האוטובוס של רֶבַע לשמונה ובאתי לעבודה בשעה שמונה.

א: ומה אמרת לבוס שלך?

ב: שאני לא אוהב נֶהָגִים של אוטובוסים!

תרגיל 34-ב

אתה צריך ללמוד את הדוגמאות האלה.

א.   השעה ארבע.

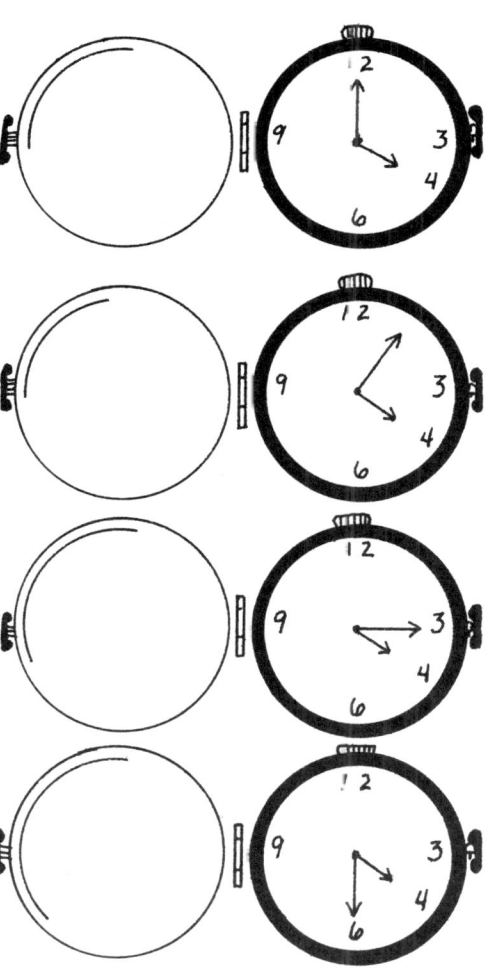

ב.   השעה ארבע וְחֲמש דקות.

ג.   השעה ארבע וָרֶבַע.

ד.   השעה ארבע וָחֲצִי.

ה. השעה רֶבַע לְחמש.

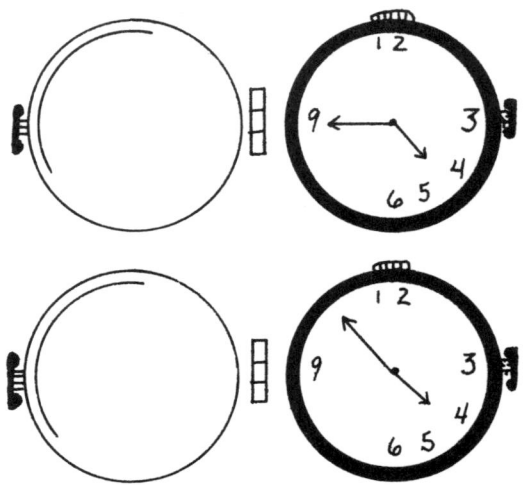

ו. השעה עשר דקות לחמש.

ב-35 תרגיל

אתה צריך לכתוב במילים.

10:52 .8	1:15 .5	6:15 .1
12:15 .9	9:53 .6	7:45 .2
12:04 .10	10:45 .7	8:30 .3
		2:07 .4

ב-36 תרגיל בעל-פה

א. שיחה בכיתה.

א. מה השעה עכשיו?

ב. מתי אתה אוכל ארוחת בוקר?

ג. מתי אתה הולך לאוניברסיטה?

ד. מתי אתה חוזר לבית שלך?

ה. מתי אתה אוכל ארוחת צוהריים?

ו. מתי אתה אוכל ארוחת ערב?

ז. אתה הולך לישון מוקדם או מאוחר? באיזה שעה?

ח. אתה אוהב לקום מוקדם בבוקר?

ט. מתי אתה קם?

ב. אתה צריך לכתוב: "מה אני עושה במשך היום".

ב-37 <u>סיפור</u>

מילים חדשות

שׁוֹטֵר, שׁוֹטֶרֶת (נ.)	policeman
גַּנָּב	thief
פִּתְאוֹם	suddenly
סִיגָרִיָּה (נ.)	cigarette
רָחוֹק	far
עָצַר	stop
מְעִיל (ז.)	coat
מִלְחָמָה (נ.)	war
אֶקְדָּח (ז.)	pistol
מִישֶׁהוּ	someone, somebody

LOAN WORDS

טֶקְסִי (ז.)	taxi
אַמְבּוּלַנְס (ז.)	ambulance

איפה השעון?

הַשּׁוֹטֵר לֵוִי שמע את הטלפון. לא היה לו חֵשֶׁק לקום מהמיטה אבל הוא קם והלך לטלפון. "הַשּׁוֹטֵר לוי מדבר. היו גנבים בבית שלכם? ברחוב הֶרְצֶל מספר תשע? אני כבר בא."

על השולחן הוא ראה את השעון שלו. השעה היתה שתים-עשרה וָחֵצִי בלילה. הוא חשב: "למה גַּנָּבִים לא יודעים שגם שׁוֹטְרִים רוצים לישון בלילה?"

הוא לקח את האוטו שלו ונסע. רחוב הרצל היה רחוק מהבית שלו. הוא נסע מהר. לא היו הרבה אנשים ברחובות. פתאום הוא ראה איש אחד הולך לבד. הוא עצר את האוטו, והאיש בִּיקש לנסוע איתו. "אין לי כסף בשביל טֶקְסִי," האיש אמר.

כשהאיש ישב באוטו, הוא שאל את הַשּׁוֹטֵר לוי: "סליחה, יש לך סִיגָרִיּוֹת?" השוטר לקח שתי סִיגָרִיּוֹת ונתן אותן לאיש. אחרי רגע האיש שם את היד שלו בַּמְּעִיל של הַשּׁוֹטֵר לוי. "תודה," הוא אמר, "אני שם סִיגָרִיָּה אחת בַּמְּעִיל שלך. אני לא צריך שתיים. יש לי סִיגָרִיּוֹת בבית."

הַשּׁוֹטֵר שאל: "במה אתה עובד?"

"אני נהג," ענה האיש, "אבל עכשיו אין לי עבודה ואין לי מוּשָׂג מתי תהיה

לי עבודה עוֹד פעם."

- "היית בַּמִלְחָמָה?"
- "כן. הייתי נהג של אַמְבּוּלַנְס. היתה לי עבודה חשובה."
- "ואני שוֹטֵר. השם שלי לוי."
- "לי קוראים בֵּנְצִי."

הַשּׁוֹטֵר לוי חשב: "אני צריך לנסוע מהר. אני צריך להיות בזמן ברחוב הרצל." הוא שם את היד שלו בַּמְעִיל אבל השעון לא היה שם. הוא לקח את הָאֶקְדָּח שלו, עצר את האוטו ואמר לְבֵנְצִי:

- "אני רוצה את השעון."

בֵּנְצִי אמר: "מה? חשבתי שֶ..."

הַשּׁוֹטֵר אמר: "אני לא רוצה לשמוע סיפורים. איפה השעון?" בֵּנְצִי נתן לו את השעון. הַשּׁוֹטֵר פתח את הדלת של האוטו ואמר:

- "אני לא רוצה אותך כאן. יש לך מזל שאני צריך לעשות עכשיו דברים אחרים..."

הוא נסע משם. כשהוא בא לבית ברחוב הרצל מספר תשע, הוא דיבר עם האנשים שם. הוא שאל: "יש לכם מושג מתי הגנבים היו כאן?" האנשים אמרו לו: "לפני שעה." השוטר לוי לקח את השעון מֵהַמְעִיל שלו. השעה בשעון היתה רֶבַע לשתים-עשרה. ואז הוא ראה דבר מְעַנְיֵן. מישהו כתב על השעון:

"לְבֵנְצִי, הנהג של האמבולנס, תודה. אנחנו אוהבים אותך.
דוקטור לוֹרֶנְץ ודוקטור כַּץ"

ב-37 <u>שאלות</u>

א. מתי השוטר קם מהמיטה בלילה?

ב. לאן הוא נסע? למה?

ג. את מי השוטר לקח באוטו שלו? למה?

ד. למה השוטר חשב שבנצי גנב?

ה. איך השוטר ידע אחר-כך שבֵּנְצִי לא גָּנַב? (שני דברים)

ו. אתה השוטר לוי. אתה רואה שהשעון לא שלך. הוא של בנצי. מה אתה עושה עכשיו?

ב-38 <u>תרגיל תרגום</u>

1. It's already eight twenty five, but I don't feel like getting up.
2. My secretary will have a new desk.
3. Suddenly he saw that it was already very late.
4. Someone saw the thief.
5. During the vacation I didn't feel like working.
6. They will have an examination tomorrow.
7. I want a cigarette. Who has cigarettes?
8. You (m.) will have a nice bed and a nice lamp.
9. The coat is on the chair.
10. It is quarter past four. It's still early, you can sleep more.

ב-39

<u>SUMMARY</u>

In this unit you have learned:

1. The past and future tense of יֵשׁ לְ- / אֵין לְ-
2. More about the clock.
3. The following vocabulary:

<u>NEW WORDS</u>

pistol	אֶקְדָח (ז.)
closet, cabinet	אָרוֹן (ז.) אֲרוֹנוֹת (ר.)
test, examination	בְּחִינָה (נ.)
during	בְּמֶשֶׁךְ
owner of the store	בַּעַל-הַחֲנוּת
thief	גַּנָּב
minute	דַּקָּה (נ.)
half	חֵצִי
desire	חֵשֶׁק
I feel like	יֵשׁ לִי חֵשֶׁק
I don't feel like	אֵין לִי חֵשֶׁק

chair	כִּסֵּא (ז.) כִּסְאוֹת (ר.)
late	מְאוּחָר
early	מוּקְדָם
secretary	מַזְכִּירָה (נ.)
tomorrow	מָחָר
kitchen	מִטְבָּח (ז.)
bed	מִיטָּה (נ.)
someone	מִישֶׁהוּ
war	מִלְחָמָה (נ.)
lamp	מְנוֹרָה (נ.)
coat	מְעִיל (ז.)
the Messiah	הַמָּשִׁיחַ
cleaning woman	עוֹזֶרֶת (נ.)
on, upon	עַל
stop	עָצַר
suddenly	פִּתְאוֹם
quarter	רֶבַע
far	רָחוֹק, רְחוֹקָה (נ.)
policeman	שׁוֹטֵר, שׁוֹטֶרֶת (נ.)
table, desk	שׁוּלְחָן (ז.) שׁוּלְחָנוֹת (ר.)

LOAN WORDS

ambulance	אַמְבּוּלַנְס (ז.)
taxi	טֶקְסִי (ז.)
cigarette	סִיגָרִיָּה (נ.)
politician	פּוֹלִיטִיקַאי (ז.)

UNIT ג

PART ONE - The future tense (זמן עָתִיד) of ה.י.ה

New Time Expressions

ג-1 דיאלוג

אברהם: את **תִּהְיִי** מחר בערב בבית?

חנה: לא. אני לא **אֶהְיֶה** בבית. אני **אֶהְיֶה** בעבודה כל הלילה.

אברהם: והבעל שלך **יִהְיֶה** בבית?

חנה: אני חושבת שהוא **יִהְיֶה**. למה אתה שואל?

אברהם: רינה ואני **נִהְיֶה** מחר בעיר, ואין לנו איפה לישון.

חנה: מתי **תִּהְיוּ** כאן?

אברהם: בשש בערב.

חנה: בסדר. הבעל שלי **יִהְיֶה** בבית.

אחר-כך חנה מדברת עם הבעל שלה.

חנה: אברהם ורינה **יִהְיוּ** כאן מחר בָּערב. אתה **תִּהְיֶה** בבית?

הבעל: לא. אני לא **אֶהְיֶה**. אני הולך עם חברים לראות בייסבול.

חנה: עכשיו אתה אומר לי? מה **יִהְיֶה**?

ג-2 תרגיל

אתה צריך להגיד את המשפטים אחרי המורה.

א. הוא לא יִהְיֶה בבית.

ב. היא תִּהְיֶה מורה טובה.

ג. הם יִהְיוּ כאן אחר-כך?

ד. אני אֶהְיֶה בעבודה כל הלילה.

ה. אתה תִּהְיֶה כאן בזמן?

ו. איפה את תִּהְיִי בשש בערב?

ז. אנחנו נִהְיֶה מחר בעיר.

ח. מתי אתם תִּהְיוּ כאן?

GRAMMAR POINTS

1. The future tense of ה.י.ה:

נקבה	זכר	
אני אֶהְיֶה	אני אֶהְיֶה	
את תִּהְיִי	אתה תִּהְיֶה	יחיד
היא תִּהְיֶה	הוא יִהְיֶה	
אנחנו נִהְיֶה	אנחנו נִהְיֶה	
אתן תִּהְיוּ (תִּהְיֶינָה*)	אתם תִּהְיוּ	רבים
הן יִהְיוּ (תִּהְיֶינָה*)	הם יִהְיוּ	

*תִּהְיֶינָה is a literary form.

דוגמאות:

I (m.) am a student.	אני סטודנט.
I (m.) was a student.	הָיִיתִי סטודנט.
I (m.) will be a student.	אני אֶהְיֶה סטודנט.
Are you (f. pl.) at home now?	אתן בבית עכשיו?
Were you (f. pl.) at home an hour ago?	הֱיִיתֶן בבית לפני שעה?
When will you (f. pl.) be at home?	מתי תִּהְיוּ בבית?

2. Remember: adjectives which follow ה.י.ה agree in gender and number with the subject.

דוגמאות:

When will the room be clean?	מתי <u>החדר</u> יִהְיֶה <u>נקי</u>?
When will the apartment be clean?	מתי <u>הדירה</u> תִּהְיֶה <u>נקיה</u>?
When will the restaurants be clean?	מתי <u>המסעדות</u> יִהְיוּ <u>נקיות</u>?
When will you (m. sg.) be clean?	מתי <u>אתה</u> תִּהְיֶה <u>נקי</u>?
When will you (f. sg.) be clean?	מתי <u>את</u> תִּהְיִי <u>נקיה</u>?

ג-4   תרגיל בעל-פה

אתם צריכים להגיד את המשפטים האלה.

דוגמא: אני אהיה בבית בשעה שבע.
אתה - אתה תהיה בבית בשעה שבע.

א.   אני אהיה בבית בשעה שבע.

1. אתה	4. היא	7. אתן
2. את	5. אנחנו	8. הם
3. הוא	6. אתם	9. הן

דוגמא: דני יהיה תלמיד טוב.
את - את תהיי תלמידה טובה.

ב.   דני יהיה תלמיד טוב.

1. את	4. הם	7. הבן שלי
2. אתה	5. אתם	8. הבת שלנו
3. היא	6. אתן	9. הבנות שלי

ג-5   תרגיל בעל-פה

Change the following sentences into the future.

דוגמא: משה תלמיד טוב.
משה יהיה תלמיד טוב.

א.   משה תלמיד טוב.
ב.   רינה תלמידה טובה.
ג.   אנחנו לא בבית.
ד.   הם בישראל.
ה.   רינה לא פה.
ו.   אתה במשרד?
ז.   את מזכירה טובה.
ח.   אתם תלמידים טובים.
ט.   אני פוליטיקאי.
י.   את המורה לעברית?

ג-6 תרגיל

Complete the questions.

דוגמא: דני יהיה כאן בחמש וַחֵצִי.
מתי אתה תהיה כאן?

א. אני אהיה במשרד ברבע לשמונה. מתי אתה ...
ב. אתה תהיה בספריה. איפה את ...
ג. את תהיי אחר-כך בשיעור. איפה הוא ...
ד. הוא יהיה מורה. מה היא ...
ה. היא תהיה מורה. מה אתם ...
ו. אנחנו נהיה בערב בקונצרט. איפה אתן ...
ז. הם יהיו במסיבה בעשר וַחצי. מתי הן ...
ח. הוא כבר נקי. מתי היא ...

ג-7 תרגיל

אתה צריך לענות על השאלות.

דוגמא: את תהיי כאן מחר?
כן, אני אהיה כאן מחר.

א. אתם תהיו בירושלים מחר? כן ...
ב. את תהיי בבית בחמש וַרבע? כן ...
ג. הוא יהיה במשרד היום? לא ...
ד. הם יהיו בספריה אחר-כך? כן ...
ה. אתה תהיה כל היום בעבודה? לא ...
ו. אתן תהיו במסיבה של מרים? כן ...
ז. אנחנו נהיה בחנות לפני שבע? לא ...
ח. את תהיי ילדה טובה? כן ...
ט. היא תהיה יפה? לא ...

ג-8   תרגיל דיאלוג

Replace the underlined words in the dialogue below with the appropriate
items from columns א and ב. Make all necessary changes.

דוגמא: א: מי יהיה במסעדה מחר?
                          א

           ב: רינה תהיה שם.
                ב

ב	א
אנחנו	בכיתה
רק אתם	בחנות
האח שלו	בבית
הרבה אנשים חשובים	בקונצרט
אני	בספריה החדשה
את וחנה	בסרט
רק הבוס	בעבודה
רק המורים שלנו	בבית-ספר
רק את	במסיבה

ג-9

Fill in the blanks with the appropriate forms of the future tense of ה.י.ה.

אני _____ בתל-אביב ביום חמישי. גם הבעל שלי _____ שם.
אנחנו _____ בבית של אחות שלי. בבוקר אני רוצה ללכת לפגוש חברים שלי.
הבעל שלי לא _____ איתי כי _____ לו הרבה עבודה לעשות. אבל בערב
_____ לו זמן, ואני רוצה ללכת איתו לקונצרט. גם אתם _____ בתל-
אביב ביום חמישי? כן? _____ לכם חשק לבוא איתנו לקונצרט? טוב מאוד!
אנחנו _____ בבנין של הקונצרט בשעה רבע לתשע. אנחנו יכולים לפגוש
אותכם שם. רק רגע, לא _____ לכם מכונית? בסדר, אנחנו יכולים לבוא לקחת
אותכם.

ג-10

א. NEW TIME EXPRESSIONS

next week	בַּשָּׁבוּעַ הַבָּא	in 3 weeks	בְּעוֹד שְׁלוֹשָׁה שבועות
next year	בַּשָּׁנָה הַבָּאָה	in 3 years	בְּעוֹד שָׁלוֹש שנים
next month	בַּחוֹדֶשׁ הַבָּא	in 4 months	בְּעוֹד אַרְבָּעָה חוֹדָשִׁים
next time	בַּפַּעַם הַבָּאָה	in 5 days	בְּעוֹד חֲמִישָׁה יָמִים

ב. <u>תרגיל</u> What is the opposite time expression?

זמן עבר	זמן עתיד
לפני שלושה שבועות	<u>בעוד שלושה שבועות</u>
<u>בשבוע שעבר</u>	בשבוע הבא
לפני חמישה ימים	<u>בעוד חמישה ימים</u>
לפני חמש שנים	________
לפני שש שעות	________
________	בעוד עשרה חודשים
בשנה שעברה	________
________	בחודש הבא
________	בסימסטר הבא
לפני חמש דקות	________
לפני רבע שעה	________
________	בעוד חצי שעה
בפעם שעברה	________
________	בעוד שלוש וחצי שעות
לפני שלוש וחצי שנים	________
אתמול	________

ג-11 <u>תרגיל</u>

Fill in the appropriate form of ה.י.ה. Choose between a past form and a future form, depending on the time expression in each sentence.

דוגמא: הוא <u>היה</u> בישראל לפני שלוש שנים. (היה / יהיה)

היא <u>תהיה</u> במשרד בעוד חמש דקות. (היתה / תהיה)

א. אני ______ עָצוּב לפני חצי שעה. (הייתי / אהיה)

ב. אתה ______ עָשִׁיר בעוד חמש שנים. (היית / תהיה)

ג. את ______ תלמידה רעה בסימסטר שעבר. (היית / תהיי)

ד. הילד הקטן ______ מְלוּכְלָךְ בעוד שעה. (היה / יהיה)

ה. המסיבה ______ בעוד שלוש וָחצי שעות. (היתה / תהיה)

ו. אנחנו ______ בישראל בחודש הבא. (היינו / נהיה)

ז. מתי אתם ______ כאן בפעם הבאה? (הייתם / תהיו)

ח. לפני חמש שנים אתן ______ צעירות ויפות. (הייתן / תהיו)

ט. ההורים שלי ______ בישראל בשנה הבאה (היו / יהיו)

י. לפני רבע שעה המיטות ______ בחדר. (היו / יהיו)

ג-12 תרגיל

Rewrite each of the sentences below using the time expressions in parentheses.

דוגמא: השנה היא תלמידה טובה. (בשנה שעברה, בשנה הבאה)

בשנה שעברה היא היתה תלמידה טובה.

בשנה הבאה היא תהיה תלמידה טובה.

א. עכשיו הוא שמח. (לפני עשר דקות, בעוד עשר דקות)

ב. אני עשירה. (בשנה שעברה, בשנה הבאה)

ג. היום המסעדות בעיר מלוכלכות. (אתמול, מחר)

ד. מי בבית? (לפני חצי שעה, בעוד חצי שעה)

ה. איפה את השבוע? (בשבוע שעבר, בשבוע הבא)

ו. מי המורה לעברית הסימסטר? (בסימסטר שעבר, בסימסטר הבא)

ז. למה אתם לא בעבודה היום? (לפני שלושה ימים, בעוד שלושה ימים)

ח. אין לי זמן עכשיו. (לפני שעה, בעוד שעה)

ט. אין לנו עבודה החודש. (בחודש שעבר, בחודש הבא)

י. הם בישראל השנה. (לפני ארבע שנים, בעוד ארבע שנים)

ג-13 <u>תרגיל תרגום</u>

אתה צריך לכתוב את המשפטים האלה בעברית.

1. I won't be at their (m.) party. I have other things to do.
2. You (m. pl.) will be very rich next year. You will have a lot of money.
3. When will you (f. sg.) have clean clothes?
4. The new museum will be very interesting. Many important paintings will be there.
5. This word won't be in the new dictionary.
6. Will you (m. sg.) be here next week? No, I will be in Israel then.
7. In three years there will be no thieves in our city.

ג-14 <u>תרגיל</u>

Fill in the correct form of ה.י.ה in the future tense. Then, choose an appropriate follow-on sentence from א and ב.

דוגמא: אני לא <u>אהיה</u> בבית מחר.

א. אתה תהיה באוניברסיטה.

× ב. תהיה לי עבודה לעשות במשרד.

1. הוא ________ בישראל בעוד שלושה שבועות.

א. אחות שלו ביקשה שהוא יהיה איתה שם.

ב. יש לו אחות נחמדה.

2. הם ________ עשירים מאוד בעוד שלוש שנים.

א. הם יהיו אז בלי כסף.

ב. יהיה להם אז הרבה כסף.

3. בחורה אחת ________ במשרד שלך בשעה תשע.

א. היא רוצה לקבל עבודה.

ב. היא תהיה בירושלים עם אמא שלה.

4. למה לא ________ לכם חשק לראות את הסרט.

א. אתם צריכים להיות אז במקום אחר?

ב. לא יהיה לכם מה לעשות?

5. איפה את ________ בעוד שעה?

א. את תהיי מורה באוניברסיטה?

ב. יהיה לך שיעור?

6. ההורים שלנו ________ איתנו כל החודש.

א. הם יהיו במסעדה היום בערב.

ב. הם יהיו בבית שלנו גם בחודש הבא.

PART TWO - Expressions with Experiencers

ג-15

I am cold	קַר לִי
We are hot	חַם לָנוּ
It's difficult /hard for him...	קָשֶׁה לוֹ...
It's easy for you...	קַל לְךָ...
I am bored	מְשַׁעֲמֵם לִי

אתם צריכים להגיד את המשפטים האלה אחרי המורה.

א. אתה יכול לסגור את הדלת? קַר לי.

ב. חַם לכם? אתם יכולים לפתוח את הדלת.

ג. קָשֶׁה לדני ללמוד בערב. הוא רוצה לראות את החברה שלו.

ד. קַל לך ללמוד עברית כי החברים שלך עוזרים לך.

ה. מְשַׁעֲמֵם לנו כאן. אין לנו מה לעשות.

ג-16

GRAMMAR POINTS

1. The expression with experiencers ...קַר לְ..., חַם לְ..., קָשֶׁה לְ..., קַל לְ..., מְשַׁעֲמֵם לְ... may be used in the present, past or future.

דוגמאות:

We are cold now.	עכשיו קר לנו.
An hour ago we were cold.	לפני שעה היה לנו קר.
In an hour we'll be cold.	בעוד שעה יהיה לנו קר.
It's difficult for me to help you (m. pl.).	קשה לי לעזור לכם.
It was difficult for me to help you.	היה לי קשה לעזור לכם.
It will be difficult for me to help you.	יהיה לי קשה לעזור לכם.
Are you (f. sg.) bored here?	מְשַׁעֲמֵם לך כאן?
Were you bored there?	היה לך מְשַׁעֲמֵם שם?
Will you be bored there?	יהיה לך מְשַׁעֲמֵם שם?

2. a. The negation of expressions with experiencers.

דוגמאות:

I am not cold.	לא קר לי.
I wasn't cold.	לא היה לי קר.
I won't be cold.	לא יהיה לי קר.

   b. Questions.

דוגמאות:

Are you (m. pl.) cold?	קר לכם?
Were you (m. pl.) cold?	היה לכם קר?
Who is cold?	לְמִי קר?
Who was cold?	לְמִי היה קר?

3. Often, the expression in 15-ג are used without an expressed experiencer.

דוגמאות:

It's hot now!	חם עכשיו!
It will be cold later.	יהיה קר אחר-כך.
It's very hard to run here.	קשה מאוד לרוץ כאן.
It will be easy to help you.	יהיה קל לעזור לך.
It's so boring here.	כל-כך משעמם כאן.
It was so boring here.	היה כל-כך משעמם שם.

ג-17 תרגיל בעל-פה

אתם צריכים להגיד אחרי המורה.

דוגמא: קר לי.
           חם – חם לי.

א. קר לי
1. חם   2. משעמם   3. קשה

ב. היה לו חם במשרד.
1. קר   2. משעמם   3. קשה לעבוד   4. קל לעבוד

ג. בערב יהיה לך חם כאן.
1. קר   משעמם   3. קשה לעשות שיעורים   4. קל לישון

ג-18 תרגיל

a. Match each expression from column א with a statement from column ב which causes it.

ב	א
הוא באלסקה.	חם לנו
אנחנו עוד לא יודעים טוב את השפה הזאת.	משעמם לו.
אנחנו בְּאַפְרִיקָה.	קר לו.
יש לו הרבה שכל.	קשר לנו לדבר עברית.
אין לו מה לעשות.	קל לו לקבל A

b. Rewrite each pair of sentences from a. in the past tense and then in the future tense.

ג-19 סיפור

LOAN WORD

סוֻדֶר (ז.)   sweater

א. איש אחד כל הזמן אמר: קר לי! קר לי!, החבר שלו לא רצה לשמוע את זה. אז הוא הלך וקנה לאיש סְוֶודֶר. עכשיו האיש אומר כל הזמן: היה לי קר, היה לי קר.

ב. שאלה:

מה הסיפור הזה מלמד אותנו על החיים?

1. שאיש אחד תמיד אמר "קר לי"?

או 2. יש אנשים שאוהבים תמיד להגיד שהחיים לא טובים.

או 3. שהאיש בסיפור לא אהב את הסְוֶודֶר.

ג-20 דיאלוג

מילה חדשה

מַשֶהוּ	something

משה: אני לא יכול לעבוד עם עוּזִי. תמיד יש לו מַשֶהוּ להגיד. פעם קר לו, פעם חם לו, פעם משעמם לו, פעם קשה לו... מה לעשות?

יעקב: אני חושב שאין לו חשק לעבוד.

משה: אז למה הוא לא אומר את זה? אני יכול לקחת מִישֶהוּ אחר. אתה יודע מי יכול לעשות עבודה טובה?

יעקב: אתה חושב שיש מִישֶהוּ שרוצה לעבוד איתך?

משה: למה לא?

יעקב: אתה לא בוס טוב. קשה לאנשים לעבוד איתך.

ג-21 תרגיל

Fill in the blanks with the correct form of the expressions with experiencers.

דוגמא: במסיבה לפני שבוע היה לי משעמם. (לי / משעמם)

א. היא לא רוצה ללכת לשיעור כי ______________ שם. (לה / משעמם)

ב. אני לא אוהב ספורט. ______________ לרוץ. (לי / קשה)

ג. אתם נוסעים לאלסקה? ______________ מאוד שם. (לכם / קר)

ד. לא היה לה סוודר ו______________. (לה / קר)

ה. אני כותב וקורא עברית טוב מאוד אבל ______________ לדבר. (לי / קשה)

ו. בסימסטר שעבר __________ (לנו / קל) לקבל בעברית אבל בסימסטר הבא
__________ (לנו / קשה).

ז. אם יהיו לך עוד בגדים __________ (לך / חם).

ג-22

VOCABULARY NOTE

All the words used in expressions with experiencers which you have just learned are also adjectives. When used as adjectives, they agree with their noun in gender and number.

Adjectives:

cold	קַר	easy	קַל
hot, warm	חַם	boring	מְשַׁעֲמֵם,
hard	קָשֶׁה		מְשַׁעֲמֶמֶת (נ.)

דוגמאות:

Adjective phrase: אני לא רוצה ארוחה קרה.
I don't want a cold meal.

Expression with experiencer: היה לה קר.
She was cold.

Adjective phrase: יש לנו עבודה קָשָׁה.
We have hard work.

Expression with experiencer: קָשֶׁה להם.
It's hard for them.

Adjective phrase: היא לא הולכת לשיעורים מְשַׁעַמְמִים.
She doesn't go to boring classes.

Expression with experiencer: יהיה לכם משעמם שם.
You'll be bored there.

תרגיל ג-23

Fill in the blanks with the correct form.

א. יהיה לנו ________ בבגדים האלה. (חם, חמים)

ב. אתם צריכים לקנות בגדים ________. (חם, חמים)

ג. המסיבה היתה ________. (משעמם, משעממת)

ד. היה להם ________ במסיבה. (משעמם, משעממת)

ה. ________ לדני לגור עם רינה. (קָשֶׁה, קָשָׁה)

ו. היא אישה ________ מאוד. (קָשֶׁה, קָשָׁה)

ז. פינלנד ארץ ________. (קר, קרה)

ח. יהיה לכם ________ מאוד שם. (קר, קרה)

ט. ________ לנו לקרוא את הספרים האלה. (קל, קלים)

י. הספרים האלה ________ מאוד. (קל, קלים)

תרגיל ג-24

Choose the sentence that conveys a similar idea.

1. היה לי אתמול קר מאוד. אז הלכתי עם חמישה סְוֶודֶרִים.
   - א. היה לי קר עם חמישה סוודרים.
   - ב. קר לי עם חמישה סוודרים.
   - ג. הלכתי עם הרבה סוודרים כי רציתי שיהיה לי חם.

2. חם לה עם בגדים אז היא תמיד בלי בגדים.
   - א. הבגדים שלה לא חמים.
   - ב. היא בלי בגדים כי חם לה.
   - ג. היא חמה בלי בגדים.

3. יהיה לך משעמם במסיבה כי לא יהיו שם הרבה אנשים מְעַנְיְינִים.
   - א. יהיה לך משעמם במסיבה כי לא יהיו שם אנשים.
   - ב. המסיבה תהיה משעממת כי יהיו שם אנשים משעממים.
   - ג. במסיבה לא יהיו הרבה אנשים כי היא תהיה משעממת.

4. למי היה קשה לעשות את העבודה שלו?
   - א. העבודה של מי היתה קשה?
   - ב. מה היה קשה?
   - ג. מי לא רצה עבודה קשה?

ג-25 תרגום

אתה צריך לכתוב את המשפטים האלה בעברית.

1. She in very cold. She has to buy a sweater.
2. Why is the meal cold?
3. It will be hot today. You (m. sg.) don't need a sweater.
4. Can I (m.) get a warm meal?
5. Why is it so hard for you (f. sg.) to be there on time?
6. These books are hard. You (f. sg.) should read easy books.
7. I was bored at the party. Even the music was boring.

PART THREE - Some uses of כֹּל

ג-26

מילים חדשות

everything	הַכֹּל
everyone, anyone	כֹּל אֶחָד
every morning, each morning	כֹּל בּוֹקֶר
every day, each day	כֹּל יוֹם
every year, each year	כֹּל שָׁנָה

מילים ישנות

(Reminder)

all, all the	כֹּל הַ-
everybody, all of them	כּוּלָּם

NOTE: Compare:

He is here all (the) day. הוא כאן כֹּל הַיוֹם.

He is here everyday. הוא כאן כֹּל יוֹם.

אתם צריכים לקרוא את המשפטים האלה.

א. מישהו לקח את הספר שלי אבל אני לא יודע מי.

ב. אני צריך לספר לך משהו חשוב.

ג. למה כל אחד חושב שהוא יודע הכל?

ד. כל בוקר הוא קם בשעה שש בבוקר ואחר-כך הוא קורא עיתונים כל הבוקר.

ה. מה נשמע? הכל בסדר.

ו. כל לילה אנחנו עושים מסיבה. אנחנו שותים ושרים כל הלילה.

ג-27 <u>דיאלוג</u>

a. Read the following dialogue.

המזכירה: מישהו רוצה לראות אותך.

הבוס: הוא אמר לך למה?

המזכירה: לא אבל הוא אומר שהוא בא לדבר על משהו חשוב.

הבוס: כולם אומרים שיש להם משהו חשוב להגיד אבל אין לי זמן לדבר עם כל אחד.

המזכירה: הוא כבר יושב כאן שלוש שעות וכל רגע הוא שואל אותי מתי יהיה לך זמן.

הבוס: את צריכה להגיד לו שקשה לי לעשות הכל ביום אחד. אם הוא רוצה לדבר איתי, הוא יכול לבוא מחר.

b. Fill in the missing words.

המזכירה: _____ רוצה לראות אותך.

הבוס: הוא אמר למה?

המזכירה: לא אבל הוא אמר שהוא בא לדבר על _____ חשוב.

הבוס: _____ אומרים שיש להם _____ חשוב להגיד אבל אין לי זמן לדבר עם _____.

המזכירה: הוא כבר יושב כאן שלוש שעות ו_____ הוא שואל אותי מתי יהיה לך זמן.

הבוס: את צריכה להגיד לו שקשה לעשות _____ ביום אחד. אם הוא רוצה לדבר איתי, הוא יכול לבוא מחר.

ג-28 תרגיל

In each group, match a sentence beginning from א with a sentence ending from ב.

	א	ב
1.	אני חושב שיש	רוצה לעשות משהו אחר.
	כולם	מישהו בחדר שלי.
	כל אחד	אוהבים אותו
2.	מתי אתה קם	הכל?
	למה אתה חושב שאתה יודע	עם כולם?
	למה את יושבת לבד ולא	כל בוקר?
3.	אני רואה	כל היום?
	היא לא אוכלת ארוחת-בוקר	כל יום.
	איפה היית	משהו על השולחן.

ג-29 תרגיל

a. Fill in the missing item. Choose between כֹּל and כֹּל הַ-.

א. ________ תלמידים אוהבים את המורה למתמטיקה.

ב. ________ לילה הוא הולך לישון בשעה מְאוּחֶרֶת.

ג. ________ סימסטר לא למדת ועכשיו אתה רוצה לקבל A.

ד. למה את באה לדבר איתי ________ רגע?

ה. למה אתם שרים ________ זמן?

ו. ________ אחד רוצה לעשות משהו אחר.

b. Choose between כּוּלָּם and הַכֹּל.

א. בישראל, ________ עובדים שמונה שעות ביום.

ב. שכחתי ________.

ג. חזרתי לכאן יחד עם ________.

ד. למה אני צריך תמיד לעשות ________ לבד?

ה. למה אכלת ________?

ו. ________ רוצים לאכול.

c. Choose between מִישֶׁהוּ and מַשֶּׁהוּ.

א. יש ל__________ שאלות?
ב. שמענו היום __________ מְעַנְיֵן.
ג. הוא רוצה להגיד לך __________.
ד. __________ שכח כאן את הספרים שלו.
ה. יש כאן __________ שלא מדבר אנגלית?
ו. למה אתם לא אוכלים __________?

ג-30 <u>תרגיל</u>

Construct a dialogue, using as many of the words listed in 25-ג as possible.

ג-31 <u>מכתבים לעיתון</u>

אנשים כותבים מכתבים לעיתון. אתה מקבל את המכתבים ואתה צריך לכתוב לכל אחד תשובה.

א. אני בחור יפה אבל אין לי חברה. מישהו אמר לי שאני צריך ללכת כל ערב לבאר. זה נכון?
ב. תמיד משעמם לי. העבודה שלי משעממת אותי, באוניברסיטה משעמם לי, ואפילו במסיבות ובבארים משעמם לי. משהו לא בסדר איתי?

ג-32

<u>מילים חדשות</u>

אַף פַּעַם לֹא...	never
לֹא... אַף פַּעַם	never
אַף אֶחָד לֹא...	no one...
לֹא... אַף אֶחָד	not... any one, no one
שׁוּם דָּבָר לֹא...	nothing...
לֹא... שׁוּם דָּבָר	not... anything, ...nothing

אתם צריכים לקרוא את המשפטים האלה.

א. אַף פַּעַם לֹא ראיתי אותו.
לֹא ראיתי אותו אַף פַּעַם.

ב. אַף אֶחָד לֹא ידע מה לעשות.

ג. אני לֹא רואה כאן אַף אֶחָד.

ד. שום דָּבָר לֹא טוב בשבילו.

ה. אתה לֹא יודע שום דָּבָר.

ג-33

GRAMMAR POINTS

1. You should remember that sentences with אַף פַּעַם, אַף אֶחָד, שום דָּבָר must always include the word לֹא.

דוגמאות:

He never writes to us.	הוא אַף פַּעַם לֹא כותב לנו.
No one wants to help me.	אַף אֶחָד לֹא רוצה לעזור לי.
We didn't ask for anything.	לֹא ביקשנו שום דָּבָר.

2. The only time אַף פַּעַם, אַף אֶחָד, שום דָּבָר do not require לֹא is in short answers, as in the examples below.

דוגמאות:

- מה סיפרת להם?
- שום דָּבָר. (אבל: לֹא סיפרתי שום דבר.)

- מי רוצה ללכת לסרט?
- אַף אֶחָד. (אבל: אף אחד לֹא רוצה ללכת.)

ג-34 דיאלוגים

א. א: אכלת משהו בבוקר?
ב: לֹא אכלתי שום דבר.
א: למה?
ב: אני אף פעם לֹא אוכל בבוקר.

ב. א: יש מישהו במשרד?
ב: לא ראיתי שם אף אחד.
א: מעניין. הבוס אמר שהוא יהיה במשרד בשלוש ורבע.
ב: אז מה אם הוא אמר? הוא אף פעם לא בא בזמן.

ג. א: כל לילה השכנים שלי פותחים את הרדיו בשעה מְאוּחֶרֶת. אני לא יכול לישון אף פעם.
ב: אמרת להם משהו על זה?
א: כן, אבל שום דבר לא עוזר.
ב: אני חושב שאתה צריך לספר את זה לְבעל-הבית.

תרגיל ג-35

a. Fill in the missing items. Choose between אַף פַּעַם לא, אַף אֶחָד לא, and שׁוּם דָּבָר לא.

א. דני לא אוהב ללמוד. הוא _________ עושה שיעורים.
ב. זאת מסעדה יפה מאוד אבל _________ אכלנו כאן.
ג. המסעדה הזאת יקרה מאוד. _________ בא לאכול כאן.
ד. הילדה הקטנה היתה עצובה. היא רצתה לשחק עם הילדים האחרים אבל _________ רצה לשחק איתה.
ה. המורה הזה לא אוהב אותי. הוא תמיד נותן לי C. אני בא תמיד לכיתה, ואני עושה את כל השיעורים. אבל _________ עוזר.
ו. עוזי עושה הרבה דברים מעניינים _________ משעמם לו.
ז. הם אנשים רעים. _________ אוהב אותם.
ח. אתה _________ בא לעבודה בַּזמן.
ט. הבן הקטן שלי _________ רוצה לאכול. אני עושה לו אוכל טוב מאוד אבל _________ טוב בשבילו.
י. איפה החתול? _________ יודע איפה הוא.

b. Choose between לא...אף אחד and לא...שום דבר.

א. היינו בַּחנות חצי שעה אבל _________ קנינו _________.
ב. הוא גר לבד. הוא _________ גר עם _________.
ג. הם _________ סיפרו ל_________ מה הם ראו.
ד. מה שׂמתם בארון? _________ שמנו בארון _________.
ה. למה אתה _________ מדבר עם _________?

ו. אני תמיד עושה מה שאני רוצה. אני _____ שואל _____ מה לעשות.

ז. לאיפה כל הילדים הלכו? אני _____ רואה _____.

ח. למה אתם _____ עושים _____?

ט. היום לא היו אנשים בחנות. _____ מכרנו _____

י. את בחורה רעה. את _____ עוזרת ל _____.

ג-36 הרגיל תרגום

אתם צריכים לכתוב את המשפטים האלה בעברית.

1. I have never met him.
2. No one likes you (m. sg.).
3. Danny never drinks beer.
4. He does not help anybody.
5. I didn't do anything.
6. She ate everything but she didn't drink anything.
7. All the houses on my street are big but none is new.
8. Who wants to go to a movie?
9. What did you do today? Nothing.
10. When will she have money? Never.

PART FOUR - Review

ג-37 סיפור

מילים חדשות

to die	מֵת (.inf לָמוּת)
	מֵתָה (נ.) מֵתוּ (ר.)
quiet	שָׁקֵט
quietly	בְּשֶׁקֶט
bread	לֶחֶם (ז.)
Heaven, Paradise (lit.:	גַּן עֵדֶן (ז.)
the Garden of Eden)	
angel	מַלְאָךְ (ז.)
dream	חֲלוֹם (ז.) חֲלוֹמוֹת (ר.)
trial	מִשְׁפָּט (ז.)
judge	שׁוֹפֵט (ז.)

מילים ישנות

(Reminder)

חַי	live
חַיִּים (ז. ר.)	life
כְּמוֹ	like, as

בַּנְצָ'ה הַשָּׁקֵט / י. ל. פֶּרֶץ

בַּנְצָ'ה מֵת ואף אחד לא ידע על זה. האנשים בעיר לא ידעו שום דבר על בַּנְצָ'ה, איך הוא מֵת, איך הוא חַי. אף אחד לא ידע ואף אחד לא רצה לדעת. בנצ'ה היה איש קטן. הוא חי בְּשֶׁקֶט וָמֵת בְּשֶׁקֶט. אנשים אף פעם לא ראו את בנצ'ה והם אף פעם לא חשבו או דיברו על בנצ'ה.

אבל בְּגַן-עֵדֶן כולם דיברו על בנצ'ה. כשהוא מֵת והוא בא לְגַן-עֵדֶן, כל הַמַּלְאָכִים אמרו: "אתם יודעים שבנצ'ה השקט מת? אתם יודעים שבנצ'ה הַשָּׁקֵט מֵת?" הַמַּלְאָכִים בְּגַן-עֵדֶן היו שְׂמֵחִים כי בנצ'ה שלהם בא.

בנצ'ה ראה שהם שמחים והוא פָּחַד שזה חֲלוֹם. כשהוא היה צעיר היו לו הרבה חֲלוֹמוֹת. בַּחֲלוֹמוֹת הוא לא היה איש שָׁקֵט. הוא היה איש חשוב מאוד, וכולם דיברו איתו ואהבו אותו.

עכשיו, בגן-עדן, הוא פחד. הוא לא אמר אפילו שלום. הוא לא אמר אפילו את השם שלו. לאנשים חדשים שרק עכשיו מֵתוּ, יש מִשְׁפָּט בגן-עדן. גם בנצ'ה הלך לְמִשְׁפָּט. הַמַּלְאָכִים אמרו לו שהוא לא צריך לפחוד כי הוא איש טוב וְשָׁקֵט. אבל הוא פחד.

מַלְאָךְ אחד סיפר בַּמִּשְׁפָּט על הַחַיִּים של בנצ'ה:

"זה בנצ'ה הַשָּׁקֵט. הוא היה ילד שָׁקֵט והילדים האחרים אף פעם לא רצו לשחק איתו. הוא היה שקט כשאמא שלו מֵתָה. הוא גם היה שָׁקֵט כשהוא הלך לגור עם משפחה אחרת. לפעמים, כש"האמא החדשה" שלו אכלה ארוחות טובות, הוא לא קיבל אפילו לֶחֶם ישן. אבל הוא לא אמר שום דבר רע. הוא עבד בעבודות קשות ולא מעניינות אבל הוא עשה הכל בְּשֶׁקֶט. כל הַחַיִּים שלו הוא היה עני מאוד ואף אחד לא עזר לו. הוא אף פעם לא אמר שאין לו מזל. הוא היה שָׁקֵט כשהאישה שלו הלכה עם איש אחר ואפילו כשהבת שלו לא רצתה אותו בבית. הוא תמיד היה שָׁקֵט."

כל הַמַּלְאָכִים אמרו לו: "בנצ'ה, הבן שלנו, בנצ'ה." הוא לא שמע את המילים האלה כבר הרבה זמן.

"בן שלי," הַשּׁוֹפֵט אמר, "תמיד היית שָׁקֵט. אף פעם לא אמרת מילה רעה. אנשים

לא ידעו שאתה חַי, אבל אנחנו יודעים שאתה איש טוב. מה אתה רוצה? מה שאתה מבקש אנחנו יכולים לעשות בשבילך. אתה רק צריך להגיד לנו ואנחנו עושים."

"זה לא חֲלוֹם?" בנצ'ה שאל.

הַשּׁוֹפֵט אמר: "לא, מה אתה רוצה?"

"אני יכול לקבל מה שאני רוצה?" שאל בנצ'ה.

הַשּׁוֹפֵט ענה: "מה שאתה רוצה. אתה צריך רק לבקש."

"אז אני רוצה לקבל כל בוקר לֶחֶם לאכול וקפה חם לשתות."

כל הַמַּלְאָכִים בחדר היו שְׁקֵטִים. אין הרבה אנשים כמו בנצ'ה.

ג-38 תרגיל

Copy from the story all the sentences that include אף פעם, אף אחד or שום דבר. Then translate them into English.

ג-39 תרגיל - מה נכון ומה לא נכון?

א. כשבנצ'ה מת, כל אחד ידע על זה.
ב. כל החיים שלו בנצ'ה היה איש חשוב מאוד.
ג. כשבנצ'ה מת ובא לגן-עדן, כל המלאכים היו שמחים.
ד. בשביל המלאכים בנצ'ה היה איש חשוב.
ה. לכל האנשים שמתים יש משפט בגן-עדן. רק לבנצ'ה לא היה משפט.
ו. כשבנצ'ה היה ילד, הוא אף פעם לא רצה לשחק עם הילדים האחרים.
ז. כל החיים שלו בנצ'ה לא ביקש שום דבר מאנשים אחרים.
ח. בנצ'ה ידע שהוא יכול לקבל מהמלאכים משהו יקר - כמו טלוויזיה או מכונית.
ט. בנצ'ה ידע תמיד שאין לו מזל בַּחַיִּים.

ג-40 שאלות

א. מה אנחנו לומדים מהמשפט של בנצ'ה על החיים שלו?
ב. אתה חושב שאנשים צריכים להיות כמו בנצ'ה?
ג. אתה בגן-עדן, ואתה יכול לבקש מה שאתה רוצה. מה אתה רוצה?

ג-41 תרגיל בעל-פה

התלמידים צריכים לעשות בכיתה משפט לבנצ'ה.

ג-42 תרגיל תרגום

1. Nobody will be in the office tomorrow
2. I (m.) am cold. I can't do anything.
3. Will you (m. pl.) be home next week?
4. I had a nice dream last week.
5. She died last year.
6. You (f. pl.) have to talk quietly. Someone is asleep here.
7. He'll he bored there. He'll have nothing to do.
8. Everyone can make bread.
9. We have never been there.
10. You (f. sg.) will be hot. You don't need a sweater.
11. She is very quiet.
12. In five years everything will be different here.
13. Is there something in the kitchen? - No, there is nothing. - Not even bread?
14. It is difficult for him to study.
15. They (f.) are never bored.

ג-43 תרגיל

Some of the sentences below contain mistakes.
Correct and recopy them.
Copy the correct sentences intact.

א. הוא אף פעם היה שם.

ב. אני חם. אני לא רוצה את הסודר.

ג. היא הולכת לאוניברסיטה כל היום.

ד. דני לא ראה שום דבר.

ה. בשנה שבאה אני אהיה בישראל.

ו. אף אחד אוהב רינה.

ז. אני קר. אני רוצה ללבוש מישהו.

ח. רינה משעמם לה, אולי יש לך ספר בשבילה?

ג-44

SUMMARY

In this unit you have learned:

1. The future tense (זמן עָתִיד) of ה.י.ה
2. Expressions with experiencers: -קַר לְ, -מְשַׁעֲמֵם לְ, etc.
3. Some time expressions: בַּשָּׁבוּעַ הַבָּא, בְּעוֹד שָׁבוּעַ, etc.
4. Some expressions of quantity:
   a. מִישֶׁהוּ, מַשֶּׁהוּ, הַכֹּל, כֹּל, etc
   b. אַף אֶחָד לֹא, שׁוּם דָּבָר לֹא, אַף פַּעַם לֹא, etc.
5. The following new vocabulary:

NEW WORDS

nobody, no one	אַף אֶחָד
never	אַף פַּעַם
next week	בַּשָּׁבוּעַ הַבָּא
next year	בַּשָּׁנָה הַבָּאָה
in 5 days	בְּעוֹד 5 יָמִים
Heaven, Paradise	גַּן-עֵדֶן (ז.)
everything	הַכֹּל
dream	חֲלוֹם (ז.) חֲלוֹמוֹת (ר.)
hot, warm	חַם (adj.)
I'm hot	חַם לִי
everybody	כֹּל אֶחָד
every day	כֹּל יוֹם
bread	לֶחֶם (ז.)
angel	מַלְאָךְ (ז.)
something	מַשֶּׁהוּ
trial	מִשְׁפָּט (ז.)
boring	מְשַׁעֲמֵם (adj.), מְשַׁעֲמֶמֶת (נ.)

I'm bored	מְשַׁעֲמֵם לִי
die	מֵת (ז.) מֵתָה (נ.) מֵתוּ (ר.)
easy	קַל (adj.)
It's easy for me	קַל לִי
cold	קַר (adj.)
I'm cold	קַר לִי
It's difficult for me	קָשֶׁה לִי
nothing	שׁוּם דָבָר
judge	שׁוֹפֵט (ז.)
quiet	שָׁקֵט (adj.) שְׁקֵטָה (נ.)
quietly	בְּשֶׁקֶט (adv.)

<u>LOAN WORDS</u>

sweater	סְוֶודֶר (ז.)

UNIT ד

PART ONE - The future tense (זמן עתיד) of Final ה verbs

ד-1 דיאלוג - סטודנטים

מילים חדשות

עַד	until
אוּלַי	maybe

רחל: דני, ראית את אֵהוּד?

דני: לא, עוד לא ראיתי אותו, אבל אני **אֶרְאֶה** אותו בערב, כי אנחנו צריכים ללמוד יחד.

רחל: אני צריכה לדבר עם אֵהוּד. איפה אתם **תִּהְיוּ**?

דני: **נִהְיֶה** בספריה **עַד** 8:00, אחר-כך **נִשְׁתֶּה** קפה, איפה את **תִּהְיִי** אז?

רחל: אני **אֶהְיֶה** בבית כל הערב. **אוּלַי תַּעֲלוּ** לחדר שלי - אני **אֶעֱשֶׂה** לכם קפה קר.

דני: בסדר. **נִהְיֶה** בחדר שלך ב-10:30 או ב-11:00.

ד-2 תרגיל

אתה צריך להגיד את המשפטים הבאים אחרי המורה.

א. אני אֶרְאֶה אותו בערב.

ב. איפה אתם תִּהְיוּ?

ג. נִהְיֶה בספריה.

ד. נִשְׁתֶּה קפה.

ה. איפה את תִּהְיִי?

ו. אולי תַּעֲלוּ לחדר שלי?

ז. היא תַּעֲשֶׂה קפה קר.

GRAMMAR POINTS

1. The future tense of Final ה verbs:

   You have already learned the conjugation of ה.י.ה in the future tense.

נקבה	זכר	
אֶהְיֶה תִהְיִי תִהְיֶה	אֶהְיֶה תִהְיֶה יִהְיֶה	יחיד
נִהְיֶה תִהְיוּ יִהְיוּ	נִהְיֶה תִהְיוּ יִהְיוּ	רבים

   The future tense forms of Final ה verbs are as follows:

נקבה	זכר	
אֶשְׁתֶּה תִשְׁתִּי תִשְׁתֶּה	אֶשְׁתֶּה תִשְׁתֶּה יִשְׁתֶּה	יחיד
נִשְׁתֶּה תִשְׁתּוּ יִשְׁתּוּ	נִשְׁתֶּה תִשְׁתּוּ יִשְׁתּוּ	רבים

   In literary and formal Hebrew the second and third person feminine plural form is תִשְׁתֶּינָה.

2. In literary Hebrew, when the subject of a verb in the future tense is a pronoun in the first or second person the pronoun in often omitted.

   In spoken Hebrew, however, we do not usually omit the pronoun.

3. Notice that when the first letter of the root is ע or ח, the prefixes have an /a/ sound instead of the /i/ sound.
Compare תעשה vs. תשתה.

נקבה	זכר	
אֶעֱשֶׂה תַּעֲשִׂי תַּעֲשֶׂה	אֶעֱשֶׂה תַּעֲשֶׂה יַעֲשֶׂה	יחיד
נַעֲשֶׂה תַּעֲשׂוּ יַעֲשׂוּ	נַעֲשֶׂה תַּעֲשׂוּ יַעֲשׂוּ	רבים

ד-4 **תרגיל בעל-פה**

Replace the appropriate words in the following sentences with the next item on the list. Make all necessary changes.

דוגמא: אני אֶשְׁתֶּה קוקה-קולה.
אתה - אתה תִּשְׁתֶּה קוקה-קולה.

א. אני אֶשְׁתֶּה קוקה-קולה.

1. אתה
2. את
3. הוא
4. היא
5. אנחנו
6. אתם
7. אתן
8. הם
9. הן

ב. אתם תִּהְיוּ פה מחר.

1. אני
2. אנחנו
3. אתן
4. הם
5. את
6. אתה

ג. הספר הזה יַעֲלֶה עשר לירות.

1. התמונה הזאת
2. העיתון הזה
3. הבגדים האלה
4. האוכל הזה
5. הסיגריות האלה
6. המנורה הזאת

ד. היא תַעֲשֶׂה פיצה.

1. הוא 4. משה ורינה 7. אתם
2. רינה 5. אנחנו 8. את
3. אני 6. רינה וחנה 9. אמא שלי

ה. הם לא יִרְצוּ לגור כאן.

1. היא 4. רינה ומשה
2. אנחנו 5. אני
3. הוא 6. אתם

ו. אני אֶקְנֶה את הספר הזה.

1. המורה 4. אתם 7. אתה
2. התלמידים 5. את 8. משה
3. אנחנו 6. היא 9. רינה

ז. אתה תִּרְאֶה את הסרט מחר.

1. אני 4. אנחנו
2. חנה 5. אתם
3. המורה 6. את

ח. המורה לא תִּהְיֶה באוניברסיטה היום.

1. המורים 4. אני
2. אנחנו 5. את ורינה
3. אתם 6. דני

ד-5 <u>תרגיל בעל-פה</u>

אתה צריך להגיד את המשפטים בזמן עתיד.

דוגמא: אני לא בבית.
אני לא אהיה בבית.

א. אני לא בבית.
ב. היא לא עושה שיעורים.
ג. הספרים עולים עשר לירות.
ד. היא קונה תמונה.
ה. הם לא רוצים לשתות.

ו. אנחנו באוניברסיטה.
ז. הן רואות סרט בטלוויזיה.
ח. איפה אתה?
ט. אתם עושים אוכל?
י. הם רוצים לבוא למסיבה.

ד-6 <u>תרגיל</u>

אתה צריך לכתוב את המשפטים בזמן עתיד.

דוגמא: אני לא הייתי בכיתה.
אני לא אהיה בכיתה.

א. אני לא הייתי בכיתה.
ב. עשינו את כל התרגילים.
ג. הם לא רצו לנסוע בשבת.
ד. קניתי לי ספר מעניין.
ה. מתי עליתם לחדר שלה?
ו. הן שתו קפה קר.
ז. הוא ראה אותה באוטובוס.

ד-7 <u>תרגיל</u>

א. Answer the following questions to the dialog in 1-א.

1. מתי דני יראה את אהוד?
2. איפה דני ואהוד יהיו בתשע בערב?
3. מתי הם יעלו לרחל?
4. איפה רחל תהיה בערב?
5. רחל תעשה קפה חם?

ב. אתה צריך לכתוב סיפור על הדיאלוג.

דוגמא: דני יראה את אהוד בערב.

ד-8 <u>תרגיל</u>

Complete the sentences:

דוגמא: חנה תקנה בגדים חדשים אחר-כך.
מתי את - מתי את תקני בגדים חדשים?

א. אני אשתה קפה בעוד שעה. מתי אתה...
ב. אף אחד לא ישתה איתנו בירה. אולי את...
ג. כל אחד יקנה את הספר הזה, וגם אתה...
ד. אתה תעשה עבודה טובה, וגם הוא...
ה. המנורה תעלה שתים-עשרה לירות, וגם הכסא...
ו. הם יעשו ארוחת ערב מחר. מתי אתן...
ז. דני יהיה בישראל בעוד שנה. מתי אני...

ד-9 <u>תרגיל</u>

<u>מילים חדשות</u>

ticket	כַּרְטִיס (ז.)
air	אֲוִיר (ז.)

<u>LOAN WORDS</u>

margarine	מַרְגָּרִינָה (נ.)
inflation	אִינְפְלַצְיָה (נ.)
lemon	לִימוֹן (ז.)
beer	בִּירָה (נ.)

אתה צריך לכתוב את הצורה הנכונה של הפעלים בסוגריים.

1. במסעדה (ש.ת.ה)

א: מה אתם רוצים לשתות?

ב: אנחנו ________ **בִּירָה.**

א: אין לנו **בִּירָה** כאן.

ב: טוב, אז הילדים ________ קוקה-קולה, אשתי ________ קפה,
ואני ________ תה עם **לִימוֹן.**

2. שתי נשים (ע.ל.ה)

א: אוף, הָאִינְפְלַצְיָה הזאת! הכל עולה! סטיק קטן בטח ________ עשר לירות מחר.

ב: וּמַרְגָרִינָה ________ שלוש לירות.

א: גם בגדים ________ הרבה כסף.

ב: פעם גם אֲוִיר ________ כסף. מה יהיה?

3. בסרט (ר.א.ה, ק.נ.ה)

א: רינה, ראית כבר את הסרט בּוֹנִי וְקְלַיְיד?

ב: לא, אבל אני ________ אותו מחר, גם מרים רוצה ________ אותו.

א: קניתן כבר את הַכַּרְטִיסִים?

ב: לא, עוד לא ________.

א: מתי ________ אותם?

ב: אנחנו ________ אותם היום.

א: ________ גם כַּרְטִיס בשבילי. טוב?

ב: בסדר, להתראות.

ד-10 קטע קריאה - האיש הטוב בעיר

מילים חדשות

מָצָא		find
עָבַר		pass
אֶבֶן (נ.) אֲבָנִים (ר.)		stone, rock
דֶרֶך (נ.)		way, road
בְּאֶמְצַע		in the middle of
סוֹף (ז.)		end
חָלָב (ז.)		milk
כָּךְ		so, in this way
תַחַת		under
מַה קָרָה?		what happened?

א. לפני הרבה שנים, היה בעיר קטנה איש עשיר מאוד. הוא חשב: "יש לי הרבה כסף; אין לי מה לעשות עם כל-כך הרבה כסף. אני צריך לִמְצוֹא

איש טוב בעיר הזאת ולתת לו מהכסף שלי. אבל מי יהיה האיש הזה?" הוא שם אֶבֶן גדולה בְּאֶמְצַע הַדֶּרֶךְ לָעִיר וחזר לבית שלו.

איש אחד הלך בדרך וראה את הָאֶבֶן, אבל הוא לא עצר. איש שני הלך בַּדֶּרֶךְ, ראה את הָאֶבֶן, והלך גם הוא. הרבה ימים עָבְרוּ, אנשים הלכו, ואנשים באו, אבל אף אחד לא לקח משם את הָאֶבֶן.

ב. מה אתה חושב יהיה הסוף של הסיפור?

ג. אתה צריך לכתוב את הצורה הנכונה של הפעלים בסוגריים.

יום אחד איש עני הלך בדרך. הוא הלך לקנות אוכל לילדים שלו. הוא ראה את הָאֶבֶן בְּאֶמְצַע הַדֶּרֶךְ וחשב: "איש זקן יכול לַעֲבוֹר בַּדֶּרֶךְ הזאת וְאוּלַי הוא לא __________ (ר.א.ה) את הָאֶבֶן, וזה (ה.י.ה)______ רע מאוד. אני צריך לקחת את האבן מֵהַדֶּרֶךְ!... אבל מה __________ (ה.י.ה)? השעה מאוחרת. איך אני __________ (ק.נ.ה) אוכל לילדים שלי? הם כבר לא __________ (ש.ת.ה) חָלָב הערב אבל אני צריך לקחת מפה את הָאֶבֶן!" האיש עבד קשה ולקח משם את הָאֶבֶן. תַּחַת הָאֶבֶן הוא מָצָא הרבה כסף.

האיש העשיר מָצָא את "האיש הטוב שלו!"

ד-11 שאלות על הסיפור ב- ד-10

אתה צריך לכתוב "נכון" או "לא נכון".

א. האיש העשיר שם כסף תחת האבן.

ב. האיש העני לא ראה את האבן.

ג. האיש הראשון לא מצא את הכסף.

ד. האיש העני קנה חלב לילדים שלו.

ה. האיש העני היה האיש הטוב, כי הוא חשב על הילדים שלו.

ו. האיש העשיר ידע איך למצוא איש טוב.

ד-12 תרגיל

אתה צריך לגמור את הדיאלוג הבא:

האיש העני בא לבית שלו עם הרבה כסף, והוא מדבר עם האישה שלו.

האישה: מַה קָּרָה? איפה היית?

האיש: ____

האישה: יופי! עכשיו אנחנו יכולים לעשות הרבה דברים. אנחנו יכולים לקנות הכול!

האיש: כן, אנחנו נקנה ______________________________

האישה: אני ____________ ואתה ____________

האיש: אנחנו ______________________

האישה: גם הילדים ____________________

ד-13 **דיאלוג - תמיד יש מה לאכול**

מילים חדשות

גְּבִינָה (נ.)	cheese
בֵּיצָה (נ.) בֵּיצִים (ר.)	egg
רַעַשׁ (ז.)	noise
טַעַם (ז.)	taste (n.)
אַל	don't

הבעל: **תִּקְנִי** אוכל, אין כבר שום דבר בבית.

האישה: **אַל תַּעֲשֶׂה** כל-כך הרבה **רַעַשׁ**. **תִּרְאֶה,** יש כל-כך הרבה אוכל במטבח.

הבעל: **תִּשְׁתִּי** את החלב. יש לו **טַעַם** של גְּבִינָה, **וְתִרְאִי** את הַגְּבִינָה, יש לה **טַעַם** של בֵּיצִים.

האישה: אתה רואה?! אמרתי לך שאנחנו לא צריכים גְּבִינָה וּבֵיצִים!

ד-14

אתה צריך להגיד את המשפטים הבאים אחרי המורה.

א. תִּקְנִי אוכל!

ב. תִּרְאֶה את המטבח!

ג. תִּשְׁתִּי את החלב!

ד. תִּרְאִי את הַגְּבִינָה!

ה. אַל תַּעֲשֶׂה כל-כך הרבה רַעַשׁ!

GRAMMAR POINTS

The Imperative הַצִיּוּוּי

1. In spoken Hebrew we use the future tense (זמן עתיד) for orders and requests. The pronoun is always deleted.

דוגמאות: תִהְיִי בשקט!
תִשְתֶה את החלב בבקשה!
תַעֲשׂוּ אוכל מהר!
תִקְנוּ את הספרים האלה!

2. In written Hebrew we use the imperative form (צִיּוּוּי).

דוגמאות: הֱיִי בשקט!
שְתֵה את החלב בבקשה!
עֲשׂוּ אוכל מהר!
קְנוּ את הספרים האלה!

As you see, the imperative form (צִיּוּוּי) in Hebrew is formed by deleting the initial ת of the future form.
Since in written Hebrew we usually use the imperative form (ציווי) for orders and requests, the instructions to the exercises in the book will be given from now on in the form ציווי.

דוגמא:

כְּתוֹב בציווי את המשפטים הבאים.
Write the following sentences in the imperative form.

3. A negative order or command is formed (both in spoken and written Hebrew) by the negation word אַל and the future form of the verb in the second person and the appropriate gender and number. The pronoun must be deleted.

דוגמאות: אַל תִשְתֶה כל-כך הרבה קפה!
אַל תִהְיוּ עצובים!
אַל תַעֲשִׂי רעש!

ד-16 תרגיל

כתוב משפטים בציווי לתשובות הבאות.

דוגמא: אבל אני לא אוהב לשתות חלב.
תשתה חלב!

א. טוב, אנחנו יכולים להיות בבית בחמש.
ב. אין לי עכשיו כסף לקנות שולחן חדש.
ג. לא, אני לא יכולה להיות באוניברסיטה מחר.
ד. אבל אני רוצה לאכול עכשיו.
ה. בסדר, אני אעשה כמה סֶנְדְוִיצִ'ים. (אני-ז.)
ו. לא, אני לא רוצה לקנות גבינה היום. אני אקנה רק ביצים.
ז. אבל אני אוהבת לשתות הרבה קפה.

ד-17 קטע

מילה חדשה

עָלָה עַל climb, ascend

א. איך להיות פּוֹפּוּלָארִית?

את צריכה **לַעֲשׂוֹת** מסיבה כל שבוע, ולא רק פעם בשנה. את צריכה **לִרְאוֹת** הרבה אנשים, ולא רק את ההורים שלך. את צריכה **לִקְנוֹת** בגדים יפים, ולא רק ספרים מעניינים. את צריכה **לִהְיוֹת** בחורה נחמדה, ולא רק סטודנטית טובה. את צריכה **לִשְׁתּוֹת** בירה, ולא רק חלב...

ב. אתה צריך לכתוב את הקטע בציווי.

דוגמא: **תַּעֲשִׂי** מסיבה כל שבוע! אַל **תַּעֲשִׂי** מסיבה רק פעם בשנה.

ד-18 קטע - פָּרִיז! פָּרִיז!

א. **הייתי** יום אחד בְּפָּרִיז! **ראיתי** את הַנּוֹטְרְדָם, **עליתי על** הָאֵיפֶל, **קניתי** תמונה בחנות על-יד הַסֵּיְנָה. **הייתי** בַּלּוּבֵר, **ושתיתי** קפה בבית-קפה קטן.

ב. אתה צריך לכתוב את הקטע בציווי.

דוגמא: **כשתהיה** בְּפָרִיז **תראה** את הַנוֹטְרְדָם,...

ג. אתה צריך לכתוב קטע בציווי עם הפעלים מִ-ד-18.

כתוב את הקטע על עיר אחרת.

דוגמא: כשתהיו בְּנְיוּ-יוֹרְק, תראו...

כשתהיו בְּלוֹנְדוֹן, תראו...

ד-19 תרגיל תרגום

כתוב את המשפטים האלה בעברית.

1. Tomorrow I will be in the library until noon.
2. Don't (m. pl.) make so much noise, please!
3. This cheese has no taste.
4. Maybe you found my tickets? I can't find them.
5. What happened? - Nothing happened, why do you ask?
6. When there is inflation, everything costs more and more every day.
7. Yesterday we drank milk; tomorrow we will drink coffee.
8. Did you think about me? - Yes, I thought about you all day.
9. Don't climb on the table!
10. Excuse me, is this the way to Urbana?

PART TWO - The Cardinal Numbers 10 through 1000

ד-20

נקבה		זכר
אַחַת-עֶשְׂרֵה	11	אַחַד-עָשָׂר
שְׁתֵּים-עֶשְׂרֵה	12	שְׁנֵים-עָשָׂר
שְׁלוֹשׁ-עֶשְׂרֵה	13	שְׁלוֹשָׁה-עָשָׂר

זכר		נקבה
אַרְבָּעָה-עָשָׂר	14	אַרְבַּע-עֶשְׂרֵה
חֲמִישָּׁה-עָשָׂר	15	חֲמֵשׁ-עֶשְׂרֵה
שִׁישָּׁה-עָשָׂר	16	שֵׁשׁ-עֶשְׂרֵה
שִׁבְעָה-עָשָׂר	17	שְׁבַע-עֶשְׂרֵה
שְׁמוֹנָה-עָשָׂר	18	שְׁמוֹנֶה-עֶשְׂרֵה
תִּשְׁעָה-עָשָׂר	19	תְּשַׁע-עֶשְׂרֵה
עֶשְׂרִים	20	עֶשְׂרִים
עֶשְׂרִים וְאֶחָד	21	עֶשְׂרִים וְאַחַת
עֶשְׂרִים וּשְׁנַיִים	22	עֶשְׂרִים וּשְׁתַּיִים
.	.	.
.	.	.
שְׁלוֹשִׁים	30	שְׁלוֹשִׁים
שְׁלוֹשִׁים וְאֶחָד	31	שְׁלוֹשִׁים וְאַחַת
שְׁלוֹשִׁים וּשְׁנַיִים	32	שְׁלוֹשִׁים וּשְׁתַּיִים
.	.	.
.	.	.

אַרְבָּעִים – 40

חֲמִישִּׁים – 50

שִׁישִּׁים – 60

שִׁבְעִים – 70

שְׁמוֹנִים – 80

תִּשְׁעִים – 90

מֵאָה – 100

מֵאָה וְאֶחָד	101	מֵאָה וְאַחַת
מֵאָה וּשְׁנַיִים	102	מֵאָה וּשְׁתַּיִים
.	.	.
.	.	.
מֵאָה וַעֲשָׂרָה	110	מֵאָה וְעֶשֶׂר
מֵאָה וְאַחַד-עָשָׂר	111	מֵאָה וְאַחַת-עֶשְׂרֵה

מָאתַיִים – 200

שְׁלוֹשׁ מֵאוֹת – 300

אַרְבַּע מֵאוֹת – 400

חֲמֵשׁ מֵאוֹת – 500

שֵׁשׁ מֵאוֹת – 600

שְׁבַע מֵאוֹת - 700
שְׁמוֹנֶה מֵאוֹת - 800
תְּשַׁע מֵאוֹת - 900
אֶלֶף - 1000

In time expressions, the words רגע, יום, חודש and שנה sometimes appear in the singular form, after numbers greater than 10. This is usually true when the number is a multiple of 10.

דוגמאות: עשרים רגע
שלושים יום
שמונה-עשר חודש
מאה ושבעים שנה

ד-21 תרגיל

ענה על השאלות.

א. כמה דקות יש בשעה? (60)
ב. כמה שעות יש ביום? (24)
ג. כמה ימים יש בשנה? (365)
ד. כמה סטודנטים באוניברסיטה לומדים עברית? (150)
ה. כמה בנינים יש באוניברסיטה הזאת? (32)
ו. כמה אגורות עולה קִילוֹ לחם? (95)
ז. כמה חודשים יש בשנה? (12)
ח. כמה לירות עולה כרטיס לסרט? (7)
ט. כמה בנים היו ליעקב? (12)

ד-22 תרגיל בעל-פה

אתה צריך לקרוא את המספרים הבאים:

1. 376 בתים
2. 527 חנויות
3. 39 כיתות
4. 444 בתי-ספר
5. 13 ביצים
6. 22 בנות

7. 501 שפות
8. 23 שעונים
9. 1792 ספרים
10. 222 לירות
11. 111 שיעורים
12. 1001 תמונות

ד-23 תרגיל בעל-פה

כתוב תשובות נכונות לשאלות הבאות:

א. כמה סטודנטים יש בכיתה?
ב. כמה סטודנטיות יש בכיתה?
ג. כמה כסאות יש בכיתה הזאת?
ד. כמה שולחנות יש בכיתה עכשיו?
ה. כמה מנורות יש בחדר הזה?

ד-24 תרגיל

מילה חדשה

מַסְפִּיק enough

א. הכסף לפני שלושים שנה...

משה לוי מספר: "לפני שלושים שנה קיבלתי רק 35 לירות לחודש. הכסף הזה היה מַסְפִּיק לכל המשפחה. קנינו אוכל, וקנינו בגדים וספרים. שני כרטיסים לסרט עלו 30 אגורות, ועיתון לחודש עלה 16 אגורות. כרטיס לאוטובוס מירושלים לתל-אביב עלה 5 אגורות. עכשיו אפילו 800 לירות לחודש לא מַסְפִּיקוֹת.

ב. סַפֵּר את הסיפור עוד פעם בזמן הווה.
המשפט הראשון יהיה:
היום אני מקבל 900 לירות לחודש. הכסף הזה מַסְפִּיק...

ג. אתה צריך לספר את הסיפור עוד פעם בזמן עתיד.
המשפט הראשון יהיה:
בעוד שנה יהיו לי 1000 לירות לחודש. הכסף הזה יהיה מַסְפִּיק...

ד-25 תרגיל בעל-פה עם מפה

מילים חדשות

כְּתוֹבֶת (נ.) כְּתוֹבוֹת (ר.)	address
מַפָּה (נ.)	map

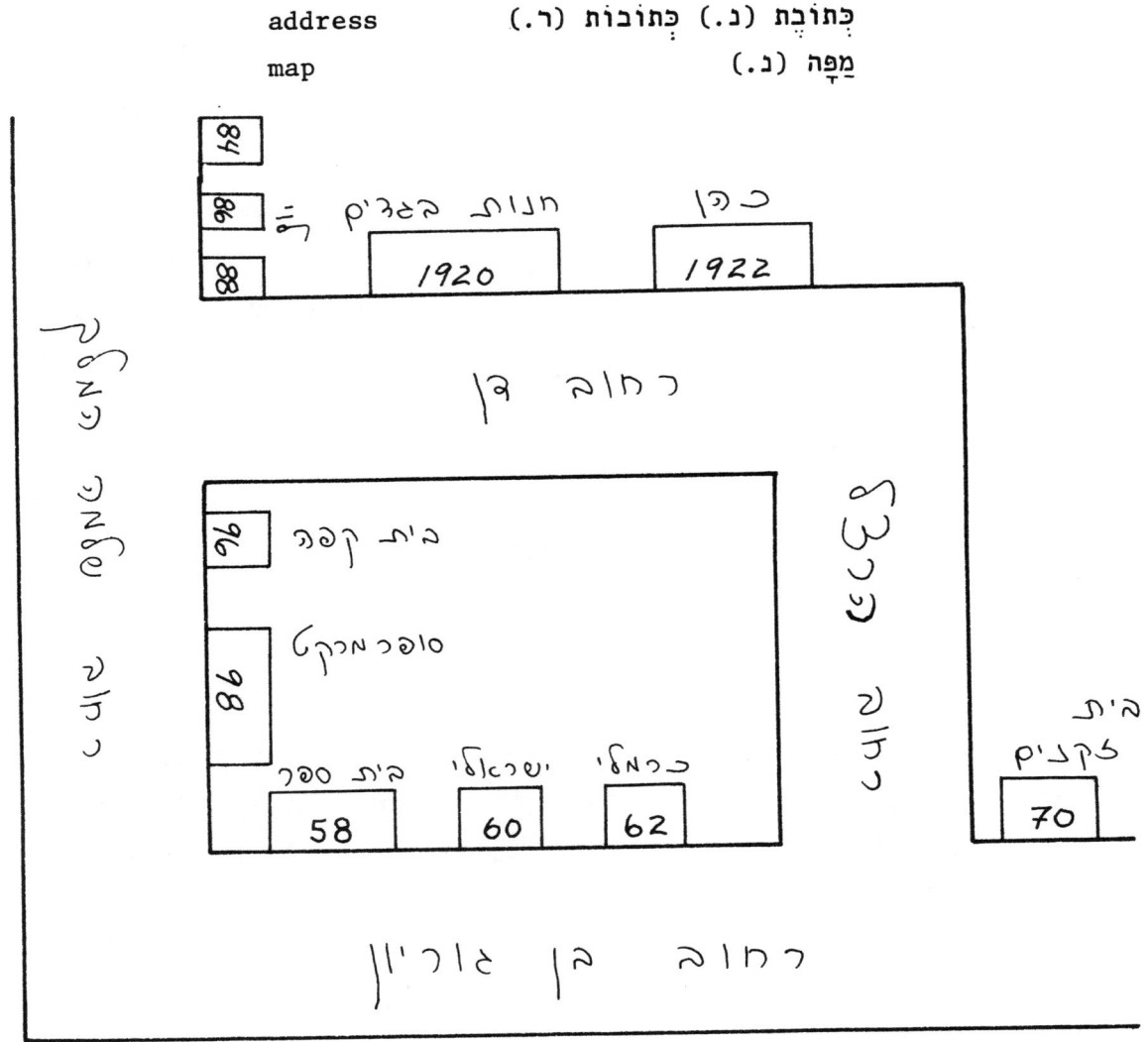

אתה צריך לשאול שאלות על המַפָּה.

דוגמא: איפה בית הספר?

ברחוב בן גוריון מספר חמישים ושמונה.

ד-26 דיאלוג - אין להם מזל!

מילים חדשות

חִיפֵּשׂ	look for, search
קָרוֹב	near
הִנֵּה	here, look here
בּוֹא	come on, let's

יורם: אני הולך **לְחַפֵּשׂ** דירה. אתה רוצה לבוא איתי?

איתן: יש לך כתובות?

יורם: כן, יש לי כמה **כְּתוֹבוֹת** של דירות.

איתן: איפה?

יורם: יש דירה אחת ברחוב יְהוּדָה הַמַּכַּבִּי מספר 98. היא **קְרוֹבָה** לאוניברסיטה.

איתן: כמה כסף האנשים מבקשים?

יורם: 275 לירות לחודש.

איתן: זה לא כל-כך יקר. אנחנו צריכים ללכת לשם מהר. אם אנחנו נראה את הדירה ראשונים, היא תהיה שלנו.

יורם: **בּוֹא** נעלה לאוטובוס מספר 67. הוא נוסע לרחוב יְהוּדָה הַמַּכַּבִּי. הִנֵּה הוא בא.

באוטובוס איתן ויורם פוגשים את חנה ונוּרִית. איתן אומר ליורם בשקט "תהיה בשקט. אף מילה על הדירה!".

יורם: שלום חנה ונורית. לאן אתן נוסעות?

נורית: יש דירה ברחוב יהודה המכבי. אנחנו רוצות לראות אותה.

איתן: איזה מספר ביהודה המכבי?

חנה: 98. אם נהיה שם לפני כל אחד אחר, היא תהיה שלנו. לכם יש כבר דירה, נכון?

איתן: חשבנו שיש לנו. יורם, אנחנו יכולים לרזור לאוניברסיטה - כבר אין לנו דירה!

ד-27

VOCABULARY NOTE

You have already learned the expression:

nobody	אַף אֶחָד
never	אַף פַּעַם

The word אַף in these expressions means 'not even', and it can appear in combination with other words.

not even a word	אַף מִילָה	דוגמאות:
not even a day	אַף יום	

Notice that when expressions with אַף appear in a full sentence, לֹא must precede the verb.

דוגמאות:

He didn't say a word.	הוא לא אמר אף מילה.
He didn't sleep for one minute.	הוא לא ישן אף דקה.

ד-28 תרגיל בעל-פה

אתה צריך לשאול סטודנט אחר:

א. מה הַכְּתוֹבֶת שלך כאן?

ב. מה הַכְּתוֹבֶת של ההורים שלך?

PART THREE - Future tense of Pa'al, Ef'ol Pattern (מִשְׁקַל אֶפְעוֹל).
The inflection of עַל.

ד-29 קטע קריאה

מילים חדשות

גָּמַר	finish
זָכַר	remember
טִיּוּל (ז.)	trip, journey
מָקוֹם (ז.) מְקוֹמוֹת (ר.)	place, room

LOAN WORDS

בּוּרְגָּנִי	bourgeois
יַכְטָה (נ.)	yacht

החלום הגדול של הַבּוּרְגָּנִי הקטן

אני **אֶעֱבוֹד** רק עוד עשרים שנה. אז האישה שלי ואני **נִסְגּוֹר** את החנות שלנו, אולי אפילו **נִמְכּוֹר** אותה. **נִקְנֶה** יַכְטָה **וְנַעֲשֶׂה טִיּוּל** גדול.

הבת שלנו **תִּגְמוֹר** בית-ספר, וגם הבן שלנו **יַחְזוֹר** מהאוניברסיטה. הם **יַעַזְרוּ** לנו, ואולי אפילו **יַעֲשׂוּ** את הטיול איתנו.

אנחנו בֶּטַח **נִזְכּוֹר** את הַטִּיּוּל הזה הרבה שנים. **תַּחְשְׁבוּ** אם גם אתם רוצים לנסוע איתנו; יש לנו מספיק **מָקוֹם** בַּיַּכְטָה שלנו.

ד-30 תרגיל בעל-פה

אתה צריך להגיד את המשפטים הבאים אחרי המורה.

א. אני אֶעֱבוֹד עוד שלושים שנה.
ב. אנחנו נִסְגּוֹר את החנות.
ג. אולי אפילו נִמְכּוֹר אותה.
ד. הבת שלנו תִּגְמוֹר בית-ספר.
ה. הבן שלנו יַחְזוֹר מהאוניברסיטה.

ו. הם יַעַזְרוּ לנו.
ז. אנחנו בֶּטַח נִזְכּוֹר את הטיול הזה.
ח. תַחְשְׁבוּ אם אתם רוצים לנסוע איתנו.

ד-31

GRAMMAR POINTS

The future tense of Pa'al (פָּעַל) verbs in Ef'ol pattern (אֶפְעוֹל)

1. You have already learned the future tense of final -ה verbs.
   The following is the future tense pattern of a large group of regular verbs, which belong to the pronunciation pattern Ef'ol (אֶפְעוֹל).

	זכר	נקבה
יחיד	אֶכְתוֹב תִּכְתוֹב יִכְתוֹב	אֶכְתוֹב תִּכְתְּבִי תִּכְתוֹב
רבים	נִכְתוֹב תִּכְתְּבוּ יִכְתְּבוּ	נִכְתוֹב תִּכְתְּבוּ יִכְתְּבוּ

In literary Hebrew the second and third person feminine plural form is תִּכְתוֹבְנָה.
Of this pattern you have learned so far the following verbs: כתב, מכר, סגר, פגש, גמר and זכר.

2. When the first letter of the root is ח the conjugation is a little different.

נקבה	זכר	
אֶחְשוֹב תַחְשְבִי תַחְשוֹב	אֶחְשוֹב תַחְשוֹב יַחְשוֹב	יחיד
נַחְשוֹב תַחְשְבוּ יַחְשְבוּ	נַחְשוֹב תַחְשְבוּ יַחְשְבוּ	רבים

Notice the difference in vowel of the prefix in all forms except for the first person singular. When the first letter of the root is ח the prefix has an /a/ sound instead of an /i/ sound.

3. When the first letter of the root is ע the conjugation is again different.

נקבה	זכר	
אֶעֱבוֹד תַעַבְדִי תַעֲבוֹד	אֶעֱבוֹד תַעֲבוֹד יַעֲבוֹד	יחיד
נַעֲבוֹד תַעַבְדוּ יַעַבְדוּ	נַעֲבוֹד תַעַבְדוּ יַעַבְדוּ	רבים

Notice that the first two letters of each form have the same sound.

ד-32 תרגיל בעל-פה

דוגמא: אני אֶכְתּוֹב מכתב לישראל.

אתה - אתה תִכְתּוֹב מכתב לישראל.

א. אני אֶכְתּוֹב מכתב לישראל.

1. אתה	4. היא	7. אתן
2. את	5. אנחנו	8. הם
3. הוא	6. אתם	9. הן

ב. מתי תַחְזְרוּ לישראל?

1. אתה	4. הוא
2. היא	5. אנחנו
3. אתן	6. הם

ג. היא תַעֲזוֹר לי.

1. הוא	4. הם
2. רינה ומרים	5. אתם
3. המורה שלי	6. משה

ד. הוא יִמְכּוֹר את המכונית.

1. את	4. אנחנו
2. אתה	5. רינה ואני
3. רינה	6. אתם

ה. נִגְמוֹר את השיעורים מחר.

1. אני	4. הבן של המורה
2. אתם	5. את
3. התלמידים	6. אתן

ד-33 תרגיל בעל-פה

אתה צריך להגיד את המשפטים בזמן עתיד.

דוגמא: דני כותב מכתב.

דני יכתוב מכתב.

א. דני כותב מכתב.

ב. גמרתי את העבודה.

ג. רינה עוזרת לאמא.

ד. עברנו על יד הספריה.

ה. הם סוגרים את המשרד.

ו. מתי חזרת מישראל?

ז. אתם מוכרים את המכונית?

ח. אנחנו כותבים דיאלוג.

ד-34 תרגיל בעל-פה

אתה צריך להגיד את המשפטים בזמן עבר.

דוגמא:　　　　דוד ימכור פיצה.

דוד מכר פיצה.

א. דוד ימכור פיצה.

ב. אני אגמור את הספר.

ג. הם יסגרו את הדלת.

ד. היא תחזור משיקגו מחר.

ה. אנחנו נעזור לרינה.

ו. אתן תמכרו את הבית.

ז. תכתבו לנו מישראל?

ח. מתי תחזרי מישראל?

ד-35 תרגיל

a. Write the sentences from exercise 34-ד in the past tense.

b. Write the sentences in the **present tense**.

ד-36 תרגיל

Answer the following questions. Use pronouns.

דוגמא: מרים, עזרת כבר לסבתא שלך? (לא, מחר)
לא, מחר אני אעזור לה.

א. הם כבר סגרו את הַסוּפֶּרְמַרְקֶט? (לא, בעוד חמש דקות)
ב. כתבתם מכתב לדוד שלכם? (לא, בערב)
ג. רינה קנתה כבר ספרים לקורס במתמטיקה? (לא, בעוד שבוע)
ד. מכרת את הדירה שלך? (לא, בעוד חודש)
ה. הן גמרו כבר לדבר? (לא, בעוד שלוש שעות)
ו. הוא עבר כבר את הבחינה בהסטוריה? (לא, מחר)

ד-37 קטע קריאה - סוף שבוע

א. היום יום ששי. אני אעבוד רק עד שלוש. אני אקנה עיתון ואחזור לבית מוקדם. בערב אני אהיה בבית לבד או עם חברים. אולי, אם יהיה לי חשק, אראה סרט הערב. ביום שבת אני אעלה לירושלים לבקר את ההורים שלי.

ב. Rewrite the passage using a different person.

1. היום יום שישי. יגאל יעבוד רק...
2. היום יום שישי. אנחנו נעבוד רק...
3. היום יום שישי. אתם תעבדו רק...

ד-38 תרגיל

Write questions in the future tense for the following answers. Use appropriate time expressions.

דוגמא: לא, הוא עובד עכשיו.
הוא יעבוד מחר?

א. לא, הוא קונה את הספרים היום.
ב. לא, הם כותבים את המכתבים עכשיו.
ג. לא, אנחנו נסגור את המשרד בחמש.
ד. לא, אני חוזר לבית עכשיו.

ה. לא, אני עוזרת לאיתן היום.

ו. לא, הן עושות ביצים עכשיו.

ז. לא, היא גומרת לעבוד עכשיו.

ח. לא, הוא ימכור את הבית בעוד חודש.

ט. לא, אנחנו נעבוד על-יד הבית שלך.

ד-39 <u>תרגיל</u>

חזור על המשפטים אחרי המורה.

א. דני חושב עַל רינה.

ב. הוא חושב עָלֶיהָ.

ג. רינה חושבת עַל דני.

ד. היא חושבת עָלָיו.

ה. משה חושב עַל רינה וחנה.

ו. הוא חושב עֲלֵיהֶן.

ז. חשבת עָלַי?

ח. אני חושב עָלַיִךְ כל היום!

ד-40

א. מכתב מיורם למיכל:

מיכל, לא ראית אותי שבוע! הייתי בחיפה, בבית. עשיתי שם שתי עבודות. כתבתי עבודה בהסטוריה, וגמרתי את העבודה הגדולה בתנ"ך.

חשבת עָלַי, נכון?

יורם

ב. יורם קרא את המכתב וכתב מכתב אחר בזמן עתיד. מה הוא כתב?

דוגמא: מיכל, לא תראי אותי שבוע...

ד-41

GRAMMAR POINT

You have already learned several inflections of prepositions in which pronouns are attached to them as suffixes.

דוגמאות: אֶת - אוֹתִי, אוֹתְךָ,...
לְ- - לִי, לְךָ, לָךְ, לוֹ,...
שֶׁל - שֶׁלִּי, שֶׁלְּךָ,...
בִּשְׁבִיל - בִּשְׁבִילִי, בִּשְׁבִילְךָ,...

The inflection of עַל (on, about) is different.

	זכר	נקבה
יחיד	עָלַי עָלֶיךָ עָלָיו	עָלַי עָלַיִךְ עָלֶיהָ
רבים	עָלֵינוּ עֲלֵיכֶם עֲלֵיהֶם	עָלֵינוּ עֲלֵיכֶן עֲלֵיהֶן

Notice the difference in the vowels between this inflection and the previous ones you have learned.
Also notice the different stem pattern.

ד-42 <u>תרגיל בעל-פה</u>

Change the object of the following sentences into plural.

דוגמא: חשבתי עָלֶיךָ.
חשבתי עֲלֵיכֶם.

א. חשבתי עָלֶיךָ.
ב. מרים חשבה עָלַי.
ג. אני חושבת עָלֶיךָ.

ד. שרה חושבת עָלָיו.
ה. הם חושבים עָלֶיהָ.
ו. משה חושב עָלַיִךְ.

Change the object of עַל in the following sentences to a pronoun.

דוגמא: דני חושב עַל שרה.
דני חושב עָלֶיהָ.

א. דני חושב על רינה.
ב. משה חושב על רינה ושרה.
ג. חנה חושבת על הילד שלה.
ד. הם חושבים על דוד.
ה. המורה חושבת על התלמידים.
ו. יעקב חושב על הסטודנטיות.

ד-43 תרגיל

a. Fill in the blanks with the appropriate inflection of על.

א. דני אוהב את רינה. הוא חושב __________ כל היום.
ב. איפה היית אתמול? חשבתי __________.
ג. הם לא נחמדים. אנחנו לא רוצים לחשוב __________ !
ד. משה: "מרים, אני אוהב אותך. אני חושב __________ כל היום וכל הלילה.
את רוצה להיות חברה שלי?"
ה. אף אחד לא עוזר לי. אף אחד לא חושב __________.
ו. כשהיינו בפריז הלכנו לראות את הָאַיְיפֶל ועלינו __________.
ז. אם חשבת __________ למה לא כתבת לי מכתב?

b. Change the following sentences into plural.

דוגמא: הוא חושב עליה.
הם חושבים עליהן.

א. היא חושבת עליו.
ב. חשבתי עָלַיִךְ.
ג. אני לא רוצה לחשוב עליה.
ד. אם חשבת עלי למה לא כתבת לי מכתב?

ה. אני אחשוב עָלֶיךָ מחר כשתהיה לך בחינה בעברית.

ו. הוא לא נחמד. אני לא רוצה אפילו לחשוב עליו!

ד-44 תרגיל - בראש השנה

מילה חדשה

new year cards   כַּרְטִיסֵי שָׁנָה טוֹבָה

Fill in the blanks with the appropriate form of the verbs in the future tense.

אנשים _____ מוקדם מהעבודה ביום ראשון, כי ביום שני _____
    (ח.ז.ר)   (ה.י.ה)

רֹאשׁ-הַשָׁנָה.

הם _____ מתנות אחד לשני ו _____ כַּרְטִיסֵי "שָׁנָה טוֹבָה". אף אחד
    (ק.נ.ה)   (כ.ת.ב)

לא _____ ביום שני, כל אחד _____ עם המשפחה שלו, בבית או בבית-
  (ע.ב.ד)   (ה.י.ה)

הכנסת.

ד-45 דיאלוג

מילה חדשה

arrange, put in order   סִידֵר

א. רָמִי נוסע ללמוד בְּאַנְגְלִיָה; הוא מדבר עם יָעֵל.

רמי: אז להתראות. אני נוסע מחר. אני צריך עוד לְסַדֵר את הדברים שלי

יעל: אני אעזור לך.

רמי: את לא צריכה, אבא שלי יעזור לי. הוא יודע לעשות את זה טוב.

יעל: מה אתה תעשה עם המכונית שלך?

רמי: ההורים שלי ימכרו אותה.

יעל: ואתה תחשוב עָלַי?

רמי: אני לא רק אחשוב עָלַיִךְ, אני גם אכתוב לך מכתבים כל הזמן.

יעל: מתי תחזור?

רמי: בעוד שנה, או אולי בעוד שמונה-עשר חודש. תכתבי לי מתי את רוצה שאחזור.

יעל: בסדר. אני אכתוב שאני רוצה שתחזור כבר מחר!

רמי: זה לא פֵר!!

ב. אתה צריך לגמור את המשפטים עם פעלים מהדיאלוג.

1. ההורים של רמי ________ את המכונית.
2. אבא של רמי ________ לו לסדר את הבגדים.
3. רמי ________ רק על יעל.
4. רמי ________ לישראל בעוד שנה.
5. יעל ________ לרמי כבר מחר.

PART FOUR - Review

ד-46 קטע קריאה

מילים חדשות

מְאוּשָׁר (ז.) מְאוּשֶׁרֶת (נ.)	happy
חוֹלֶה	sick
בָּרִיא	healthy
חוּלְצָה (נ.)	shirt
גַן (ז.)	garden
רוֹפֵא	physician

לִפני הרבה שנים היה מלך בארץ. המלך היה חוֹלֶה מאוד ואף אחד לא ידע איך לעזור לו. כל הָרוֹפְאִים באו לראות אותו, אבל הם לא עזרו לו. גם הָרוֹפְאִים מארצות אחרות באו לראות את המלך, אבל גם הם לא ידעו מה לא בסדר.

המלך ישב בחדר שלו עצוב מאוד. יום אחד בחור אחד צעיר בא לחדר של המלך. אמר הבחור למלך: "אני רואה שאתה חוֹלֶה מאוד; אני אעזור לך." שאל המלך: "איך אתה תעזור לי?" ענה הבחור: "אתה צריך ללבוש חוּלְצָה של איש מְאוּשָׁר, ואז תהיה בָּרִיא."

אמר המלך לכל האנשים שלו: "אכתוב לכל האנשים בעיר למצוא איש מְאוּשָׁר." אבל בעיר לא היה אף אחד מְאוּשָׁר. גם בכל הארץ לא היה אף אחד מְאוּשָׁר. הם כתבו מכתבים לכל המדינות ושאלו: "יש איש מְאוּשָׁר בארץ שלכם?" אבל הם לא מצאו אף אחד.

המלך ישב בַּגַּן שלו, והיה עצוב מאוד. פתאום הוא ראה איש זקן ברחוב. המלך שאל אותו: "אתה יודע אם יש איש מְאוּשָׁר כאן?" "כן" אמר הזקן, "אני מְאוּשָׁר." המלך שאל אותו: "אתה יכול לתת לי את הַחוּלְצָה שלך?" "אין לי חוּלְצָה," ענה האיש הזקן.

ד-47 תרגיל - מה הרופאים אמרו למלך

Write what the doctors told the king to do. Use the following verbs and expressions.

קנה / היה / עשה / שתה / כתב / חשב / עזר

דוגמא: אל תהיה בבית כל היום.

הרבה מסיבות / מכתבים לרופאים שלך / כסף כל הזמן / לאנשים עניים / בבית כל היום / הרבה חלב / גבינה טובה / סרטים מעניינים

ד-48 תרגיל

מה אתה יכול להגיד לחבר שלך אם:

הוא עצוב.
הוא עני.
הוא חולה.
הוא לבד.
אין לו בגדים יפים.
אין לו מספיק כסף.
יש לו מכונית לא טובה.

דוגמא: אל תהיה עצוב.

ד-49 <u>תרגיל</u>

גמור את המשפטים.

דוגמא: הַפֶּסִימִיסְט (pessimist): החיים קשים.

הָאוֹפְּטִימִיסְט (optimist): מחר החיים יהיו טובים.

א. הפסימיסט: כל האנשים עצובים.
האופטימיסט: כל האנשים ...

ב. הפסימיסט: אני חולה.
האופטימיסט: אהה ...

ג. הפסימיסט: העבודה משעממת.
האופטימיסט: העבודה ...

ד. הפסימיסט: אני זקן.
האופטימיסט: אהה ...

ה. הפסימיסט: כל האנשים עניים.
האופטימיסט: כל האנשים ...

ו. הפסימיסט: האוכל יקר.
האופטימיסט: האוכל ...

ד-50 <u>תרגיל</u>

Match each item from column 'א with an item from column 'ב which is related in meaning.

א'	ב'
א. כרטיס	קרא עד הסוף
ב. רופא	היה
ג. חלב	מחפשים במפה
ד. חיפשו	לא על
ה. מאושרים	רצו למצוא
ו. זכרנו	לא בסוף
ז. מספיק	קונים אותו כשהולכים לסרט
ח. באמצע	הרבה אנשים שותים בבוקר

ט. קרה	לא עוד
י. כתובת	לא שכחנו
יא. בריאה	לא בסוף
יב. באמצע	לא אחרי
יג. תחת	לא חולה
יד. גמר לקרוא	הולכים אליו כשחולים
טו. עד	לא עצובים

ד-51 תרגיל תרגום

1. Don't work so hard!
2. I will sell my car for seven hundred and fifty dollars.
3. There wasn't enough air there.
4. We found the place on the map but we didn't find the road there.
5. He didn't remember to buy milk.
6. The end of the story was sad.
7. These shirts are very dirty.
8. They returned from the journey sick.
9. We will work in the garden until half past six.
10. Do you know the doctor's address?
11. This jacket costs nineteen hundred and fifty three dollars.
12. Help (pl. m.) your mother! She is not healthy this week.
13. I can't finish the egg. It tastes bad.
14. You have to arrange your things.
15. She will be very happy with him.

ד-52

SUMMARY

In this unit you have learned:

1. The future tense of Final ה verbs.
2. The future tense of verbs like כ.ת.ב (Ef'ol pattern).

3. The inflection of עַל.
4. The following new vocabulary:

NEW WORDS

stone	אֶבֶן (נ.) אֲבָנִים (ר.)
air	אֲוִיר (ז.)
maybe	אוּלַי
don't	אַל
in the middle	בָּאֶמְצַע
come, let's	בּוֹא
egg	בֵּיצָה (נ.) בֵּיצִים (ר.)
healthy	בָּרִיא
cheese	גְבִינָה (נ.)
finish (v.)	גָמַר
garden	גַן (ז.)
way, road	דֶרֶךְ (נ.) דְרָכִים (ר.)
here	הִנֵה
remember	זָכַר
sick	חוֹלֶה
shirt	חוּלְצָה (נ.)
milk	חָלָב (ז.)
look for	חִיפֵּשׂ
trip, journey	טִיוּל (ז.)
taste (n.)	טַעַם (ז.)
so, in this way	כַּךְ
ticket	כַּרְטִיס (ז.)
new year card	כַּרְטִיס שָׁנָה טוֹבָה (ז.)
address	כְּתוֹבֶת (נ.) כְּתוֹבוֹת (ר.)
happy	מְאוּשָׁר (ז.) מְאוּשֶׁרֶת (נ.)
enough	מַסְפִּיק
map	מַפָּה (נ.)
find	מָצָא
place, room	מָקוֹם (ז.) מְקוֹמוֹת (ר.)
end	סוֹף (ז.)
arrange	סִידֵר
pass (v.)	עָבַר

until	עַד
climb, ascend	עָלָה עַל
happen	קָרָה
near	קָרוֹב
physician	רוֹפֵא (ז.)
noise	רַעַשׁ (ז.)
under	תַּחַת

LOAN WORDS

inflation	אִינְפְלַצְיָה (נ.)
beer	בִּירָה (נ.)
bourgeois	בּוּרְגָנִי
yacht	יַכְטָה (נ.)
lemon	לִימוֹן (ז.)
margarine	מַרְגָרִינָה (נ.)

UNIT ה

PART ONE - The Future Tense of Pa'al Verbs in the Ef'al Pattern

בנין פָּעַל - משקל אֶפְעַל

ה-1 דיאלוג - מְכִירָה

מילים חדשות

אֵצֶל	at somebody's (home, etc.)
שִׂמְלָה (נ.)	dress (n.)
מִכְנָסַיִם (ז. ר.)	pants, slacks
נַעֲלַיִם (נ. ר.)	shoes
נָעַל	put on / wear shoes
בֶּטַח	sure, surely
בָּחַר בְּ-	choose
שָׁלַח	send
מְכִירָה (נ.)	sale

LOAN WORDS

סַנְדָל (ז.)	sandal

יורם: **תִּשְׁמְעִי**, יש מחר **מְכִירָה** גדולה של שְׂמָלוֹת וּמִכְנָסַיִם.

רינה: איפה?

יורם: אצל משה זֶלִיג.

רינה: מתי הוא **יִפְתַּח** את החנות מחר?

יורם: מוקדם בבוקר. את יכולה לבוא איתי?

רינה: לא, אין לי זמן, אבל **תִּשְׁאַל** אותו אם יש לו חוּלְצוֹת.

יורם: ואם אני לא **אֶמְצָא** חולצות?...

רינה: אז **תִּקְנֶה** נַעֲלַיִם או מעיל. בטח **תִּמְצָא** משהו.

ה-2 <u>תרגיל</u>

אתה צריך להגיד את המשפטים הבאים אחרי המורה.

א. הוא יִפְתַּח את החנות מוקדם.

ב. תִּשְׁאַל אותו.

ג. אני לא אֶמְצָא חולצות.

ד. בטח תִּמְצָא משהו.

ה-3

GRAMMAR POINTS

1. You have already learned one pronunciation pattern of the future tense (אֶפְעוֹל).
Another pronunciation pattern is Ef'al (אֶפְעַל).

	זכר	נקבה
יחיד	אני אֶשְׁמַע אתה תִּשְׁמַע הוא יִשְׁמַע	אני אֶשְׁמַע את תִּשְׁמְעִי היא תִּשְׁמַע
רבים	אנחנו נִשְׁמַע אתם תִּשְׁמְעוּ הם יִשְׁמְעוּ	אנחנו נִשְׁמַע אתן תִּשְׁמְעוּ הן יִשְׁמְעוּ

2. Other verbs in this pattern that you know are: למד, פתח, לבש, שלח, בחר, שכח, מצא, שאל, קרא, נעל.

3. Usually, verbs which have א', ע', ח', or ה' as the second or third letter of the root belong to this pronunciation pattern (משקל אֶפְעַל).

4. As usual in spoken Hebrew, the future tense is used for commands and orders.

דוגמאות:

תִשְׁאַל את המורה!	Ask the teacher!
תִפְתְחוּ את הדלת!	Open the door!
תִקְרְאִי את כל הספר!	Read the whole book!

ה-4 <u>תרגיל בעל-פה</u>

Replace the appropriate words in the sentences below with the next item on the list. Make all necessary changes.

דוגמא: אני אֶלְמַד בבוקר.
אתה - אתה תִלְמַד בבוקר.
בערב - אתה תִלְמַד בערב.

א. אני אֶלְמַד בבוקר.

1. אתה
2. את
3. הוא
4. היא
5. אנחנו
6. אתם
7. אתן
8. הם
9. הן

ב. היא תִשְׁאַל את המורה שאלה.

1. אני
2. דני
3. אנחנו
4. אתם
5. רינה וחנה
6. התלמידים

ג. נִקְרָא את הספר מחר.

1. משה
2. רינה
3. אתם
4. הם
5. אתן
6. את

ד. הוא יִשְׁמַע קונצרט.

1. מוזיקה
2. את
3. רדיו
4. הם
5. אופרה
6. אנחנו
7. סיפור מעניין
8. אתם
9. אני

ה. הוא יִפְתַּח את החנות בשמונה.

1. בשתים-עשרה
2. היא
3. המשרד
4. אנחנו
5. בעשר וחצי
6. הם
7. המסעדה
8. הן
9. אני

ו. בטח תִמְצָא משהו.

1. את
2. רינה
3. אותו
4. הם
5. הכתובת
6. אתם
7. הבית
8. אנחנו
9. משה

ז. הוא יִלְמַד לעשות ספגטי.

1. לדבר עברית
2. היא
3. הם
4. מתמתיקה
5. אנחנו
6. דני
7. לכתוב יפה
8. אני
9. אתה

ח. אַל תִשְׁכַּח לבוא לשיעור.

1. למסיבה
2. אתם
3. לכאן בשמונה
4. את
5. לקרוא את הספר
6. אתן

ט. תִשְׁאַל אם הוא בבית.

1. בכיתה
2. את
3. במסעדה
4. אתם
5. יהיה שם
6. אתן

ה-5 <u>תרגיל בעל-פה</u>

אתה צריך להגיד את המשפטים בזמן עתיד.

דוגמא: אני לומד עברית.
אני אלמד עברית.

א. אני לומד עברית.
ב. דני מוצא עבודה.
ג. המזכירה פתחה את המשרד.
ד. הם כתבו מכתב.

ה. הוא שכח את הספר.

ו. הן שומעות מוזיקה.

ז. את קוראת טוב.

ח. אתם לומדים עברית.

ט. מכרתם את הבית?

י. שאלתי את המורה.

ה-6 **תרגיל בעל-פה**

Change the sentences below to the plural.

דוגמא: הוא יפתח את הדלת.

הם יפתחו את הדלת.

א. הוא יפתח את הדלת.

ב. מתי תחזור הביתה?

ג. הוא יסגור את הטלוויזיה.

ד. תמכור את המכונית?

ה. היא תשאל אותי.

ו. מתי תקרא לי?

ז. אני אעבור פה.

ח. אתה תגמור את השיעורים.

ט. הוא ילמד עברית.

י. היא תשמע מוזיקה.

ה-7 **תרגיל**

גמור את המשפטים בזמן עתיד.

דוגמא: אתמול שמעתי קונצרט.

גם מחר אני **אשמע** קונצרט.

א. היא קראה ספר מעניין אתמול. גם מחר היא _____

ב. הוא לבש מעיל חדש היום. גם מחר הוא _____

ג. הם שכחו לשלוח את המכתב אתמול. גם מחר הם _____

ד. הוא למד אתמול כל הלילה. גם מחר הוא _____

ה-8 **תרגיל**

א. Choose the suitable verb and write it in the future tense.

משה זליג __________ את החנות שלו מחר מוקדם בבוקר.
(פ.ת.ח/ק.ר.א)

יורם __________ אותו אם יש לו גם מעילים בזול.
(ש.מ.ע/ש.א.ל)

יורם __________ חולצה זולה, ואשתו __________ נעליים נחמדות.
(ב.ח.ר/ק.ר.א) (ש.כ.ח/מ.צ.א)

ב. 1. אמא של נֶנְסִי כתבה לננסי מכתב.

... שלחתי לך סוודר ושתי שמלות נחמדות. בחרתי גם מעיל חם ושלחתי אותו יחד עם השמלות. לא מצאתי כאן נעליים טובות. אולי יש במקום אחר. שכחת להגיד לי אם את רוצה חולצות, אבל שלחתי לך כמה.

את תמיד אומרת לי שאני אמא יְהוּדִיָה...

2. Complete the sentences.

אמא של נֶנְסִי שלחה לה __________, שתי __________, __________ חם, וכמה __________. היא לא שלחה לה __________, כי היא לא מצאה משהו טוב.

ג. Complete the sentences.

1. פעם נשים לא לבשו __________, הן לבשו __________.
2. היה לי קר מאוד אתמול. נעלתי __________ חמות וגם לבשתי __________.
3. כשחם מאוד, אנשים נועלים סנדלים ולא __________.

ד. 1. מה אתה לובש עכשיו?
2. מה החברים שלך בכיתה לובשים?

PART TWO - Conditional sentences in the future
Expressions Relating to Age

ה-9 **דיאלוג**

נֶנְסִי ואמא שלה מדברות בטלפון.

ננסי: אמא, אין לי מה ללבוש. אולי את יכולה לשלוח לי בגדים?
אמא: מה לשלוח לך?

נַנסי: תשלחי לי סוודר, וגם מעיל ושמלות.
אמא: ומה עם נעליים?
נַנסי: אִם תִמְצְאִי נעליים חמות, תִשְלְחִי לי אותן.
אמא: בסדר. אִם הן לא יִהְיוּ טובות תִשְלְחִי לי אותן.
נַנסי: אִם שכחתי משהו, אני אֶכְתוֹב לך מכתב.
אמא: תכתבי גם בלי לשכוח.

ה-10 <u>תרגיל</u>

חזור על המשפטים הבאים:

א. אם תמצאי נעליים חמות, תשלחי לי אותן.
ב. אם הן לא יהיו טובות, תשלחי לי אותן.
ג. אם אני שכחתי משהו, אני אכתוב לך.

ה-11

<u>VOCABULARY NOTE</u>

Notice the use of מַה in the following expressions:

I have nothing to wear.	אין לי מה ללבוש.
I have nothing to eat.	אין לי מה לאכול.
I have nothing to do.	אין לי מה לעשות.

The past and future tenses of the above expressions are formed with the verbs ה.י.ה

They had nothing to wear.	לא היה להם מה ללבוש.
They'll have nothing to eat.	לא יהיה להם מה לאכול.
You'll have nothing to do.	לא יהיה לך מה לעשות.

ה-12

GRAMMAR POINT

Conditional Sentences in the Future

In English, sometimes verbs which really refer to future activities are in the present tense rather then the future tense.
This happens in conditional sentences after words such as if, when and while.

For example:

a. If you study hard you will be a good student.
b. When you sell the car you will have a lot of money.
c. While you are making dinner, I will go to the supermarket.

In Hebrew, when a conditional sentence refers to a future time, both parts of the sentence are in the future tense.

Notice the difference between Hebrew and English:

If I am in town I will buy the book.	אם אני אהיה בעיר אני אקנה את הספר.
When we are in Jerusalem we will write to you.	כשנהיה בירושלים נכתוב לכם.
While you do the homework, I will make dinner.	כשאת תעשי שעורים אני אעשה ארוחת ערב.

ה-13 שאלות

ענה על השאלות מדיאלוג ה-9

א. אמא של נגסי תקנה לת נעליים?
ב. מה נגסי תעשה אם הנעליים לא יהיו טובות?
ג. מתי נגסי תכתוב לאמא שלה מכתב?

תרגיל 14-ה

Write conditional sentences with the following phrases.

א. אתה מוצא גבינה טובה / אתה קונה אותה.

ב. היא רואה את המכתב / היא קוראת אותו.

ג. יש להם ילדים / הם הורים טובים.

ד. הוא מוצא עבודה / הוא עובד קשה.

ה. אנחנו סוגרים את המשרד שלנו / אתם פותחים את המשרד שלכם.

ו. אני קונה לך את המעיל / את רוצה אותו.

ז. אתה קורא את הספר הזה / אתה לא שוכח אותו.

ח. את לא קונה בגדים / אני שולחת לך מה שאת צריכה.

תרגיל 15-ה

Fill in the blanks with the appropriate form of the verbs in parentheses.

דוגמא: את תהיי בבית שלי היום?
כן, אם (היה לי זמן) יהיה לי זמן.

א. הוא ילבש מעיל בערב?
כן, אם (קר לו) _____.

ב. אתם תלמדו היום?
כן, אם (יש לנו חשק) _____.

ג. אתה תשלח לי מכתבים?
כן, אם (את שולחת לי) _____.

ד. היא תלמד קורסים מעניינים?
כן, אם (היא מוצאת קורסים מעניינים) _____.

ה. אנחנו נשתה קפה הערב?
כן, אם (אתם שותים איתנו) _____.

תרגיל 16-ה

Fill in the blanks with the appropriate form of the verb.

א. אם את __________ (מ.צ.א) משהו מעניין, את __________ (ק.ר.א) לי.

ב. אם אנחנו __________ (ל.מ.ד) כל הלילה, אנחנו __________ (ג.מ.ר) את העבודה.

ג. אם אתה __________ (פ.ת.ח) את הדלת בשקט, הילדים לא __________ (ש.מ.ע).

ד. אם אני לא __________ (ש.א.ל) שאלות, אף אחד לא __________ (ע.ז.ר) לי.

ה. אם אתה __________ (ר.צ.ה) ללכת לסרט, אנחנו __________ (ה.י.ה) בבית.

תרגיל ה-17

א. אני אעבוד קשה השנה, ואלמד הרבה דברים חדשים.
אני אשאל את המורה שאלות והוא יענה לי.
אני אמצא בחנות הספרים את הספרים שאני צריך ואני אקנה אותם.
אני לא אשכח ללכת ל- "oral lab" ואני אשמע את כל הסיפורים בעברית.
השעורים יהיו מעניינים ואני ארצה ללמוד עברית גם בשנה הבאה.

ב. Write conditional sentences from the passage.

דוגמא: אם אני אעבוד קשה השנה, אני אלמד הרבה דברים חדשים.

תרגיל ה-18

LOAN WORDS

קְלַאסִי (ז.) קְלַאסִית (נ.)	classical
אִינְטֶלֶקְטוּאָלִי (ז.)	intellectual

א. אני לא כמו כולם

אני לומד כל היום וכל הלילה. אני עושה את כל השעורים. אני שולח מכתב להורים שלי כל יום. אני שותה רק חלב. אני לובש בגדים נקיים. אני שומע רק מוזיקה קְלַאסִית וקורא את ה"Wall Street Journal". אני בוחר רק חברים אִינְטֶלֶקְטוּאָלִיִּים, ושואל את הפרופסור שאלות מעניינות. אבל אני רוצה להיות כמו כולם! איך?!

ב. כתוב איך הוא יכול להיות כמו כולם.

דוגמא: תהיה כמו כולם, אם לא תלמד כל היום וכל הלילה.

ה-19 דיאלוג

מילים חדשות

צֶבַע (ז.) צְבָעִים (ר.)	color
אָדוֹם (ז.) אֲדוּמָה (נ.)	red
לָבָן (ז.) לְבָנָה (נ.)	white
כָּחוֹל (ז.) כְּחוּלָה (נ.)	blue
שָׁחוֹר (ז.) שְׁחוֹרָה (נ.)	black
חוּם (ז.) חוּמָה (נ.)	brown
יָרוֹק (ז.) יְרוּקָה (נ.)	green
צָהוֹב (ז.) צְהוּבָה (נ.)	yellow

א. ננסי ואמא שלה מדברות עוד פעם בטלפון

ננסי: אמא! עוד אין לי מה ללבוש! אולי את יכולה לשלוח לי בגדים?

אמא: אני לא יודעת מה לשלוח לך!!

ננסי: תשלחי לי את הסוודר הָאָדוֹם וגם את הסוודר הַלָּבָן. ותשלחי לי גם את המעיל הַכָּחוֹל, את השמלה הָאֲדוּמָה וגם את השמלה הַלְּבָנָה.

אמא: זה הכל?

ננסי: אם תמצאי את המכנסיים הַכְּחוּלִים שלי תשלחי לי גם אותם. גם אין לי נעליים.

אמא: אני יכולה לקנות לך נעליים.

ננסי: אם תראי נעליים חוּמוֹת או שְׁחוֹרוֹת תקני ותשלחי לי אותן.

אמא: בסדר, ואם לא יהיו טובות, תשלחי לי אותן. יש עוד משהו?

ננסי: אולי תשלחי לי גם את החולצה הַיְּרוּקָה ואת החולצה הַצְּהוּבָּה.

אמא: בסדר אשלח את הכל כבר היום.

ננסי: תודה! להתראות!

ב. מה אמא של ננסי תשלח לה?

Choose clothes from list 'א and colors from list 'ב.

דוגמא: אמא של ננסי תשלח לה סוודר לָבָן.

רשימה א'	רשימה ב'
סוודר	כָּחוֹל
חולצה	יְרוּקָה
מכנסיים	אָדוֹם
חולצה	שְׁחוֹרוֹת (או חוּמוֹת)
שמלה	כְּחוּלִים
מעיל	לְבָנָה
שמלה	לָבָן
נעליים	אֲדוּמָה
סוודר	צְהוּבָּה

ה-20 תרגיל

Write what you will wear each day of the week. Use the following lists.

דוגמא: ביום ראשון אלבש את המכנסיים הירוקים
עם הנעליים החומות...

יום ראשון	יום שני	יום שלישי	יום רביעי
לָבָן	צְהוּבָּה	כְּחוּלוֹת	יְרוּקִים
שָׁחוֹר	שְׁחוֹרוֹת	שְׁחוֹרִים	לְבָנוֹת
חוּמוֹת	כְּחוּלִים	צָהוֹב	חוּם
יְרוּקִים	אָדוֹם	חוּמָה	אֲדוּמָה

ה-21 תרגיל

Rewrite the following sentences as conditional sentences. Start each sentence with: אם תרצי ללכת ל...

דוגמא: לקונצרט את יכולה ללבוש שמלה בְּצֶבַע צהוב ומעיל
בְּצֶבַע חום.
אם תרצי ללכת לקונצרט, תלבשי שמלה צהובה ומעיל
חום.

א. למסיבה קטנה את יכולה ללבוש מכנסיים בצבע חום וסוודר בצבע ירוק.
ב. לעבודה את יכולה ללבוש שמלה בצבע צהוב וסוודר בצבע אדום.
ג. לחנות את יכולה ללבוש מכנסיים בצבע כחול, סוודר בצבע אדום, ונעליים בצבע שחור.
ד. לאופרה את יכולה ללבוש שמלה בצבע לבן, נעליים בצבע לבן, ומעיל בצבע אדום.

ה-22 תרגיל בעל-פה

א. מה הצבע של המכנסיים שלך?
ב. מה הצבע של החולצה שלך?
ג. מה הצבע של הנעליים שלך?
ד. מה הצבע של השמלה שלך?
ה. מה הצבע של המעיל שלך?
ו. מה הצבע של הספר שלך?
ז. מה הצבע של המחברת שלך?
ח. איזה צבע אתה אוהב?
ט. מה הצבע של מים?
י. מה הצבע של חלב, גבינה, וביצים?

ה-23 דיאלוג - בחנות הבגדים

מילים חדשות

גְבֶרֶת	Mrs.	שָׁמַיִם (ז. ר.)	sky
אָדוֹן	Mr.		

קרא את הדיאלוג, אחר-כך קרא אותו עוד שתי פעמים עם המילים ב-א' ו-ב'

מוכר: שלום גְבֶרֶת. אני יכול לעזור לך?
גְבֶרֶת: כן, אני רוצה לקנות נעליים.
מוכר: איזה מספר את **נועלת**?
גְבֶרֶת: מספר 38

א'	ב'
שמלה	מעיל
לבש	לבש
42	28

ב'	א'	
ירוק / לבן	צהוב / אדום	
נחמד	מעניין	
לא מודרני	לא יפה	
ירוק	אדום	
300	150	

מוכר: איזה צבע את רוצה?

גְבֶרֶת: אני רוצה נעליים שחורות או חומות.

מוכר: בבקשה.

גְבֶרֶת: לא, הן לא **מודרניות**.

מוכר: הִנֵה נעליים אחרות.

גְבֶרֶת: לא, הן **גדולות**.

מוכר: יש לי כאן נעליים במיספר 39.

גְבֶרֶת: או, אלה טובות והן מודרניות, כמה הן עולות?

מוכר: 90 לירות.

גְבֶרֶת: **נעל** אחת או שתים?

ה-24 תרגיל תרגום

1. This green dress cost fifty five pounds. Next year it will cost one hundred pounds.
2. The milk is white and the sky in blue.
3. Can you send the brown shoes to me?
4. Do you see the lady who wears yellow sandals?
5. He chose black pants for the party.
6. Which colors do you like? I like only red.
7. If she has money she will buy the expensive dress.
8. Next year we will study in the University of Illinois.
9. If you read this book you will learn a lot.
10. If you open the store don't forget to close it at eight o'clock.
11. When I am in Paris I will think about you (sg. f.) and I will write a letter to you every day.
12. I will be very happy if I have two tickets for this concert.
13. When I finish my work I will close the office.
14. If she meets her brother, she will be very happy.
15. We will think about you while you write the exam.

GRAMMAR POINTS

Expressions relating to age are formed in Hebrew with the words בֵּן (m. sg.), בַּת (f. sg.), בְּנֵי (m. pl.) and בְּנוֹת (f. pl.).

masculine singular:

How old are you (m. sg.)?	בֵּן כמה אתה?
I (m.) am 22 years old.	אני בֵּן עשרים ושתיים.

feminine singular:

How old are you (f. sg.)?	בַּת כמה את?
I (f.) am 23 years old.	אני בַּת עשרים ושלוש.

masculine plural:

How old are you (m. pl.)?	בְּנֵי כמה אתם?
We (m.) are 19 years old.	אנחנו בְּנֵי תשע עשרה.

feminine plural:

How old are you (f. pl.)?	בְּנוֹת כמה אתן?
We (f.) are 18 years old.	אנחנו בְּנוֹת שמונה עשרה.

Remember that שנה is feminine and therefore the numbers in age expressions are always feminine.

דוגמאות:

דני בֵּן **חמש**.

רינה בַּת **חמש**.

ה-26 <u>תרגיל בעל-פה</u>

Change the following sentences as in the example.

דוגמא: בן כמה משה?
רינה - בת כמה רינה?

א. בן כמה משה?

1. רינה	4. אמא שלך	7. ההורים של דני
2. אתם	5. אתן	8. הסטודנטיות האלה
3. המורה	6. אתה	9. את

ב. הוא בן עשרים.

1. שלושים	4. שמונה עשרה
2. היא	5. הן
3. הם	6. את

ה-27 <u>תרגיל</u>

ענה על השאלות.

דוגמא: בן כמה דני? (20)
דני בן עשרים.

א. בת כמה חנה? (24)
ב. בן כמה חיים? (35)
ג. בני כמה משה ורינה? (40)
ד. בני כמה האנשים בבית זקנים? (70)
ה. בנות כמה הבחורות באוניברסיטה? (18)
ו. בת כמה היתה שרה כשיצחק נולד? (90)

ה-28 <u>תרגיל</u>

Write questions for the following answers.

דוגמא: אמא שלי בת ארבעים וחמש.
בת כמה אמא שלך?

א. אבא שלי בן חמישים ושמונה.
ב. אני בן עשרים.
ג. הסטודנטיות באוניברסיטה בנות תשע עשרה.
ד. סבא שלה בן שמונים.
ה. התלמידים בכיתה בני עשרים ואחת.
ו. רינה בת עשרים וחמש.
ז. משה ודני בני שמונה עשרה.
ח. המורה שלנו בת שלושים.
ט. מרים ורחל בנות עשרים ושתיים.
י. אנחנו בני שבע.

ה-29

GRAMMAR POINT

The conjugation of לְהִוָּלֵד 'to be born'.

The conjugation of the Hebrew verb for 'to be born' belongs to a verb pattern that you have not yet learned.
Here is the conjugation of this verb in the past tense.

	זכר	נקבה
יחיד	נוֹלַדְתִּי נוֹלַדְתָּ נוֹלַד	נוֹלַדְתִּי נוֹלַדְתְּ נוֹלְדָה
רבים	נוֹלַדְנוּ נוֹלַדְתֶּם נוֹלְדוּ	נוֹלַדְנוּ נוֹלַדְתֶּן נוֹלְדוּ

דוגמאות: אני נוֹלַדְתִּי בישראל. — I was born in Israel.
חנה נוֹלְדָה ב-1948. — Hanna was born in 1948.
הם נוֹלְדוּ באמריקה. — They were born in America.

ה-30 <u>תרגיל</u>

ענה על השאלות הבאות.

דוגמא: חנה נולדה ב-1942. בת כמה היא?
היא בת 32.

א. שרה ומשה בני עשרים, מתי הם נולדו?

ב. הדוד שלי עלה לישראל לפני שלושים שנה, כשהוא היה בן 18.
בן כמה הוא עכשיו? מתי הוא נולד?

ג. אבא שלי רופא כבר עשרים שנה. הוא גמר את האוניברסיטה כשהוא היה בן 28.
בן כמה הוא עכשיו? מתי הוא נולד? מתי הוא גמר ללמוד?

ד. בֶּן גוּרְיוֹן היה בן 87 כשהוא מת; הוא מת ב-1973.
מתי הוא נולד?

ה-31 <u>תרגיל</u>

אתה צריך לענות על השאלות.

א. איפה נַפּוֹלֵיאוֹן נולד?

ב. איפה צֶ׳רְצִ׳יל נולד?

ג. איפה מֹשֶה דַיָּין נולד?

ד. איפה בֶּן גוּרְיוֹן נולד?

ה. איפה מָאדָם קִירִי ובעלה נולדו?

ה-32

<u>לוּחַ השנה הַכְּלָלִי</u>

The General Calendar

יָנוּאָר	פֶבְּרוּאָר	מֶרְץ	אַפְּרִיל	מָאי	יוּנִי
יוּלִי	אוֹגוּסְט	סֶפְּטֶמְבֶּר	אוֹקְטוֹבֶּר	נוֹבֶמְבֶּר	דֶצֶמְבֶּר

לוּחַ השנה העברי

The Hebrew Calendar

תִשְׁרֵי	חֶשְׁוָן	כִּסְלֵו	טֵבֵת	שְׁבָט	אֲדָר	אֲדָר ב׳ (in leap year)
נִיסָן	אִיָּר	סִיוָן	תַמּוּז	אָב	אֱלוּל	

ה-33 תרגיל בעל-פה

אתה שואל את החברים שלך בכיתה:

א. איפה נולדת?

ב. מתי נולדת? (באיזה יום, באיזה חודש?)

ג. בן כמה אתה?

ה-34 שאלות

מִלָּה חדשה

גִיל (ז.) age

א. בן כמה אתה?

ב. יש לך אחות? בת כמה היא?

ג. ילדים בני שבע יכולים ללמוד באוניברסיטה?

ד. נשים בנות שבעים צריכות לנהוג?

ה. באיזה גִיל ילדים הולכים לבית-הספר?

ו. באיזה גִיל בחורים הולכים לאוניברסיטה בישראל?

ז. מתי אתה רוצה ללכת לעבוד?

ח. בן כמה תהיה בעוד שלוש שנים?

ט. בן כמה הבן הגדול במשפחה שלך?

י. בני כמה ההורים שלך?

ה-35 תרגיל - מוֹצַרְט

א. מוֹצַרְט נולד ב-1756. כשהוא היה בן ארבע הוא כבר כתב מוזיקה. כשהוא היה בן שש הוא נסע עם אבא שלו ואחות שלו לְוִינָה. הוא גם נסע למלך והמלך שמע

את המוזיקה שלו. כשהוא היה בן שלוש-עשרה הוא כתב את הָאוֹפֶּרָה הראשונה שלו. כְּשֶׁמוֹצַרְט היה בן שלושים וחמש הוא מת.

ב. ענה על השאלות הבאות:

1. מתי מוצרט כתב מוזיקה בפעם הראשונה?
2. מתי מוצרט נסע עם אבא שלו ואחות שלו לוינה?
3. מתי מוצרט כתב את הסימפוניה הראשונה שלו?
4. מתי מוצרט כתב את האופרה הראשונה שלו?
5. מתי מוצרט מת?

ג. ענה על השאלה "מה עשית..."?

1. ....כשהיית בן ארבע?
2. ....כשהיית בן שש?
3. ....כשהיית בן שמונה?
4. ....כשהיית בן שלוש-עשרה?

ה-36 <u>תרגיל</u>

א. כתוב בִּיוֹגְרַפְיָה על אדם גדול.
ב. כתוב אוֹטוֹבִּיוֹגְרַפְיָה שלך.

<u>PART THREE - Adverbial Phrases and Adverbial Clauses</u>

ה-37 <u>קטע קריאה</u>

<u>אַחֲרֵי</u> שֶׁמוצרט כתב מוזיקה, הוא נסע למלך. **לִפְנֵי שֶׁהוּא** בא למלך, הוא ביקר בוינה. **לִפְנֵי** הקונצרט, הוא רצה לדבר עם המלך. **<u>אַחֲרֵי</u>** הקונצרט, המלך רצה לדבר איתו.

GRAMMAR POINTS

1. Compare the sentences in A with those in B.

A. Adverbial Phrases

After the concert, Mozart talked to the king.	אַחֲרֵי הקונצרט, מוצרט דיבר עם המלך.	א.
Before the concert, Mozart visited Vienna.	לִפְנֵי הקונצרט מוצרט ביקר בוינה.	ב.
After the good meal we had in the expensive restaurant, we went to the movies.	אַחֲרֵי הארוחה הטובה שאכלנו במסעדה היקרה הלכנו לסרט.	ג.

but NOT

ד. *לפני שהסרט שראינו בעיר הלכנו למסעדה.

B. Adverbial Clause

After Mozart had written music, he went to the king.	אַחֲרֵי שֶׁמוצרט כתב מוזיקה, הוא נסע למלך.	א.
Before Mozart went to the king, he visited Vienna.	לִפְנֵי שֶׁמוצרט נסע למלך, הוא ביקר בוינה.	ב.

but NOT

ג. *לפני אכלנו במסעדה הלכנו לסרט.

שֶׁ- precedes adverbial clauses and other subordinate clauses but not adverbial phrases.

2. You have already learned that in Hebrew both parts of conditional sentences which refer to the future are in the future tense (e.g., sentences with אִם and -כְּשֶׁ). We also use the future tense in structures with -לִפְנֵי שֶׁ and -אַחֲרֵי שֶׁ.

דוגמאות:

אחרי ש**תחזור** מאמריקה, **תכתוב** לי מכתב.

לפני שהיא **תהיה** בת עשרים, היא **תהיה** בישראל.

Don't forget -שֶׁ in adverbial clause!

ה-39 <u>תרגיל</u>

Answer the following questions. Use the words in parentheses and the expression "אחרי ש-".

דוגמא: מתי תשמעו את הקונצרט? (פתח / הרדיו)

אחרי שנפתח את הרדיו, נשמע את הקונצרט.

א. מתי תלבשי את השמלה החדשה? (בחר / נעליים)
ב. מתי הוא יגמור את השיעורים? (יש לו / זמן)
ג. מתי הם יקראו את הספר הזה? (למד / עברית)
ד. מתי תפגוש את ההורים שלך? (חזר / מישראל)
ה. מתי תשתה איתי קפה? (למד / בספריה)
ו. מתי היא תקנה את המעיל הלבן? (יש לה / כסף)

ה-40

Answer the following questions with "לפני ש-". Use the words in parentheses.

דוגמא: מתי עבדת בספריה? (למד / אוניברסיטה)

עבדתי בספריה לפני שלמדתי באוניברסיטה.

א. מתי שיחקתם ברידג'? (הלך / לסרט)
ב. מתי תעשו אוכל **היום**? (פגש / החברים שלנו)
ג. מתי תהיה בְּאֵירוֹפָּה? (מכר / **האוטו** שלי)
ד. מתי דברת עם חיים? (בא / **לכאן**)
ה. מתי תשאלו את המורה שאלות? (גמר / הבחינה)
ו. מתי תמצאי בחור נחמד? (את / מצא)

ה-41 <u>תרגיל</u>

Complete the following sentences with:

א. "אחרי" או "אחרי ש..."

1. ________ נחזור מהמסיבה נכתוב לכם.
2. ________ המסיבה נכתוב לכם.
3. ________ האוניברסיטה הוא נסע לְאֵירוֹפָּה.
4. ________ הוא היה באוניברסיטה הוא נסע לאירופה.
5. ________ ארוחת הבוקר הלכנו לאוניברסיטה.
6. ________ אכלנו ארוחת בוקר הלכנו לאוניברסיטה.

ב. "לפני או "לפני ש..."

1. ________ ארוחת הערב דיברנו על פּוֹלִיטִיקָה.
2. ________ אכלנו ארוחת ערב דיברנו על פוליטיקה.
3. ________ נהיה בסימינר נקרא את הספר.
4. ________ הסימינר נקרא את הספר.
5. ________ הסרט הלכנו לשתות קפה אצל חברים שלנו.
6. ________ ראינו את הסרט, הלכנו לשתות קפה אצל חברים שלנו.

ה-42

מה יהיה בבחינה...?

אתה צריך לכתוב תשובה עם "אחרי ש..."

דוגמא: במוזיקה - אתה צריך לשמוע מוזיקה.
אחר-כך אתה צריך לכתוב מה שמעת.
אחרי שתשמע מוזיקה תכתוב מה שמעת.

א. באנגלית - אתה צריך לקרוא את הסיפור.
אחר-כך אתה צריך לענות על השאלות.

ב. במתמטיקה - אתה צריך לקרוא את השאלה בְּאַלְגֶּבְּרָה.
אחר-כך אתה צריך לכתוב את התשובה ברבע שעה.

ג. בעברית - אתה צריך לקרוא סיפור באנגלית.
אחר-כך אתה צריך לכתוב אותו בעברית.

ה-43

GRAMMAR POINT

The Hebrew expression for 'the same' is formed with the inflection of את.

דוגמאות:

I saw the same movie three times.	ראיתי את **אותו** הסרט שלוש פעמים.
I bought the same dress.	קניתי את **אותה** שמלה.
He says the same things all the time.	הוא אומר את **אותם** דברים כל הזמן.
I always go to the same stores.	אני תמיד הולך **לאותן** החנויות.

Notice that the inflection of את agrees in number and gender with the following noun.

ה-44 <u>תרגיל - טְרַגֶדְיָה במסיבה</u>!!

א. הלכתי ברחוב בן-יהודה. ראיתי **שמלה** יפה בחנות בגדים. **שאלתי כמה היא עולה**. שילמתי, לקחתי אותה לבית שלי. לבשתי אותה למסיבה. ראיתי את רינה במסיבה עם **אותה** השמלה. חזרתי מהר לבית שלי. לבשתי שמלה אחרת. חזרתי למסיבה.

ב. אתה צריך לספר את הסיפור עם "אחרי ש..." ו "לפני ש..."

ה-45 <u>תרגיל - ביוגרפיה משעממת</u>

Arrange the following sentences in suitable order. Write a passage with the sentences, using "אחרי ש-".

א. יהיו לכם ילדים.

ב. תלמדי באוניברסיטה.

ג. תמצאי עבודה מעניינת.

ד. תפגשי בחור נחמד.

ה. תעבדי בבית.

ו. תשכחי את מה שלמדת.

ז. לא תמצאי עבודה מעניינת.

PART FOUR - Review　　　　חזרה

ה-46 קטע קריאה - חַנָּה סֶנֶש

מילים חדשות

סוֹפֵר (ז.) סוֹפֶרֶת (נ.)	writer
בָּנָה	build
חַקְלַאי	farmer, agricultural
עוֹלָם (ז.)	world
צָבָא (ז.)	army
צַנְחָן (ז.) צַנְחָנִית (נ.)	paratrooper
צָנַח	parachute (v.)
תָּפַס	catch
עִינָּה	torture
כֶּלֶא (ז.)	prison
הָרַג	kill
סָלַח	forgive

LOAN WORDS

קוֹמֶדְיָה (נ.)	comedy
נָאצִי (ז.)	Nazi
פַּרְטִיזָן (ז.)	Partisan

שם של מְדִינָה

יוּגוֹסְלַבְיָה	Yugoslavia

חַנָה סֶנֶש נוֹלְדָה ב-1921 בְּהוּנְגַרְיָה. אבא שלה היה **סוֹפֵר**. הוא כתב הרבה קוֹמֶדְיוֹת לעיתון חשוב. הוא מת כשחנה היתה בת שש.

חנה היתה תמיד תלמידה טובה מאוד. היא רצתה להיות סוֹפֶרֶת, אבל היא גם רצתה לעלות לישראל **וְלִבְנוֹת** את הארץ.

היא עלתה לישראל **כשהיתה** בת שמונה-עשרה. היא באה לבד בלי המשפחה שלה.

היא למדה בבית-ספר **חַקְלָאִי**. היא בחרה ללמוד שם ולא באוניברסיטה כי היא חשבה שישראל צריכה **חַקְלָאִים** ולא אִינְטֶלֶקְטוּאָלִים.

אחרי שחנה גמרה ללמוד היא הלכה לְקִיבּוּץ. היא עבדה קשה מאוד, אבל לא תמיד היא אהבה את העבודה.

לפעמים אחרי שהיא גמרה לעבוד היא חשבה שהיא לבד ושאין לה אף-אחד. אבל היא ידעה שהיא עושה משהו בשביל ארץ-ישראל והיא ידעה שזה טוב.

בְּמִלְחֶמֶת **הָעוֹלָם** השניה, אנשים מישראל רצו לעזור ליהודים באירופה. הם כבר ידעו מה **הַנָּאצִים** רצו לעשות ליהודים. גם חנה רצתה לעזור.

חנה והחברים שלה הלכו **לַצָּבָא** הַבְּרִיטִי ועברו שם קורס. בקורס הם למדו להיות **צַנְחָנִים**. אחרי הקורס הם **צָנְחוּ** בְּיוּגוֹסְלַבְיָה.

אחרי שחנה פגשה פַּרְטִיזָנִים בְּיוּגוֹסְלַבְיָה היא עברה לְהוּנְגַרְיָה לעזור ליהודים שם, אבל הַנָּאצִים **תָּפְסוּ** אותה.

הם רצו לדעת למה היא באה לְהוּנְגַרְיָה. חנה לא סיפרה להם שום דבר. היא לא רצתה שֶׁהַנָּאצִים ימצאו את החברים האחרים שלה מישראל. הם **עִינוּ** אותה אבל היא לא דיברה.

הם שׂמו גם את אמא שלה, קָתֶרִין סֶנֶש **בַּכֶּלֶא**. הם חשבו שאם חנה תראה את אמא שלה בַּכֶּלֶא היא תספר להם הכל, אבל חנה לא סיפרה שום דבר.

בשבעה בנובמבר 1944 הם **הָרְגוּ** את חנה סֶנֶש. לפני שהם הָרְגוּ אותה היא ביקשה לראות את אמא שלה בפעם האחרונה, אבל הַנָּאצִים לא נתנו לה לראות אותה.

בשמלה של חנה, אמא שלה מצאה מכתב:

אמא יקרה,

אני לא יודעת מה להגיד. רק דבר
אחד: תודה.
סִלְחִי לי אם את יכולה.

באהבה תמיד,

חנה

ה-47

חנה גם כתבה סִיפּוּרים וְשִירִים.

היא כתבה את הַשִיר הזה:

אֵלִי, שֶלֹא יִגָמֵר לְעוֹלָם	My God, may there be no end,
הַחוֹל וְהַיָם	to sea, to sand
רִשְרוּש שֶל הַמַיִם	to water's splash
בְּרַק הַשָמַיִם	to lightning's flash
תְפִילַת הָאָדָם.	to prayers of man.

ה-48 שאלות

עֲנה על השאלות.

א. מתי חנה סֶנֶש נולדה?

ב. איפה היא נולדה?

ג. במה אבא שלה עבד?

ד. מתי אבא של חנה מת?

ה. עם מי חנה באה לישראל?

ו. איפה חנה למדה בישראל ולמה?

ז. מה חנה סנש עשתה אחרי שהיא גמרה ללמוד?

ח. למה חנה נסעה לאירופה?

ט. למה חנה לא רצתה לספר לנאצים למה היא באה להונגריה?

י. מתי הנאצים הרגו אותה?

יא. מי עזר לה בהונגריה?

יב. הסיפור הזה מלמד אותנו שבזמנים קשים אנחנו מוצאים אנשים מיוחדים.
סַפֵּר על אנשים מיוחדים אחרים בזמנים קשים.

ה-49 תרגיל

כְּתוֹב דיאלוג: רנה ואמא שלה מדברות בכלא.

ה-50 <u>תרגיל</u>

כתוב בְּיוֹגְרַפְיָה קצרה על חנה סנש.

ה-51 <u>תרגיל</u>

Complete the sentences with the following words:

בֵּית-קָפֶה / בֵּית-סֵפֶר / בֵּית-חוֹלִים / בֵּית-כְּנֶסֶת / בֵּית-זְקֵנִים.

א. ילדים לומדים ב_______________.
ב. אנחנו שולחים אנשים חולים ל_____________.
ג. אנחנו שותים קפה ב_____________.
ד. אנשים זקנים גרים ב_____________.
ה. בשבת יהודים הולכים ל______________.

ה-52 <u>תרגיל</u>

A. Match each word in column 'א with its opposite in column 'ב.

א'	ב'
חקלאי	שחור
אדון	לא רציתי אותו
מלחמה	גר בעיר
בטח	שלום
לבן	אני לא יודע
בחרתי בו	גברת

B. Match each word in column 'א with its definition in column 'ב.

ב'	א'
אנשים לובשים אותם	בנה
הצבע של החלב	כחול
עובד בצבא	כלא
הצבע של הים	לבן
כותב ספרים	סופר
בא לעולם	מכנסיים
רק נשים לובשות	נולד
שמים שם גנבים	צנחן
עשה בית	שמלה

ה-53 תרגיל תרגום

1. How old are your brothers? - One brother is eleven years old and the second brother is five.
2. Can you forgive me?
3. They put her in prison and then they killed her.
4. My mother was born in February 1925.
5. I went to buy shoes at Sholem's, and I chose brown shoes and red sandals.
6. Hello ma'am, can I help you?
   -Yes, I am looking for a white dress for myself and black trousers for my husband.
7. He always tells the same stories.
8. In Israel girls go to the army when they are eighteen.
9. Before I came to Israel I didn't know Hebrew.
10. Before the war people were happy.
11. The sky is blue.
12. After I study at the university I will be a teacher.
13. We'll buy a green car. We like that color.
14. After the concert we will find something to do.

15. If you are in Paris, send me a letter.
16. How many Jews are there in the world?
17. He built a house for his parents.
18. She wants to be a writer.
19. Are you going to catch a fish? - Sure!
20. My brothers were born in September and I was born in January.

ה-54 **תרגיל**

For each of the following words find another word of the same root and with a related meaning.

דוגמא: שעה - שעון

1. סופר	6. שיר	11. סיפור	16. לדבר
2. לומדים	7. מכתב	12. רבע	17. נעליים
3. אוכל	8. כתובת	13. שאלה	18. מזכירה
4. לסלוח	9. מילון	14. שבוע	19. מאוחר
5. נולד	10. עבודה	15. שעון	20. ראשון

ה-55

SUMMARY

In this unit you have learned the following:

1. The future tense of verbs in the pronunciation pattern Ef'al (אֶפְעַל).
2. Conditional sentences in the future tense.
3. Expressions like: אין לי מה ללבוש.
4. Expressions relating to age.
5. The months of the year.
6. The conjugation of לְהִיָּוֵלֵד 'to be born' in the past tense.
7. The use of אחרי, אחרי ש-, לפני and לפני ש-.
8. The use of inflected את in the meaning 'the same'.
9. The following vocabulary:

מילים חדשות

red	אָדוֹם
Mr.	אָדוֹן
at somebody's	אֵצֶל

choose	בָּחַר בְּ-
sure, surely	בֶּטַח
build	בָּנָה
Mrs.	גְּבֶרֶת
age	גִּיל
kill	הָרַג
brown	חוּם
farmer	חַקְלַאי
green	יָרוֹק
blue	כָּחוֹל
prison	כֶּלֶא (ז.)
white	לָבָן
sale	מְכִירָה (נ.)
pants	מִכְנָסַיִם (ז. ר.)
put on (shoes)	נָעַל
shoes	נַעֲלַיִם (נ. ר.)
writer	סוֹפֵר (ז.) סוֹפֶרֶת (נ.)
forgive	סָלַח
world	עוֹלָם (ז.)
torture	עִינָה
army	צָבָא (ז.)
color	צֶבַע (ז.)
yellow	צָהוֹב
parachute	צָנַח
paratrooper	צַנְחָן
black	שָׁחוֹר
send	שָׁלַח
dress	שִׂמְלָה (נ.)
catch	תָּפַס

LOAN WORDS

intellectual	אִינְטֶלֶקְטוּאָלִי
Nazi	נָאצִי
sandal	סַנְדָּל (ז.)
Partisan	פַּרְטִיזָן
comedy	קוֹמֶדְיָה (נ.)
classical	קְלַאסִי

UNIT ו

PART ONE - The future tense of short verbs

חלק ראשון - עתיד של פעלי ע"ו וע"י

ו-1 דיאלוג - קיבלנו רהיטים חדשים!

מילים חדשות

get rest	נָח, (לָנוּחַ)
meanwhile	בֵּינְתַיִם
sofa	סַפָּה (נ.)
terrace, balcony	מִרְפֶּסֶת (נ.)
a piece of furniture	רָהִיט (ז.) רָהִיטִים (ר.)
bedroom	חֲדַר-שֵׁינָה (ז.)
window	חַלּוֹן (ז.)
wall	קִיר (ז.) קִירוֹת (ר.)
carpet	שָׁטִיחַ (ז.)
(to my) home, homeward	הַבַּיְתָה
guest	אוֹרֵחַ (ז.) אוֹרַחַת (נ.)
living room	סַלּוֹן (ז.), חֲדַר-אוֹרְחִים (ז.)

בַּטלפון...

האישה: **תָּרוּץ** מהר **הַבַּיְתָה**!

הבעל: מה קרה?

האישה: קיבלנו את **הָרָהִיטִים** החדשים, ואני לא יודעת איפה **לָשִׂים** אותם.

הבעל: **תָּשִׂימִי** את **הַשָּׁטִיחַ** הגדול **בַּסַּלּוֹן**, ואת **הַסַּפָּה** על-יד **הַחַלּוֹן**.

האישה: אני רוצה **שֶׁתָּבוֹא** מהר, ונעשה הכל יחד.

הבעל: בסדר. **תָּשִׂימִי** את כל הָרָהִיטִים בַּמִּרְפֶּסֶת, על-יד הדלת עד שאני **אָבוֹא**.

האישה: בסדר, אני **אָנוּחַ בֵּינְתַיִם**...

תרגיל 2-ו

חזור על המשפטים הבאים אחרי המורה.

א. תָּרוּץ מהר הַבַּיְתָה.

ב. תָּשִׂימִי את הַשָּׁטִיחַ כאן.

ג. אני רוצה שֶׁתָּבוֹא מהר.

ד. אני אָבוֹא בשבע.

ה. אני אָנוּחַ בֵּינָתַיִם.

ו-3

GRAMMAR POINTS

The future tense of short verbs (ע"ו and ע"י verbs) in
בנין פעל (Pa'al pattern):

The conjugation of לָבוֹא.

דוגמא:

	זכר	נקבה
יחיד	אני אָבוֹא	אני אָבוֹא
	אתה תָּבוֹא	את תָּבוֹאִי
	הוא יָבוֹא	היא תָּבוֹא
רבים	אנחנו נָבוֹא	אנחנו נָבוֹא
	אתם תָּבוֹאוּ	אתן תָּבוֹאוּ
	הם יָבוֹאוּ	הן יָבוֹאוּ

עוד דוגמאות:

לָקוּם - אָקוּם, תָּקוּם, תָּקוּמִי, יָקוּם, תָּקוּם, נָקוּם, תָּקוּמוּ, יָקוּמוּ.

לָשִׂים - אָשִׂים, תָּשִׂים, תָּשִׂימִי, יָשִׂים, תָּשִׂים, נָשִׂים, תָּשִׂימוּ, יָשִׂימוּ.

לָגוּר - אָגוּר, תָּגוּר, תָּגוּרִי, יָגוּר, תָּגוּר, נָגוּר, תָּגוּרוּ, יָגוּרוּ.

לָשִׁיר - אָשִׁיר, תָּשִׁיר, תָּשִׁירִי, יָשִׁיר, תָּשִׁיר, נָשִׁיר, תָּשִׁירוּ, יָשִׁירוּ.

לָרוּץ - אָרוּץ, תָּרוּץ, תָּרוּצִי, יָרוּץ, תָּרוּץ, נָרוּץ, תָּרוּצוּ, יָרוּצוּ.

לָדוּג - אָדוּג, תָּדוּג, תָּדוּגִי, יָדוּג, תָּדוּג, נָדוּג, תָּדוּגוּ, יָדוּגוּ.

לָנוּחַ - אָנוּחַ, תָּנוּחַ, תָּנוּחִי, יָנוּחַ, תָּנוּחַ, נָנוּחַ, תָּנוּחוּ, יָנוּחוּ.

לָמוּת - אָמוּת, תָּמוּת, תָּמוּתִי, יָמוּת, תָּמוּת, נָמוּת, תָּמוּתוּ, יָמוּתוּ.

Notice that the vowel of the root in the conjugation of the future tense is the same as that in the infinitive.

ו-4   תרגיל בעל-פה

Replace the appropriate words in the sentences below with the next word on the list. Make all necessary changes.

דוגמא: אני אָבוֹא מחר.

אתה - אתה תָּבוֹא מחר.

בערב - אתה תָּבוֹא בערב.

א.   אני אָבוֹא מחר.

1. אתה	4. דני	7. אנחנו
2. בערב	5. המורה	8. אתם
3. את	6. בשבוע הבא	9. האורחים

ב.   הם יָקומו מוקדם.

1. אתם	4. התלמידים	7. רינה וחנה
2. מאוחר	5. בבוקר	8. אני
3. היא	6. את	9. אנחנו

ג.   היא תָּשיר יפה.

1. אתה	4. הם	7. התלמידים
2. שירים	5. בכיתה	8. רינה
3. אנחנו	6. אני	9. במרפסת

ד.   הם יָגורו בתל-אביב.

1. בירושלים	4. משה ורינה	7. את
2. אנחנו	5. באורבנה	8. אתן
3. בבית גדול	6. היא	9. אתה

ה.   אני אָנוּחַ על הספה.

1. את   4. האורח   7. הם
2. בחדר-שינה   5. רחל   8. הן
3. אנחנו   6. בערב   9. על השטיח

ו.   תָּשִׂים את הרהיטים כאן.

1. שם   4. תשימי
2. תשימו   5. השטיח
3. הספה   6. במרפסת

ז.   אנחנו נָרוּץ מהר.

1. הם   4. ברחוב   7. מהר מאוד
2. לאט   5. אתם   8. אני
3. היא   6. דני   9. אתה

ח.   אני אָשִׁיר איתך.

1. איתו   4. אנחנו   7. עם רינה
2. איתה   5. היא   8. מרים
3. איתם   6. דני   9. אני

תרגיל 5-ו

כתוב את המשפטים בזמן עתיד.

א.   הוא גר בדירה קטנה.
ב.   היא נחה אצל ההורים שלה.
ג.   הם שמים כאן את השטיח.
ד.   לא באתי לכאן ללמוד.
ה.   קמנו מוקדם מאוד.
ו.   כמה זמן שרת באופרה?
ז.   רצת מהקמפוס הביתה?

ו-6 תרגיל

אתה צריך לגמור את המשפט השני בזמן עתיד.

דוגמא: אתה צריך לשים את התמונה על הקיר הצהוב - הבעל ישים את התמונה על הקיר הצהוב.

א. אתה צריך לשים את הספה בחדר השינה - הבעל...
ב. אתה צריך לשים את השטיח האדום במרפסת - הבעל...
ג. אני לא רוצה שתשים את הכסאות על-יד החלון - הבעל...
ד. אני רוצה שתשים אותם בסלון - הבעל...

ו-7 תרגיל

Make conditional sentences from the following sentences.

דוגמא: היא לא באה; הוא רץ לראות אותה.
אם היא לא תבוא, הוא ירוץ לראות אותה.

א. הם נחים עכשיו, הם קמים מאוחר.
ב. אתה שר, היא שומעת אותך.
ג. אנחנו רצים, אנחנו לא באים מאוחר.
ד. אנחנו גרים בְּאֵילַת, אתם באים לבקר אותנו.
ה. הוא שם את הכסף בבנק, הוא לא קונה כל-כך הרבה רהיטים חדשים.

ו-8 תרגיל

אתה צריך לכתוב משפטים עם "אחרי ש..." מהמשפטים הבאים:

א. אתה בא הביתה; אחר-כך אתה נח.
ב. הם רצים; אחר-כך הם נחים.
ג. אבא שלי קם; אחר-כך הוא רץ לעבודה.
ד. אנחנו שרים; אחר-כך אנחנו שותים חלב.
ה. את שמה את הבגדים בארון; אחר-כך את נחה קצת.
ו. אתם קמים; אחר-כך אתם לומדים לבחינה.

תרגיל 9-ו

Change the verbs in the sentences below to the future tense, omitting
the modals הולך ל- and רוצה, יכול, צריך.

דוגמא: היום אני צריך לקום מוקדם.
           היום אני אקום מוקדם.

א.   הם צריכים לגור בתל-אביב.

ב.   דני ומשה הולכים לדוג הרבה דגים.

ג.   אתה צריך לשים את הספר בסלון.

ד.   אמא רוצה לנוח שלוש שעות אחרי הצוהריים.

ה.   רינה ודני לא יכולים לבוא היום לאוניברסיטה.

ו.   משה רוצה לקום הבוקר בשמונה.

ז.   את יכולה לשים את השטיח בחדר השינה.

ח.   אתן צריכות לרוץ הביתה.

ט.   אני רוצה לשיר במרפסת.

י.   אנרנו הולכים לנוח בינתיים.

תרגיל 10-ו

Fill in the blanks with the future form of the verbs in parentheses.

דוגמא: אם את **תשירי** (שר) את השיר הראשון,
           אני **אשיר** (שר) את השיר השני.

א.   אנחנו _____ (שם) את הספה החומה בחדר האורחים.

ב.   מי _____ (בא) היום לשיעור?

ג.   אנחנו עוד לא יודעים איפה (היא) _____ (גר).

ד.   אתם כל הזמן עובדים. מתי _____ (נח)?

ה.   אם הוא ישמע מה קרה, הוא _____ (רץ) הביתה.

ו.   אתמול הן הלכו לישון מאוחר בלילה. הן בטח _____ (קם) מאוחר הבוקר.

ז.   המורה _____ (שר) בכיתה שיר בעברית, וכל התלמידים _____ (שר)
     איתו.

ח.   היא לא יודעת לדוג. היא לא _____ (דג) אפילו דג אחד.

ט.   הן חולות. הן לא _____ (בא) למסיבה הערב.

י.   אתם כבר יודעים איפה (הם) _____ (גר)?

ו-11 תרגיל - בראש השנה

כתוב את הדיאלוג הבא עם "אחרי ש...".

שולה: מה תעשה בראש השנה?

אילן: אני אקום מאוחר ואקרא עיתונים במיטה.

שולה: תהיה בבית-הכנסת?

אילן: כן, אני אבוא לבית-הכנסת בצוהריים.

שולה: ואחר-כך?

אילן: אחר-כך אני אחזור הביתה ואנוח.

ו-12 תרגיל

א.   קרא את הקטע.

מה חנה עושה כל יום

אני קמה ב- 7:00 בבוקר.

אני באה למשרד ב- 8:00.

אני שמה את המעיל שלי על כסא במשרד ושותה קפה שחור.

ב- 9:00 יש לי שיעור מתמטיקה וב- 10:00 יש לי שיעור עברית.

כשאני חוזרת למשרד אני קונה עיתון.

ב- 12:00 אני רצה לקפטריה לאכול ארוחת-צוהריים.

ב- 12:45 אני חוזרת למשרד ואני עובדת עד 5:00.

ב- 5:20 אני כבר בבית.

אני נחה שעה וחצי, קוראת את העיתון ואחר-כך אני עושה שיעורים.

אחרי שאני גומרת לעשות שיעורים אני רואה טלוויזיה.

ב- 11:30 אני כבר במיטה וחושבת על מחר.

ב.   כתוב מה חנה תעשה מחר.

דוגמא: חנה תקום ב- 7:00 בבוקר...

ג.   כתוב מה חנה עשתה אתמול.

דוגמא: חנה קמה אתמול ב-7:00 בבוקר...

ו-13 <u>תרגיל - צעיר אבל חולה!</u>

א. סטודנט צעיר בא לרופא ואמר לו: "אני חולה, אני לא יודע מה יש לי." הרופא אמר לו: "אני יודע מה יש לך: ביום אתה עובד קשה ובלילה אתה לומד. אתה חוזר מן העבודה מאוחר ואתה לא נח מספיק.
בבוקר אתה קם מוקדם, לא שותה שום דבר ורץ לעבודה. אתה גר בבית מלוכלך ואתה לא מוצא זמן לאכול."

ב. אתה צריך להגיד מה הרופא אמר לסטודנט הצעיר.

דוגמא: אם לא תעבוד קשה ביום ובלילה, תהיה בריא.

ו-14

<u>מילים חדשות</u>

רָחָב	wide, large
צַר	narrow
קַל	easy, light (thing)
כָּבֵד	heavy (thing)
גָּבוֹהַּ	tall, high
נָמוּךְ	low, short (man)

ו-15 <u>תרגיל</u>

1. גמור את המשפטים הבאים:
אני כמו כולם

דוגמא: שמתי את השולחן הַנָּמוּךְ בסלון, גם הוא ישים את השולחן הַנָּמוּךְ בסלון.

א. היא שמה את השטיח הָרָחָב בחדר השינה. גם אנחנו...
ב. הם נחו על הספה הַצָּרָה בחדר האורחים. גם אתם...
ג. אתה שרת במרפסת. גם הוא...
ד. אנחנו גרנו בבית גָּבוֹהַּ. גם אתה...

ה. ה. את באת לאכול ארוחה קַלָה, גם אנחנו...

ו. הם קנו שולחן כָּבֵד למרפסת. גם אתן...

2. Complete the following sentences as in the example.

אני לא כמו כולם...

דוגמא: כל אחד קונה שולחן קַל למרפסת, אבל אני
אקנה שולחן כָּבֵד למרפסת.

א. כל אחד קונה שולחן נָמוּך לחדר אורחים, אבל...

ב. כל אחד קונה ארונות רְחָבִים לחדר שינה, אבל...

ג. כל אחד קונה רהיטים כְּבֵדִים לחדר האורחים, אבל...

ד. כל אחד גר היום בבית גָבוֹהַ וְגָדוֹל, אבל...

3. לפני 400 שנה, הרהיטים היו רְחָבִים מאוד. המיטה היתה גְבוֹהָה וכְבֵדָה - גם
השולחן היה גדול מאוד וכָּבֵד.
היום הרהיטים המודרניים פְשׁוּטִים. השולחן בחדר האורחים קַל וְנָמוּך. גם הכיסא
קל. הארון צַר והספה קַלָה וּנְמוּכָה. השטיח היה כָּבֵד ויקר לפני 400 שנה אבל גם
היום הוא יקר וְכָּבֵד.

Rewrite the passage in the plural. Start with:

לפני 400 שנה הרהיטים היו רחבים מאוד. המיטות והשולחנות...

4. גברת כַּרְמֵלִי: אני רוצה לקנות רהיטים חדשים לבית שלי.

גברת תַבוֹרִי: תקני! כל אחד קונה עכשיו! מה את רוצה לקנות?

גברת כרמלי: אני רוצה ספה ירוקה לחדר האורחים; היא צריכה להיות קלה
ונמוכה. אני רוצה שולחן וכסאות למרפסת. גם הם צריכים
להיות קלים ופשוטים. ואולי גם שטיח אדום לחדר השינה.

גברת תבורי: איזה שטיח?

גברת כרמלי: משהו כבד ויקר. אולי אני אקנה גם ארון צר לחדר השינה
ומיטה נמוכה לחדר ילדים.
מה את תקני?

גברת תבורי: אני כבר קניתי!

Write a similar dialog between Madeline and François, 400 years ago
in Paris. Start with:

מַדְלֵיין: אני רוצה לקנות רהיטים חדשים לבית שלי!

פְרוֹנְסוּאַה: תקני! כל אחד קונה עכשיו! מה את רוצה?

מדליין: אני רוצה ספה... הספה תהיה...

תרגיל 16-ו

a. Describe your room and its furniture. Use the new words and adjectives you have learned.

b. Describe your parents' house.

c. Describe the classroom.

17-ו

דירה של משפחת כַּרְמְלִי:

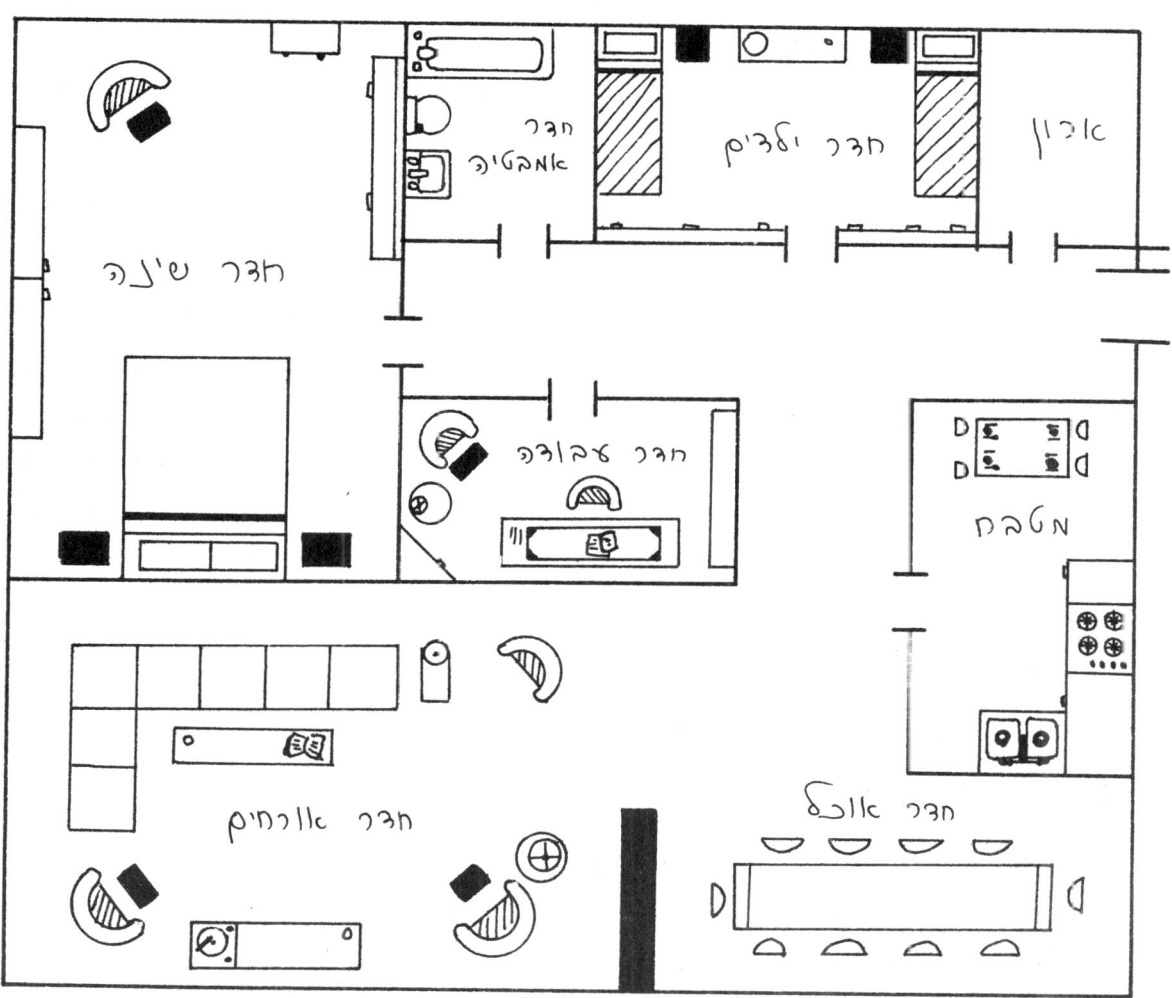

PART TWO - The Future Tense of some irregular verbs in Pa'al

חלק שני - פעלים יוֹצְאִים מִן הַכְּלָל בבנין פעל.

ו-18 **דיאלוג**

גברת תָבוֹרִי: יש סרט מעניין בתל-אביב מחר.

גברת כַּרְמֶלִי: אנחנו לא יכולים לבוא; אין לנו מכונית.

גברת תבורי: אנחנו נבוא לקחת אותכם כשאנחנו **נִיסַע**.

גברת כרמלי: מתי **תִקְחוּ** אותנו?

גברת תבורי: **נִיקַח** אותכם מחר, בשבע בבוקר.

גברת כרמלי: לפני **שֶנִיסַע** תעלו אלינו **וְתֵשְבוּ** קצת, תראו את הדירה החדשה שלנו. **נֹאכַל** משהו, נשתה משהו ואחר-כך **נִיסַע**.

גברת תבורי: בסדר. אני **אֵלֵך** עכשיו לקנות כרטיסים לסרט.

ו-19 **תרגיל**

חזור על המשפטים אחרי המורה.

א. נִיסַע לקחת אותכם.

ב. מתי תִקְחוּ אותנו?

ג. נִיקַח אותכם בעשר בבוקר.

ד. תֵשְבוּ וְנֹאכַל עוּגָה.

ה. אני אֵלֵך עכשיו לקנות כרטיסים.

ו-20

GRAMMAR POINTS

So far you have learned the future forms of:

a. Final ה verbs like: לִרְאוֹת, (אֶרְאֶה, תִרְאֶה,...).

b. Verbs of the Ef'ol pronunciation pattern like: לִגְמוֹר (אֶגְמוֹר, תִגְמוֹר,...)

c. Verbs of the Ef'al pronunciation pattern like:
(אֶלְמַד, תִּלְמַד,...) לִלְמוֹד

d. Verbs with 'ו or 'י as the middle letter of the root like:
(אָבוֹא, תָּבוֹא,...) לָבוֹא

Here are a few more patterns of some irregular verbs:

1. The future tense of the verbs י.ש.ב and ה.ל.ך

	זכר	נקבה
יחיד	אני אֵשֵׁב אתה תֵּשֵׁב הוא יֵשֵׁב	אני אֵשֵׁב את תֵּשְׁבִי היא תֵּשֵׁב
רבים	אנחנו נֵשֵׁב אתם תֵּשְׁבוּ הם יֵשְׁבוּ	אנחנו נֵשֵׁב אתן תֵּשְׁבוּ הן יֵשְׁבוּ

The verbs י.ד.ע has a similar conjugation:

אֵדַע, תֵּדַע, תֵּדְעִי, יֵדַע, תֵּדַע, נֵדַע, תֵּדְעוּ, יֵדְעוּ.

Notice the difference in the vowel of the middle letter.

2. The future tense of ל.ק.ח, נ.ס.ע and י.ש.ן.

	זכר	נקבה
יחיד	אני אֶקַח אתה תִּיקַח הוא יִקַח	אני אֶקַח את תִּקְחִי היא תִּיקַח
רבים	אנחנו נִיקַח אתם תִּקְחוּ הם יִקְחוּ	אנחנו נִיקַח אתן תִּקְחוּ הן יִקְחוּ

3. The future tense of א.כ.ל, א.ה.ב and א.מ.ר.

	זכר	נקבה
יחיד	אני אוֹכַל	אני אוֹכַל
	אתה תֹּאכַל	את תֹּאכְלִי
	הוא יֹאכַל	היא תֹּאכַל
רבים	אנחנו נֹאכַל	אנחנו נֹאכַל
	אתם תֹּאכְלוּ	אתן תֹּאכְלוּ
	הם יֹאכְלוּ	הן יֹאכְלוּ

4. The future tense of נ.ת.ן.

	זכר	נקבה
יחיד	אֶתֵּן	אֶתֵּן
	תִּיתֵּן	תִּתְּנִי
	יִתֵּן	תִּיתֵּן
רבים	נִיתֵּן	נִיתֵּן
	תִּתְּנוּ	תִּתְּנוּ
	יִתְּנוּ	יִתְּנוּ

ו-21 תרגיל בעל-פה

Replace the appropriate words in the sentences with the next word on the list. Make all necessary changes.

דוגמא: אני אֵלֵךְ מחר לקונצרט.
אנחנו - אנחנו נֵלֵךְ מחר לקונצרט.
למסיבה - אנחנו נֵלֵךְ מחר למסיבה.

א. אני אֵלֵךְ מחר לקונצרט.

1. אנחנו
2. למסיבה
3. רינה
4. הביתה
5. משה
6. לעבודה
7. אתם
8. לאוניברסיטה
9. את

ב. אתה תֵשֵב הערב בבית.

1. אני	4. היא	7. אתן
2. את	5. אנחנו	8. הם
3. הוא	6. אתם	9. הן

ג. הוא יִקַח אותנו למסיבה.

1. היא	4. את רינה	7. אתם
2. הם	5. אני	8. את
3. לאוניברסיטה	6. הביתה	9. לחנות

ד. אני אוֹהַב אותך תמיד!

1. אותו	4. הם
2. אנחנו	5. את האיש הזה
3. אותה	6. הוא

ה. היא תִסַע מכאן באפריל.

1. הוא	4. במאי	7. אנחנו
2. אתה	5. אני	8. אתם
3. את	6. בפברואר	9. משה ורינה

ו. הוא יִשַן עד מחר.

1. אני	4. אנחנו	7. הם
2. הבוקר	5. מרים ורות	8. את
3. רינה	6. אתם	9. אתה

ז. הם יֵדְעוּ את התשובה.

1. הוא	4. עברית	7. אתם
2. השיר	5. אני	8. רות
3. את	6. אנחנו	9. הם

ח. היא לא תֹאכַל גבינה בבוקר.

1. אני	4. אתם	7. את
2. ביצים	5. הם	8. אתה
3. אנחנו	6. סנדויץ'	9. משה

ט. משה יִתֵּן לרינה ספר.

1. אני	4. אוכל	7. הם
2. מחברת	5. אנחנו	8. משה
3. היא	6. לכם	9. לנו

ו-22 תרגיל בעל-פה

אתה צריך להגיד את המשפטים בזמן עתיד.

דוגמא: הלכתי לקונצרט.
אני אלך לקונצרט.

א. הלכתי לקונצרט.
ב. משה לוקח אוכל.
ג. הילדים אוהבים חלב.
ד. רינה ישבה בבית.
ה. נתנו להם מתנה.
ו. ידעת את התשובה?
ז. הן ישנות כל היום.
ח. נסעתי לישראל.
ט. אכלנו המבורגר.
י. הלכת לקונצרט?

ו-23 תרגיל

כתוב את המשפטים בזמן עתיד.

א. הם נסעו לחיפה אתמול.
ב. היא הלכה לסרט אתמול.
ג. נסענו אתמול לחנות רהיטים.
ד. אתמול ישבנו כל הערב בבית.
ה. את לקחת את הכסא שלי מן החדר?
ו. ידעתי לענות על כל השאלות בבחינה.
ז. את אכלת ארוחת-צוהריים במסעדה?
ח. הוא הלך הביתה מוקדם.

ו-24 תרגיל

Complete the sentence with the appropriate verb in parentheses.

א. אני __________ איתך על המרפסת ו__________ יחד. (ישב / אכל)

ב. אנחנו __________ לבית-חולים במכונית; אנחנו לא __________ לשם כי הוא רחוק מכאן. (הלך / נסע)

ג. הוא __________ את הארון מכאן ו__________ אותו על-יד הקיר בחדר-עבודה. (לקח / שם)

ד. אם אני __________ היום, אתה __________ במסעדה. (נסע / אכל)

ה. אנחנו __________ איך לעשות את השִעורים אם אתם __________ לנו. (ידע / עזר)

ו. הם __________ גם אותי לאירופה אם אני __________ איתם. (לקח / שר)

ז. אחרי שאנחנו __________ את הילדים שלנו מבית-הספר, __________ הביתה לנוח. (הלך / לקח)

ח. היא __________ את החולצה הזאת. __________ לה אותה. (אהב / קנה)

ו-25 תרגיל

כתוב את המשפטים בזמן עתיד.

אנחנו אוכלים ואחר-כך אנחנו נוסעים לקנות רהיטים לחדר-השינה. אנחנו לוקחים גם את משה איתנו. הוא עוזר לנו לבחור מיטה יפה וארון.

ו-26 תרגיל

Complete the passage below with verbs in the future tense. Use these verbs: אכל, גר, הלך, בא, נסע, לקח.

משפחת דָוִידִי ________ לבקר אותנו בְּסוּכּוֹת. הם ________ איתם גם את הילדים. הם ________ בבית שלנו, אבל הם ________ במסעדה. הם ________ לטייל לבד כי אנחנו צריכים לעבוד. ביום שני הם ________ מכאן לְחֵיפָה.

תרגיל 27-ו

Change the verbs in the sentences below to the future tense omitting
הולך ל- and אוהב, רוצה, יכול, צריך.

דוגמא: היום אני צריך ללכת לאוניברסיטה.

היום אני אלך לאוניברסיטה.

א.   הערב משה הולך לקחת את רינה מהעבודה. הם רוצים לאכול במסעדה טובה.

ב.   הן רוצות לדעת עברית. הן צריכות ללמוד קשה מאוד.

ג.   את יכולה ללכת היום לסרט?

ד.   אנחנו רוצים לנסוע בספטמבר לטיול גדול.

ה.   היא אוהבת לישון עד הבוקר.

ו.   אתם צריכים ללכת לסרט החדש בעיר. אתם הולכים לאהוב אותו.

ז.   אני צריך לשבת פה ולעבוד עד שאגמור את העבודה שלי.

ח.   אתן לא צריכות לקחת איתכן כל-כך הרבה בגדים.

ט.   אנחנו צריכים לדעת את כל התשובות לשאלות בבחינה.

י.   אתה יכול לקחת עוד סֶנְדְוִיץ'.

תרגיל תרגום 28-ו

1. I will take the heavy carpet home.
2. Next year we will live in Tel Aviv.
3. Put (m. pl.) the sofa near the living room window.
4. You (f. sg.) will sleep in the bedroom and I (m.) will sleep in
    the living room.
5. We will go home, sit on the balcony and sing beautiful songs.
6. This wall is narrow. We need a wide wall and a low window.
7. Get up quickly! It's already late.
8. They will eat supper and meanwhile I will sit on the balcony and
    read a book.
9. My office is in the tall building.
10. They will come to the restaurant at 8:00.

PART THREE - The use of Future Tense in Expressions of Wishing and Requesting
The Inflection of אֶל

חלק שלישי - בִּיטוּיִים עם "רוצה ש-" ו"מבקש ש-"
הַנְטִיָה של "אֶל"

ו-29 דיאלוג

רוֹמֵיאוֹ: אני **רוֹצֶה שֶׁתֵּדְעִי** כמה אני אוהב אותך.

יוּלְיָה: ואני **רוֹצָה שֶׁתֵּלֵךְ** מכאן.

רומיאו: אני **מְבַקֵּשׁ שֶׁתֵּשְׁבִי** רגע, אני רוצה לדבר איתך.

יוליה: אבל אני לא **רוֹצָה** שֶׁההורים שלי **יֵדְעוּ** שאנחנו יחד. הם לא **רוֹצִים שֶׁנִהְיֶה** יחד.

ו-30 תרגיל

חזור על המשפטים הבאים:

א. אני רוֹצֶה שֶׁתֵּדְעִי עברית.

ב. אני רוֹצָה שֶׁתֵּלֵךְ מכאן.

ג. אני מְבַקֵּשׁ שֶׁתֵּשְׁבִי רגע.

ד. אני לא רוֹצָה שֶׁההורים שלי יֵדְעוּ.

ה. הם לא רוֹצִים שֶׁנִהְיֶה יחד.

ו-31

GRAMMAR POINTS

The verb following -רוצה ש and -מבקש ש is always in the future tense.

דוגמאות:

I want you to go to the store.	אני **רוצה שֶׁתֵּלֵךְ** לחנות.
I ask you to sit down here.	אני **מבקש שֶׁתֵּשֵׁב** כאן.

Yesterday I wanted you here.	אתמול **רציתי שֶׁתִּהְיֶה** כאן.
Yesterday I asked you to take me with you.	אתמול ביקשתי שֶׁתִּיקַּח אותי איתך.
She wanted him to be rich.	היא **רצתה שֶׁהוא יִהְיֶה** עשיר.

Notice that the Hebrew sentences are different <u>in structure</u> from their English translations.

<u>תרגיל</u> ו-32

Some of the sentences below contain a mistake.
Correct the mistakes and then copy the corrected sentences.

דוגמא:

הם רצו אותו להיות המלך שלהם. (incorrect)
הם רצו שהוא יהיה המלך שלהם. (correct)

א. הוא רצה אותה להיות האישה שלו.
ב. אני ארצה שאתה בא איתי.
ג. המורה מבקשת שאתם תעשו את כל השיעורים.
ד. אנחנו רוצים שאת לומדת עברית.
ה. אני רוצה אותך לדעת שאני אוהב אותך.
ו. ההורים שלי רצו שאני הלכתי לאוניברסיטה.
ז. הם מבקשים שאנחנו נכתוב להם מכתב כל יום.
ח. אמא בקשה שאנחנו יושבים בשקט.

<u>תרגיל</u> ו-33

Complete the sentences with the words in parentheses.

א. אני רוצה ש... (את הולכת מכאן)
ב. הוא ביקש ש... (אנחנו יודעים את השיעור)
ג. ביקשנו ש... (אתם עוזרים לנו לקחת את השטיח מכאן)
ד. את רצית ש... (הוא לובש מכנסיים חמים)
ה. אתם רוצים ש... (אנחנו באים הביתה מוקדם)

ו. למה אתם מבקשים ש... (אנחנו לוקחים אותכם איתנו)
ז. היא רוצה ש... (הילד שלה נח כל יום בצוהריים)
ח. הם רצו ש... (האיש בחנות מוכר להם בזול)

ו-34 <u>תרגיל</u>

Change the sentences below into indirect speech using רוצה ש- and מבקש ש- in the appropriate tense.

דוגמא: המורה אמרה לתלמידים: "אתם צריכים לקרוא את הסיפור".
המורה ביקשה שהתלמידים יקראו את הסיפור.

א. רינה אמרה לדני: "אתה יכול להיות היום בבית?"
ב. אמא של מרים אומרת לה: "את צריכה ללמוד טוב ולהיות תלמידה טובה".
ג. חנה אומרת למשה: "אל תשכח לקנות חלב".
ד. המורה אומרת לתלמיד: "אתה צריך לדעת את כל המילים החדשות".
ה. אחות של דני אמרה לו: "תפתח לי את הדלת, בבקשה".
ו. אמא אומרת לבן שלה:" אתה צריך לנוח עכשיו".

ו-35 <u>תרגיל</u>

Match the people in list א' with the sentences in list ב'. Write new sentences with רוצה ש- and מבקש ש-.

דוגמא: רומיאו ביקש שיוליה תשב רגע.

<u>א'</u>	<u>ב'</u>
א. רומיאו ליוליה	1. תכתבי לי מכתב
ב. הבעל לאישה שלו	2. תעשה שיעורים בבית
ג. הבוס למזכירה שלו	3. תשתה חלב
ד. המורה לתלמיד	4. תשבי רגע
ה. האמא לבן שלה	5. תנוח במיטה אחרת
ו. הרופא לחולה	6. תרוץ כל יום קִילוֹמֶטֶר

ו-36 <u>תרגיל</u>

Change the sentences below using רוצה ש- and מבקש ש-.

האבא אומר לבן שלו:

א. אתה צריך לפגוש אנשים חדשים ולראות מקומות אחרים.
ב. אתה צריך לנסוע לארצות אחרות ולשמוע שפות חדשות.
ג. אתה צריך לאכול אוכל אחר ולקנות דברים חדשים.
ד. אתה צריך לגור במקום אחר וללבוש בגדים חדשים.
ה. אתה צריך ללמוד באוניברסיטה אחרת ולעבוד במקום חדש.

ו-37 <u>תרגיל</u>

Complete the sentences.

הבוס למזכירה החדשה:

א. אני רוצה ש... (כתב)...
ב. אני מבקש ש... (שׂם)...
ג. אני רוצה ש... (ישב)...
ד. אני מבקש ש... (שלח)...
ה. אני רוצה ש... (ישב)...
ו. אני מבקש ש... (אכל)...

האמא לבן שלה במכתב לישראל:

א. אני מבקשת ש...
ב. אני מבקשת ש...
ג. אני רוצה ש...
ד. אני רוצה ש...

ו-38 <u>דיאלוג</u>

<u>מילה חדשה</u>

אֶל to, towards

שרה: אולי אתה רוצה לבוא **אֵלַי** בשבת? אני אעשה ארוחת ערב גדולה.
דוד: תודה רבה, אבל אני לא יכול לבוא **אֵלַיִךְ**. אני נוסע **אֶל** ההורים שלי.

אני נוסע **אֲלֵיהֶם** כל שבת.

למה את לא נוסעת לַהורים שלך?

שרה: אמא שלי גרה רחוק. אני נוסעת **אֵלֶיהָ** פעם בחודש.

ו-39 <u>תרגיל</u>

חזור על המשפטים אחרי המורה.

א. אנחנו הולכים לַמסעדה.
ב. אנחנו הולכים אֶל המסעדה.
ג. נסעתי לַהורים שלי.
ד. נסעתי אֲלֵיהֶם.
ה. משה נסע אֶל רינה.
ו. משה נסע אֵלֶיהָ.
ז. הם באו אֶל הבית שלי.
ח. הם באו אֵלַי.

ו-40

<u>GRAMMAR POINTS</u>

1. The inflection of אֶל:

You have already learned (in unit ד') the inflection of עַל. אֶל, meaning 'to', 'towards', has the same inflection.

	זכר	נקבה
יחיד	אֵלַי אֵלֶיךָ אֵלָיו	אֵלַי אֵלַיִךְ אֵלֶיהָ
רבים	אֵלֵינוּ אֲלֵיכֶם אֲלֵיהֶם	אֵלֵינוּ אֲלֵיכֶן אֲלֵיהֶן

2. The use of אֶל:

The prepositions אֶל and -לְ can be used interchangeably after verbs which denote a movement or a direction if they come before a full noun.

דוגמאות:

אני הולך לְדני.
or:
אני הולך אֶל דני.

נסענו לַהורים שלנו.
or:
נסענו אֶל ההורים שלנו.

However, when the verb denotes a movement or a direction, and what follows the preposition is a pronoun, only אֶל can be used.

דוגמאות:

	correct	incorrect
I am going to him.	אני הולך אֵלָיו.	* אני הולך לו.
We drove to them.	נסענו אֲלֵיהֶם.	* נסענו להם.
I ran towards her.	רצתי אֵלֶיהָ.	* רצתי לה.

ו-41 תרגיל בעל-פה

Replace the appropriate words in the sentences below with the next word on the list. Make all necessary changes.

דוגמא:
היא נסעה אֵלָיו.
הם - הם נסעו אֵלָיו.
אֵלֶיהָ - הם נסעו אֵלֶיהָ.

א. היא נסעה אֵלָיו.

1. הם
2. אליה
3. הוא
4. לכתוב
5. אליהם
6. אלי
7. אל דני
8. אני
9. הם

ב. הם רצו ללכת אֶל דני.

1. היא	4. לבוא	7. אליך
2. אליו	5. אליהם	8. אליך
3. אלינו	6. אני	9. אליו

ג. הם לא יכולים לבוא אֵלֵינוּ הערב.

1. הן	4. היום	7. אני
2. אל דני	5. אלי	8. אל רינה
3. היא	6. אליכם	9. אליה

ו-42 <u>תרגיל</u>

Change the nouns in the sentences below to pronouns. Make all necessary changes.

דוגמא: רינה הלכה לדני.
היא הלכה אליו.

א. אני הולכת לרינה.
ב. היום אנחנו נוסעים להורים.
ג. משה ורינה יבואו לדוד הערב.
ד. הילד רץ אל אמא שלו.
ה. את הולכת לשכנים?
ו. רחל נוסעת לאחיות שלה לשבת.

ו-43 <u>תרגיל</u>

Change the nouns in the following sentences into pronouns. Choose between אל and -ל.

דוגמאות: דני הלך לרינה.
הוא הלך אליה.

דני עזר לרינה.
הוא עזר לה.

א. אמרתי לרינה ללכת.

ב. עזרנו לחנה לעשות שיעורים.

ג. משה נתן לדוד את הספר.

ד. חיים נסע לאמא שלו.

ה. רחל נתנה ליעקב מתנה יפה.

ו. משה הולך להורים שלו כל ערב.

ז. אתה יכול לפתוח לאיש את הדלת?

ח. סיפרתי לילדים סיפור מעניין.

ט. שילמתם לרינה בשביל הספר?

י. יצחק עשה לחנה ארוחת-ערב.

PART FOUR - Review   חלק רביעי - חזרה

סיפור 44-ו

מילים חדשות

farmer, peasant	אִיכָּר
village	כְּפָר (ז.)
treasure	אוֹצָר (ז.)
field	שָׂדֶה (ז.)
plow	חָרַשׁ
funeral	הַלְוָיָה (נ.)
gold	זָהָב (ז.)
lie	שִׁיקֵר
sow	זָרַע
plowed	חָרוּשׁ

האיכר הזקן והאוצר

פעם אחת חי בִּכְפָר קטן אִיכָּר עשיר מאוד. כל החיים שלו הוא עבד בַּשָׂדֶה מהבוקר עד
הערב. הוא אהב את העבודה הקשה בַּשָׂדֶה והוא היה תמיד שמח.
היו לָאִיכָּר שלושה בנים. הם לא היו כמו אבא שלהם. הם לא רצו לעבוד קשה.

הם לא היו שמחים ולא אהבו את העבודה בַּשָּׂדֶה ואת החיים הפשוטים בַּכְּפָר.

יום אחד הָאִיכָּר הזקן ידע שהוא הולך לָמוּת. הוא קרא לבנים שלו שיבואו למיטה שלו ואמר להם: "אני הולך למות. אני רוצה שאתם תחיו בשלום ותהיו מאושרים. אני נותן לכם את הבית ואת הַשָּׂדֶה ועוד דבר חשוב מאוד: אתם צריכים לדעת שֶׁבַּשָּׂדֶה יש אוֹצָר גדול. אני נותן לכם גם אותו".

הבנים רצו מאוד לדעת מה יש בָּאוֹצָר ואיפה הוא, אבל הזקן לא רצה להגיד להם שום-דבר. הוא אמר להם שהם צריכים לחפש את הָאוֹצָר, ורק אחרי שהם ימצאו אותו הם ידעו מה יש שם. הבנים שאלו את הָאִיכָּר עוד ועוד, אבל בערב הזקן מת בלי לספר להם שום-דבר.

אחרי שהזקן מת הבנים דיברו:

הבן הראשון אמר: "מעניין מה יש בָּאוֹצָר!"

הבן השני אמר: "בטח יש שם הרבה כסף וְזָהָב".

אמר השלישי: "לא, אני חושב שאבא שם בָּאוֹצָר אֲבָנִים יקרות".

אחרי הַהַלְוָיָה הבנים הלכו לחפש את הָאוֹצָר. הם חָרְשׁוּ את הַשָּׂדֶה פעם אחת ועוד פעם והם לא מצאו שום דבר. בערב הם הלכו לישון עייפים ועצובים.

בבוקר הבנים קמו מוקדם ושוב הלכו לַחְרוֹשׁ את הַשָּׂדֶה. הם חשבו: "אולי הפעם נמצא את הָאוֹצָר..."

בערב אמר בן אחד: "מחר נלך לַחְרוֹשׁ בפעם האחרונה. אם לא נמצא את הָאוֹצָר עד מחר בערב, נדע שהזקן שִׁיקֵּר."

בבוקר האחים קמו שוב מוקדם מאוד והלכו לעבודה. הם חָרְשׁוּ את הַשָּׂדֶה טוב מאוד, ובערב חזרו הביתה עייפים, מלוכלכים, ו... בלי אוֹצָר.

בארוחת הערב אמר הבן הגדול: "עכשיו אנחנו יודעים שאבא שִׁיקֵּר. אין שום אוֹצָר בַּשָּׂדֶה".

אמר הבן השני: "אבל אבא אף פעם לא שִׁיקֵּר. למה אתם חושבים הוא שִׁיקֵּר לפני שהוא מת?"

אמר הבן הגדול: "אני לא יודע למה, אבל אם הוא לא שִׁיקֵּר, אולי אתה יכול להגיד לי איפה הָאוֹצָר שהוא אמר שנמצא בַּשָּׂדֶה?"

פתאום אמר הבן הצעיר: "אני יודע שאתם לא אוהבים את העבודה בַּשָּׂדֶה, אבל אנחנו עבדנו קשה וְחָרַשְׁנוּ טוב טוב את הַשָּׂדֶה. אם הַשָּׂדֶה כבר חָרוּשׁ, אולי גם נִזְרַע אותו?"

האחים אמרו: "בסדר". בינתיים הם למדו לאהוב את העבודה בַּשָּׂדֶה.

והבנים זָרְעוּ את השדה הֶחָרוּשׁ...

אחרי שנה הבנים היו עשירים מאוד. עכשיו הם ידעו שאבא שלהם לא שִׁיקֵּר כשהוא אמר שיש אוֹצָר בַּשָּׂדֶה.

הבנים ידעו מה היה **הָאוֹצָר**. לא צריך לחפש כסף וְזָהָב וגם לא אֲבָנִים יקרות **בַּשָׂדֶה**. צריך לעבוד קשה ולאהוב את העבודה.

ו-45 <u>שאלות</u>

א. איך האיכר הזקן חי?
ב. כמה בנים היו לאיכר?
ג. איפה הם גרו?
ד. מה האיכר אהב לעשות?
ה. הבנים היו כמו האיכר?
ו. מה האיכר עשה לפני שהוא מת?
ז. מה האיכר נתן לבנים שלו?
ח. מה הבנים עשו אחרי שהאיכר מת?
ט. מה קרה אחרי ההלוויה?
י. מה הבנים מצאו בשדה?
יא. מה הבנים חשבו כשהם לא מצאו את האוצר?
יב. מה אמר הבן הצעיר בארוחת הערב?
יג. מה היה הסוף של הסיפור?
יד. מה אתה חושב, היה אוצר בשדה?
טו. מה אתה חושב על האיכר הזקן?
טז. מה אתה חושב על הבנים של האיכר?
יז. מה אתה חושב על הסיפור?
יח. מה אתה חושב, מי כתב את הסיפור הזה?

ו-46 תרגיל

Match the words in column 'א with the appropriate definition in column 'ב.

ב'	א'
יש בו אבנים יקרות	איכר
כל האנשים חיים שם	שיקר
לבית	חרש
הולכים עליו בבית	זהב
לא קל	צר
דבר יקר	נמוך
עבד בשדה	כבד
חדר בלי קיר	מרפסת
עושים לאיש שמת	סופר
רק נשים לובשות	אוצר
לא גבוה	מעיל
אמר דברים לא נכונים	כלא
גר בכפר	עולם
לובשים על הבגדים	שמלה
גנבים יושבים שם	הלוויה
כותב סיפורים	הביתה
לא רחב	שטיח
יושבים עליה בסלון	ספה
לא לעבוד קשה	לנוח

ו-47 תרגיל תרגום

1. In the evening we will sit on the balcony and rest.
2. I want you (m.) to run to the store and buy some milk for me.
3. Next year Rina and Dany will buy new furniture for their living room.
4. This is an old carpet but I'll always like it.
5. He will come home at five.

6. We want a wide window in the bedroom.
7. This sofa is very heavy. I don't think that I'll take it.
8. Everybody will come to the peasant's funeral.
9. Their father doesn't want them to lie to anyone.
10. Rina and Hanna will get up early tomorrow morning and will go to Florida to meet their parents.
11. She likes high walls and low furniture.
12. You (m. pl.) will go to buy tickets and meanwhile we will run and buy hamburgers for everybody.
13. I want you to eat light food.
14. I will sleep when you come home.
15. The road to the old village is narrow.

ו-48 <u>תרגיל</u>

א. כתוב סוף אחר לסיפור על האיכר והבנים שלו.
ב. כתוב סיפור: עברו 60 שנה. הבן הצעיר כבר זקן והוא מספר לילדים שלו מה קרה כשהוא היה צעיר.
ג. לְמַד בעל-פה את הסיפור שכתבת. אתה צריך לספר אותו לחברים שלך בכיתה.

ו-49 <u>שִׁיר</u>

<u>בַּשָּׁנָה הַבָּאָה</u>

בַּשָּׁנָה הַבָּאָה נֵשֵׁב עַל הַמִּרְפֶּסֶת
וְנִסְפּוֹר צִפּוֹרִים נוֹדְדוֹת,
יְלָדִים בְּחוּפְשָׁה יְשַׂחֲקוּ תּוֹפֶסֶת
בֵּין הַבַּיִת לְבֵין הַשָּׂדוֹת.

עוֹד תִּרְאֶה, עוֹד תִּרְאֶה
כַּמָּה טוֹב יִהְיֶה
בַּשָּׁנָה, בַּשָּׁנָה הַבָּאָה.

עֲנָבִים אֲדוּמִים יַבְשִׁילוּ עַד הָעֶרֶב
וְיוּגְשׁוּ צוֹנְנִים לַשּׁוּלְחָן,
וְרוּחוֹת רְדוּמִים יִשְּׂאוּ אֶל אֵם הַדֶּרֶךְ
עִיתּוֹנִים יְשָׁנִים וְעָנָן.

עוֹד תִּרְאֶה, עוֹד תִּרְאֶה...

בַּשָּׁנָה הַבָּאָה נִפְרוֹשׂ כַּפּוֹת יָדַיִים
מוּל הָאוֹר הַנִּיגָּר הַלָּבָן,
אֲנָפָה לְבָנָה תִּפְרוֹשׂ בָּאוֹר כְּנָפַיִים
וְהַשֶּׁמֶשׁ תִּזְרַח בְּתוֹכָן.

עוֹד תִּרְאֶה, עוֹד תִּרְאֶה...

ו-50

SUMMARY

In this unit you have learned the following:

1. The future tense of verbs with ו' or י' as the middle letter of the root.
2. The future tense of the following irregular verbs: ישב, נתן, אמר, אהב, אכל, ישן, נסע, לקח, ידע, הלך.
3. The use of the future tense in constructions with רוצה ש- and מבקש ש-.
4. The inflection of אֶל.
5. These new words:

treasure	אוֹצָר (ז.)
guest	אוֹרֵחַ (ז.) אוֹרַחַת (נ.)
farmer, peasant	אִיכָּר (ז.)
meanwhile	בֵּינְתַיִים
tall	גָּבוֹהַ (ז.)
homeward	הַבַּיְתָה
funeral	הַלְוָויָה (נ.)
gold	זָהָב (ז.)

sow	זָרַע
living room	חֲדַר-אוֹרְחִים (ז.)
bedroom	חֲדַר-שֵׁינָה (ז.)
window	חַלּוֹן (ז.)
plowed	חָרוּשׁ (ז.)
plow	חָרַשׁ
heavy	כָּבֵד (ז.)
village	כְּפָר (ז.)
terrace, balcony	מִרְפֶּסֶת (נ.)
rest	נָח
low, short	נָמוּךְ (ז.)
living room	סָלוֹן (ז.)
sofa	סַפָּה (נ.)
narrow	צַר (ז.)
wall	קִיר (ז.), קִירוֹת (ר.)
light, easy	קַל (ז.)
piece of furniture	רָהִיט (ז.)
wide	רָחָב (ז.)
field	שָׂדֶה (ז.) שָׂדוֹת (ר.)
carpet	שָׁטִיחַ (ז.)
lie	שִׁיקֵר

UNIT ז

PART ONE - The use of כְּדֵי and כְּדֵי שֶׁ-

חלק ראשון - כְּדֵי + שם הפועל
כְּדֵי שֶׁ- + פועל בעתיד

ז-1 קטע קריאה - בר-מצווה

מילים חדשות

כְּדֵי	in order to, so that
תְּפִילָּה (נ.)	prayer
בַּר-מִצְוָוה	Bar Mitzvah

לאח הקטן שלי תהיה **בַּר-מִצְוָוה** בעוד שנה. הוא הולך עכשיו לבית-הכנסת ארבע פעמים בשבוע **כְּדֵי לִלְמוֹד** את **הַתְּפִילּוֹת**. גם אבא שלי לומד עכשיו את הַתְּפִילּוֹת **כְּדֵי לַעֲזוֹר** לאח שלי.

ז-2

GRAMMAR POINTS

Notice the following sentences:

משה בא לכאן **כְּדֵי לִלְמוֹד.**
נסעתי לתל-אביב **כְּדֵי לִרְאוֹת** את האחות שלי.
הם הלכו לחנות **כְּדֵי לִקְנוֹת** ספרים.

The form כְּדֵי plus the infinitive means 'in order to'.

ז-3 תרגיל

חזור על המשפטים אחרי המורה.

א. הוא רץ כל בוקר כְּדֵי להיות בריא.
ב. אנחנו לומדים כְּדֵי לדעת.

ג. באנו לכאן כְּדֵי ללמוד עברית.
ד. היא נוסעת לישראל כְּדֵי לראות את ההורים שלה.
ה. אני קם מוקדם כְּדֵי לעבוד.
ו. הם ילכו לחנות כְּדֵי לקנות ספרים.

ז-4 <u>תרגיל</u>

Complete the sentences below with the right form of the verbs in parentheses.

דוגמא: אני אסע מחר לירושלים כדי <u>לראות</u> את אח שלי. (ראה)

א. היא תבוא לבית שלך כדי __________ את העיתון של היום. (לקח)
ב. הוא הולך לבית-הכנסת כל יום כדי __________ את התפילות. (ידע)
ג. הם כבר יצאו מהבית כדי לא __________ לכאן מאוחר. (בא)
ד. קראתי לכם לכאן כדי __________ לכם על סבא. הוא חולה מאוד. (סיפר)
ה. היה קר בבוקר וחזרנו הביתה כדי __________ מעיל. (לקח)
ו. אני אבוא לקחת אותך אחרי הצהריים כדי __________ יחד איתך לסרט. (הלך)
ז. אני צריך לקום מוקדם כדי __________ כל בוקר חצי שעה. (רץ)
ח. הם הולכים לספריה עכשיו כדי __________ שם ו__________. (ישב / למד)

ז-5 <u>תרגיל</u>

Write the sentences below with כְּדֵי + the infinitive form of the verb.

דוגמא: אני אסע מחר לירושלים. אני אראה את אחות שלי.
אני אסע מחר לירושלים כְּדֵי לִרְאוֹת את אחות שלי.

א. הוא יהיה מחר במשרד, עד 7:00. הוא יגמור את העבודה.
ב. אני אשב כאן. אני אנוח.
ג. האישה הזקנה תראה טלוויזיה. היא תדע מה חדש בעולם.
ד. אנחנו נלמד הרבה. אנחנו נעבור את הבחינה הזאת.
ה. תבואו מחר. תראו אותנו לפני שנסע.
ו. תיקח את הספרים. תלמד בבית.
ז. תרוצי כל בוקר. תהיי בריאה.
ח. הוא ילך לבית-הכנסת. הוא ילמד את התפילות.

ז-6 **קטע קריאה - בר-מצווה**

לאח הקטן שלי תהיה "בַּר-מִצְוָה" בעוד שנה. ההורים שלי שולחים אותו לבית-הכנסת ארבע פעמים בשבוע **כְּדֵי שֶׁ**הוא **יִלְמַד** את התפילות. אבא שלי לומד עכשיו את התפילות **כְּדֵי שֶׁ**גם הוא **יַעֲזוֹר** לאח שלי.

ז-7

GRAMMAR POINTS

The form כְּדֵי שֶׁ- means: 'so that'.

Notice that the verb after כְּדֵי שֶׁ- is always in the future.

דוגמאות:

משה בא לכאן **כְּדֵי שֶׁ**הבן שלו **יִלְמַד**.

אבא נתן לי כסף **כדי ש**אני **אֶקְנֶה** ספרים.

שלחנו מכתב להורים **כְּדֵי שֶׁ**הם **יֵדְעוּ** שאנחנו בריאים.

ז-8 **תרגיל**

חזור על המשפטים אחרי המורה.

א. תבואו הנה כדי שנראה אותכם.

ב. אני נותן לך את הספר כדי שתקרא אותו.

ג. הם שילמו לה כדי שהיא תשיר בקונצרט.

ד. דני עזר לרינה באנגלית כדי שהיא תעזור לו בעברית.

ה. היינו בשקט כדי שאמא תנוח.

ו. קראתי למשה כדי שהוא ישב איתנו.

ז-9 **תרגיל בעל-פה**

a. Answer the following questions in class.

b. Ask your friends in class similar questions.

דוגמא: למה אתה קונה ספרים?
אני קונה ספרים כדי שיהיה לי מה לקרוא.

א. למה אתה לומד באוניברסיטה?
ב. למה אתה הולך לרופא?
ג. למה אתה אוכל?
ד. למה אבא שלך נותן לך כסף?
ה. למה אתה בא לשיעורים?
ו. למה אתה רואה טלוויזיה?
ז. למה אתה הולך לחנות?
ח. למה אתה אוכל במסעדה?
ט. למה אתה נוסע לְשִיקָגוֹ?
י. למה אני שואל אותך שאלות?

ז-10 <u>תרגיל</u>

א. Make full sentences from the phrases below.

מה הרופא אמר לחולה?

אתה צריך לנוח הרבה
תיקח אַסְפִּירִין
אתה צריך לשתות תה עם לימון
אתה צריך להיות במיטה
תלבש בגדים חמים
} כדי שתהיה בריא!

דוגמא: אתה צריך לנוח כדי שתהיה בריא.

ב. כתוב את המשפטים עוד פעם בנקבה.

דוגמא: את צריכה לנוח כדי שתהיי בריאה.

ג. כתוב את המשפטים עוד פעם ברבים.

דוגמא: אתם צריכים לנוח כדי שתהיו בריאים.

ז-11 **תרגיל**

Fill in the blanks with the right form of the verbs in parentheses.

דוגמא: שרה קנתה שמלה חדשה כדי שהחבר שלה <u>יחשוב</u> שהיא יפה. (חשב)

א. הם ביקרו את אמא שלהם בבית החולים כדי שהיא לא ________ לבד. (היה)

ב. הוא עבד קשה כדי ש________ לו מספיק כסף לנסוע לאירופה. (היה)

ג. היא כתבה להם מכתב כדי שהם ________ אותה. (זוכר)

ד. אמא שמה את השעון על-יד המיטה שלי כדי שאני ________ בזמן. (קם)

ה. היא לבשה את המעיל שלה כדי שכל אחד ________ שהיא עשירה. (חשב)

ו. הבואי מחר מוקדם כדי שאנחנו ________ יחד. (נסע)

ז. קנינו לילדים ספרים כדי שהם ________ כאן בשקט. (ישב)

ח. הסבתא שלך מספרת לך תמיד סיפורים כדי שאתה ________ את כל האוכל. (אכל)

ז-12 **תרגיל**

LOAN WORDS

psychiatrist	פְּסִיכִיאָטוֹר (ז.)
normal	נוֹרְמָלִי (ז.)

א. מה עשיתי אצל הַפְּסִיכִיאָטוֹר

דיברתי איתו על הכל. סיפרתי לו הכל. אמרתי לו כל מה שאני חושבת. מצאתי מי אני ולמדתי מה אני. דיברתי על הכל.
אחרי שבוע קיבלתי מכתב מהרופא שאני **נוֹרְמָלִית**...

ב. כתוב למה היא הלכה לְפְּסִיכִיאָטוֹר.

דוגמא: היא הלכה לפְּסִיכִיאָטוֹר כדי לדבר איתו על הכל...

ז-13 <u>תרגיל - באנו לבקר אותה</u>

Complete the following sentences with כְּדֵי or כְּדֵי שֶׁ-.

היא חולה. נסענו __________ לבקר אותה. ישבנו על-יד המיטה שלה אבל לא קרוב __________ לא נהיה חולים. עשינו לה תה חם __________ היא תשתה. סיפרנו לה סיפורים כמעט שלוש שעות __________ היא תשכח שהיא חולה.

היא ביקשה שאנחנו נדבר הרבה __________ היא לא תדבר. אחר-כך, הלכנו לחנות __________ לקנות לה כמה דברים. חזרנו מהר __________ לבשל לה אוכל.

כשהיה טלפון אנחנו דיברנו __________ היא לא תקום מהמיטה.

לפני שהלכנו, פתחנו את הטלוויזיה __________ היא תראה סרטים.

ז-14 <u>תרגיל</u>

Rewrite the sentences below using כדי or כדי ש-.

דוגמאות:

1. קמנו מוקדם כי רצינו לעזור לרינה.
   קמנו מוקדם כדי לעזור לרינה.

2. באנו לבקש סליחה כי רצינו שמרים תסלח לנו.
   באנו לבקש סליחה כדי שמרים תסלח לנו.

א. באתי כי רציתי לראות אותך.

ב. הלכנו לישון כי רצינו לקום מוקדם.

ג. הן שמו את הספר על השולחן כי הן רצו שרינה תמצא אותו.

ד. הלכנו משם כי לא רצינו להיות שם.

ה. סיפרתי לה מה קרה כי רציתי שהיא תדע את הכל.

ו. הוא בא כי הוא רצה לדבר איתי.

ז. הילדים סידרו את החדר כי הם רצו שאמא תהיה שמחה.

ח. כתבת מכתב להורים שלך כי רצית שהם ידעו שאתה בסדר.

ט. הם הלכו לים כי הם רצו לדוג דגים.

י. הילדים שיחקו בשקט כי הם רצו שאמא תישן.

יב. דני קנה מכונית כי הוא רצה שרינה תיסע לאוניברסיטה.

יג. היא עבדה קשה כי היא רצתה לדעת עברית טוב.

יד. הוא עצר כי הוא רצה שרינה תעלה על המכונית.

טו. דני פתח את החלון כי הוא רצה לראות מה קרה.

טז. פתחתי את הרדיו כי רציתי לשמוע קונצרט.
יז. הן עלו על השולחן כי הן רצו לראות יותר טוב.
יח. היא היתה בשקט כי היא רצתה שמשה יחשוב שהיא ישנה.

ז-15 תרגיל

אתה צריך להתאים (match) משפט מרשימה א' עם משפט מרשימה ב'.

"אידישע מאמא מדברת עם הבן שלה לפני שהוא נוסע לישראל"

א'	ב'
א. תפתח את ה-air conditioning.	1. כדי שאני אדע מה שלומך.
ב. תשב על-יד החלון.	2. כדי שיהיה לך מה לקרוא.
ג. תלבש סוודר.	3. כדי לראות הכל.
ד. תיקח סנדויצ'ים.	4. כדי שיהיה לך מה לאכול.
ה. תשים את המעיל על-יד הכסא שלך.	5. כדי שיהיה לך אויר.
ו. תקנה עיתון.	6. כדי שלא יהיה לך קר.
ז. תכתוב לי איך היה.	7. כדי לא לשכוח אותו.

ז-16 מסורת

מילים חדשות

רָקַד	dance (v.)
שָׁמַר (עַל)	guard, keep, observe (customs)
חָגַג	celebrate
דָתִי	religious
נֵר (ז.) נֵרוֹת (ר.)	candle
מִנְהָג (ז.)	custom
חַג (ז.)	holiday
מָסוֹרֶת (נ.)	tradition
חִינּוּךְ (ז.)	education
חַלָּה (נ.)	Chalah
בִּישֵׁל	cook (v.)

א. מה ההורים שלי עשׂו כדי לתת לי חִינוּך יהודי?

לא היינו **דָתִיִים** אבל שמרנו **מָסוֹרֶת**. שמרנו על כמה **מִנְהָגִים** **וְחָגַגְנוּ** את החַגִים החשובים. ביום שישי אמא **בִּישְׁלָה** אוכל מיוחד וסידרה את הבית. בערב שבת היו תמיד בבית **נֵרוֹת**, **יַיִן**, **וְחַלָה**. הלכנו לבית הכנסת, ואבא קרא איתי בתורה כדי ללמד אותי את התפילות.

ב. אתה צריך לספר מה ההורים של הסופר עשׂו כדי לשמור על הַמָסוֹרֶת היהודית.

כתוב חמישה משפטים עם **כְּדֵי לְ-**

דוגמא: הם שמרו על המנהגים כדי לשמור על המסורת

ג. מה ההורים של הסופר עשו כדי שלבן יהיה חינוך יהודי?

כתוב חמישה משפטים עם **כְּדֵי שֶ-**

דוגמא: הם שמרו על מנהגים כדי שלבן שלהם יהיה חינוך יהודי.

ז-17 **תרגיל**

א. Complete the phrases from list א' with the appropriate phrases from list ב'.

ב'	א'
1. אנשים בונים סוּכּוֹת.	א. כדי לשמור על הַמָסוֹרֶת היהודית
2. אנשים חוגגים את החגים היהודיים.	ב. בְּפֶסַח כל המשפחה יושבת על-יד השולחן
3. כדי לשמור **את** השבת.	ג. כדי לחגוג את סוּכּוֹת
4. כדי לדעת איך מרדכי עזר ליהודים.	ד. אנשים לא עובדים בשבת
5. כדי שכל אחד ישמע את הַהַגָדָה.	ה. בפּוּרִים אנחנו קוראים את מְגִילַת אֶסְתֵר.

ב. כתוב מה יְהוּדִים עושים כדי לשמור על הַמָּסוֹרֶת.

דוגמא: בפוּרִים יהודים לובשים בגדים מיוחדים של אֶסְתֵּר ומרדכי כדי לשמור על המסורת.

א. בְּפֶסַח יהודים ______________ כדי לשמור על המסורת.
ב. בַּחֲנוּכָּה יהודים ______________ כדי לשמור על המסורת.
ג. בסוּכּוֹת יהודים ______________ כדי לשמור על המסורת.
ד. ביוֹם כִּיפּוּר יהודים ______________ כדי לשמור על המסורת.
ה. בְּשִׂמְחַת תּוֹרָה יהודים ______________ כדי לשמור על המסורת.

ז-18 סיפור

מילים חדשות

גֶּבֶר (ז.) גְּבָרִים (ר.)	man
חַיָּה (נ.)	animal
צוֹדֵק (ז.) צוֹדֶקֶת (נ.)	to be right (person)
רַעְיוֹן (ז.) רַעְיוֹנוֹת (ר.)	idea
הָרַס	tear down, destroy
אִי אֶפְשָׁר	It is impossible
קוֹדֶם	first, beforehand

האנשים החכמים של חֶלֶם

חֶלֶם היא עיר של חכמים. כולם שם חכמים גדולים. הנשים וְהַגְּבָרִים, הילדים והזקנים. אפילו הַחַיּוֹת שם חכמות.

יום אחד הזקנים החכמים של חֶלֶם ישבו ודיברו. זקן אחד אמר: "בית-הכנסת שלנו ישן ולא יפה. אנחנו צריכים לבנות בית-כנסת חדש בעיר היפה שלנו".

כולם אמרו שהוא צוֹדֵק.

אמר זקן שני: "אבל אנחנו עניים. מאיפה ניקח כסף לבנות בית-כנסת חדש?"

ישבו הזקנים החכמים שיבעה ימים ושיבעה לילות וחשבו מאיפה הם יקחו כסף לבנות בית-כנסת חדש.

אחרי שיבעה ימים ושיבעה לילות אמר זקן אחד: "יש לי רַעְיוֹן! אנחנו נבנה

את בית-הכנסת החדש מהאֲבָנִים של בית-הכנסת הישן".

כל הזקנים החכמים שמחו מאוד. הם חשבו שזה רַעְיוֹן טוב מאוד. הם לא יקנו אבנים חדשות וכך בית-הכנסת החדש לא יעלה כל כך הרבה כסף.

פתאום אמר זקן אחר: "אבל אם נבנה את בית-הכנסת החדש מהאבנים של בית-הכנסת הישן, אנחנו צריכים לַהֲרוֹס קוֹדֶם את בית-הכנסת הישן. מה נעשה?"

כולם אמרו שהוא צוֹדֵק. אִי-אֶפְשָׁר בלי בית-כנסת. צריך לחשוב על משהו.

ישבו הזקנים החכמים של חֶלְם וחשבו, וחשבו, וחשבו... ועד היום הם יושבים וחושבים איך לבנות בית-כנסת חדש מהאבנים של בית-הכנסת הישן, בלי לַהֲרוֹס את בית-הכנסת הישן.

אולי לך יש רַעְיוֹן?

ז-19 תרגיל

א. כתוב דיאלוג קצר: שני אנשים מעיר אחרת מדברים על האנשים החכמים של חֶלְם.

ב. כתוב עוד סיפור קצר על האנשים החכמים של חֶלְם.

ז-20 <u>תַּשְׁבֵּץ</u>

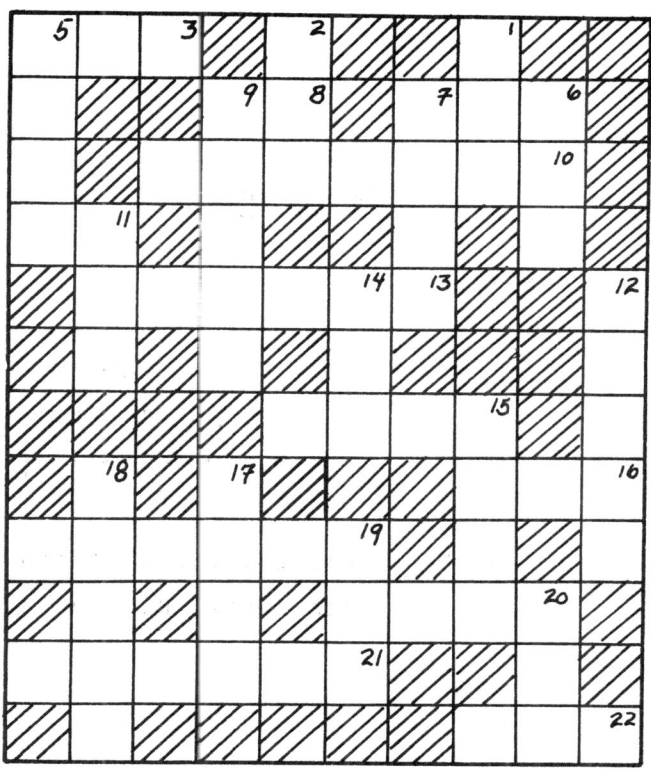

ACROSS (מְאוּזָן)

3. bread
6. wide
8. if
10. synagogue
11. brother
13. arrange (m. pl.)
15. custom
16. slowly
19. God
20. tell (m. sg.)
21. noon
22. read (m. sg. past)

DOWN (מְאוּנָךְ)

1. my brother
2. here
5. Messiah
6. Rabbi
7. houses
9. tradition
11. mother
12. a prayer
14. a sofa
15. a plane
17. say (m. sg.)
18. songs
19. country
20. tomorrow

PART TWO - Future Tense of Pi'el — חלק שני - זְמַן עָתִיד של פִּיעֵל

ז-21 הרבי ידבר היום

מילה חדשה

בִּיקֵר	visit

א: תלך היום לבית-הכנסת?

ב: כן, הרבי **יְדַבֵּר** היום על פֶּסַח.

א: **תְּסַפֵּר** לי אחר-כך מה הוא אמר.

ב: אתה לא תבוא?

א: אני לא יכול, חברים שלי מהאוניברסיטה **יְבַקְּרוּ** אותי.

ב: בסדר, אני **אֲדַבֵּר** איתך אחרי שאבוא הביתה.

ז-22 תרגיל

חזור על המשפטים הבאים.

א. הרבי יְדַבֵּר היום בבית-הכנסת.

ב. הרבי יְסַפֵּר להם על פסח.

ג. הם יְבַקְּרוּ אותי הערב.

ד. אני אֲדַבֵּר איתך אחר-כך.

ז-23

GRAMMAR POINTS

You have already learned the present tense of verbs in בִּנְיָן פִּיעֵל (Pi'el pattern):

	זכר	נקבה
יחיד	מְדַבֵּר	מְדַבֶּרֶת
רבים	מְדַבְּרִים	מְדַבְּרוֹת

You have also learned the past tense of בנין פִּיעֵל:

	זכר	נקבה
יחיד	אני דִיבַּרְתִי אתה דִיבַּרְתָ הוא דִיבֵּר	אני דִיבַּרְתִי את דִיבַּרְתְ היא דִיבְּרָה
רבים	אנחנו דִיבַּרְנוּ אתם דִיבַּרְתֶם הם דִיבְּרוּ	אנחנו דִיבַּרְנוּ אתן דִיבַּרְתֶן הן דִיבְּרוּ

Here is the conjugation of the future tense of בנין פִּיעֵל:

	זכר	נקבה
יחיד	אני אֲדַבֵּר אתה תְדַבֵּר הוא יְדַבֵּר	אני אֲדַבֵּר את תְדַבְּרִי היא תְדַבֵּר
רבים	אנחנו נְדַבֵּר אתם תְדַבְּרוּ הם יְדַבְּרוּ	אנחנו נְדַבֵּר אתן תְדַבְּרוּ הן יְדַבְּרוּ

The literary form of second and third person feminine plural is תְדַבֵּרְנָה.

ז-24 <u>תרגיל בעל-פה</u>

Replace the appropriate words in the sentences below with the next word on the list. Make all necessary changes.

דוגמא: אני אֲלַמֵּד אותך שיר.

עברית - אני אֲלַמֵּד אותך עברית.

אנחנו - אנחנו נְלַמֵּד אותך עברית.

א. אני אֲלַמֵּד אותך שיר.

1. עברית
2. אנחנו
3. דני
4. אנגלית
5. רינה ומשה
6. אני

ב. היא תְּשַׁלֵּם לנו את הכסף.

1. הוא
2. לכם
3. אנחנו
4. אני
5. להם
6. אתה
7. את
8. היא
9. לו

ג. הם יְבַשְּׁלוּ היום אוכל סיני.

1. הוא
2. מחר
3. היא
4. ספגטי
5. אנחנו
6. דני
7. רינה ודני
8. אתם
9. אתן

ד. הוא יְבַקֵּשׁ סליחה מרינה.

1. מדני
2. אנחנו
3. אתם
4. אני
5. מהמורה
6. את
7. מאמא
8. הם
9. אתן

ה. אני אֲדַבֵּר אתך אחר הצוהריים.

1. הוא
2. היא
3. אנחנו
4. עם רינה
5. הם
6. איתנו
7. אתם
8. את
9. איתי

ו. הוא יְסַפֵּר למורה מה קרה.

1. היא
2. לדני
3. אנחנו
4. הם
5. הן
6. סיפור
7. אני
8. אתה
9. את

ז. הם יְסַדרוּ את המכתבים שלהם.

1. הן
2. הוא
3. החדר
4. אתם
5. אנחנו
6. אני
7. את
8. הספרים
9. אתה

ח. כשאהיה בישראל אֲחַפֵּשׂ אותך.

1. הוא
2. אותנו
3. בפריז
4. את רינה
5. אני
6. אנחנו
7. אתה
8. את
9. אותנו

ט. אתם תְבַקרוּ בישראל בעוד שנה.

1. אנחנו
2. אתה
3. רינה
4. משה ודני
5. משה
6. בשנה הבאה
7. אותנו
8. אותי
9. מחר

י. הוא יְשַׂחֵק בסרט לא חשוב.

1. היא
2. הם
3. עם פּוֹל נְיוּמָן
4. אנחנו
5. בְּרִיגִ'יט בַּרְדוֹ
6. אתם
7. הוא
8. את
9. אתן

ז-25 <u>תרגיל</u>

Complete the following sentences:

דוגמא: דיברנו איתכם היום על המסורת היהודית.
גם מחר <u>נְדַבֵּר על המסורת היהודית</u>.

א. סידרנו היום את חדר האורחים.
גם מחר ______________________.

ב. אתמול שיחקנו ברידג' כל היום.
גם מחר ______________________.

ג. אתמול הוא ביקר את אמא שלו.
גם מחר הוא ______________________.

ד. אתמול סיפרתי לך סיפור.
גם מחר ______________________.

ה. אתמול בישלת אוכל.
גם מחר ______________________.

ו. אתמול קיבלתם מכתב מההורים שלכם.
גם מחר ______________________.

ז. הם לימדו אותנו תפילות חדשות.
גם מחר ______________________.

ז-26 תרגיל

Fill in the blanks with the appropriate form of the verb in

דוגמא: ההורים שלי ישלמו את הלימודים שלי באוניברסיטה. (שלם)

א. הם ________ אנגלית באוניברסיטה. (לימד)
ב. היא ________ אוכל סיני היום. (בישל)
ג. ________ היום את הבית בשביל שבת. (אנחנו, סידר)
ד. ________ על החגים היהודים היום. (אתה, דיבר)
ה. ________ אותנו היום. (אתם, ביקר)
ו. הם ________ בסרט עם רוד שְׁטַיְיגֶר. (שיחק)
ז. את ________ הרבה כסף בשביל העבודה הזאת. (קיבל)
ח. הוא ________ אותה תפילות חדשות. (לימד)

ז-27 דיאלוג

מילים חדשות

צִילְצֵל	call, ring
טִילְפֵן	call, phone

חנה: דני, אתה לא שומע? מישהו מְצַלְצֵל בדלת.
דני: אולי את יכולה לפתוח, אני מְטַלְפֵן עכשיו למשה.
חנה: אז תְּטַלְפֵן אליו אחר-כך. גם אני לא יכולה לפתוח.
דני: אם אני אֲטַלְפֵן אחר-כך, משה לא יהיה בבית. הוא אמר שהוא יבוא לבקר

אותנו הערב, ואני רוצה לדבר איתו לפני שהוא בא.

חנה: אבל מה יהיה עם האיש שֶׁמְּצַלְצֵל בַּדלת?

דני: אני כבר הולך לפתוח. משה לא עונה. הוא בֶּטַח לא בבית.

דני הולך ופותח את הדלת. אין שם אף-אחד אבל על הדלת יש מכתב:

"שלום חנה ודני,

באתי לבקר אותכם אבל אף-אחד לא ענה כְּשֶׁצִילְצַלְתִּי בדלת.

אני **אֲטַלְפֵן** אֲלֵיכֶם שוב יותר מאוחר.

להתראות,

משה."

ז-28 <u>תרגיל</u>

חזור על המשפטים אחרי המורה.

א. מישהו מְצַלְצֵל בדלת.

ב. אני מְטַלְפֵן עכשיו.

ג. תְּטַלְפֵן אחר-כך.

ד. צִילְצַלְתִּי בדלת אבל אף-אחד לא ענה.

ה. מי מְצַלְצֵל בדלת כל-כך מאוחר?

ו. אני מְטַלְפֶּנֶת כל הבוקר ואין תשובה.

ז-29

<u>GRAMMAR POINTS</u>

There are several four letter roots in Hebrew like ט.ל.פ.ן and צ.ל.צ.ל.

These usually belong to בנין פיעל (Pi'el pattern).

The conjugation of לְטַלְפֵן and לְצַלְצֵל in the three tenses:

הַהַטָּיָה של לטלפן/לצלצל:

	הווה (present)	עבר (past)	עתיד (future)
אני	מְטַלְפֵן/מְצַלְצֵל	טִילְפַנְתִּי/צִילְצַלְתִּי	אֲטַלְפֵן/אֲצַלְצֵל
אתה	מְטַלְפֵן/מְצַלְצֵל	טִילְפַנְתָּ/צִילְצַלְתָּ	תְּטַלְפֵן/תְּצַלְצֵל
את	מְטַלְפֶנֶת/מְצַלְצֶלֶת	טִילְפַנְתְּ/צִילְצַלְתְּ	תְּטַלְפְנִי/תְּצַלְצְלִי
הוא	מְטַלְפֵן/מְצַלְצֵל	טִילְפֵן/צִילְצֵל	יְטַלְפֵן/יְצַלְצֵל
היא	מְטַלְפֶנֶת/מְצַלְצֶלֶת	טִילְפְנָה/צִילְצְלָה	תְּטַלְפֵן/תְּצַלְצֵל
אנחנו	מְטַלְפְנִים/מְצַלְצְלִים	טִילְפַנּוּ/צִילְצַלְנוּ	נְטַלְפֵן/נְצַלְצֵל
אתם	מְטַלְפְנִים/מְצַלְצְלִים	טִילְפַנְתֶּם/צִילְצַלְתֶּם	תְּטַלְפְנוּ/תְּצַלְצְלוּ
הם	מְטַלְפְנִים/מְצַלְצְלִים	טִילְפְנוּ/צִילְצְלוּ	יְטַלְפְנוּ/יְצַלְצְלוּ
הן	מְטַלְפְנוֹת/מְצַלְצְלוֹת	טִילְפְנוּ/צִילְצְלוּ	יְטַלְפְנוּ/יְצַלְצְלוּ

ז-30 **תרגיל**

Complete the sentences below with the right form of לְצַלְצֵל or לְטַלְפֵן.

א. אל __________ בדלת כי הילדים שלנו יהיו במיטה.

ב. __________ לפני ארבע, ואז נדבר על העבודה שלנו.

ג. השעון אף פעם לא __________ בזמן. אז אתה צריך __________ מחר כדי שאני אקום בזמן.

ד. הוא __________ לחברה שלו אתמול. הטלפון __________ עשר פעמים. היא בטח לא רוצה לדבר איתו.

ה. א: מישהו __________ כשלא הייתי במשרד?

ב: האשה שלך __________ היא ביקשה ש__________ אליה כשאתה תחזור.

ז-31 **תרגיל**

Answer the questions below in the negative. Use the words in parentheses.

דוגמא: אתה תשלם בשביל הארוחה? (האישה שלי)

לא, האישה שלי תשלם בשביל הארוחה.

א. הם יבקרו אותנו ביום שישי? (רק אמא שלהם)

ב. את תטלפני לרופא היום? (הבעל שלי)

ג. תספר למורה מה קרה? (דני)

ד. היא תבשל לנו ארוחת ערב היום? (משה)

ה. הוא יסדר את הספרים בספריה? (אני)

ו. תשחקי אחר-הצהריים עם הילדים? (אתה)

ז. תלמד היום את השיר החדש? (את)

ח. הוא ישלם במסעדה? (אנחנו)

ט. תבקשו מהמורה לא לתת שיעורים היום? (אתן)

י. משה ידבר עם חנה היום? (אני)

ז-32 <u>תרגיל</u>

א. משפחת לוי ביקרה אותנו היום.
הילדה הגדולה סיפרה לבת שלי סיפורים. הילד לימד את הבן שלי לקרוא, והילדה הקטנה שיחקה עם הילד הקטן שלנו וסידרה את הספרים שלו.
מר לוי דיבר עם הבעל שלי על פּוֹלִיטִיקָה, וגברת לוי ואני ישבנו יחד במטבח ודיברנו על בגדים.

ב. סַפֵּר את הסיפור בעתיד:
דוגמא: משפחת לוי תבקר אותנו מחר...

ג. ספר את הסיפור עם "כדי".
דוגמא: הילדה הגדולה באה כדי לספר לבת שלי סיפורים...

הילד ...
הילדה הקטנה ...
מר לוי ...
גברת לוי ...

ז-33 <u>תרגיל</u>

Fill in the blanks with the right form of the verb in parentheses.

דוגמא: אתמול נסענו לשיקגו כדי **<u>לבקר</u>** (ב.ק.ר) את ההורים שלנו.

א. אתמול אמא שלי ________ (ט.ל.פ.ן) כשלא הייתי בבית. אני חושבת שהיא ________ (ט.ל.פ.ן) מחר עוד פעם.

ב. מחר המורה (נ.) ________ (ל.מ.ד) אותנו שיר חדש.

ג. אם ________ (ב.ק.ש) מדני יפה, הוא ________ (ח.פ.ש) בשבילך את הספר בספריה.

ד. אני צריך ________ (ד.ב.ר) איתך על דבר חשוב. אני ________ (צ.ל.צ.ל) אליך מחר ו________ (ד.ב.ר).

ה. הם עוד אף פעם לא ________ (ש.ח.ק) יחד בסרט. אולי בפעם הבאה הם ________ (ש.ח.ק) יחד.

ו. כבר ________ (ס.פ.ר) לרינה מה קרה אתמול?
- לא אני ________ (ס.פ.ר) לה מחר.

ז. בעל החנות: "אתה אף פעם לא ________ (ש.ל.ם) לי בזמן. אם גם החודש לא ________ (ש.ל.ם) לי, אני לא אמכור לך יותר אוכל."

ח. אם את ________ (ס.ד.ר) את חדר-השינה, אני ________ (ס.ד.ר) את הסלון.

ז-34 <u>תרגיל</u>

בְּנֵה משפטים מהמילים הבאות.
הפועל צריך להיות בעתיד.

א. היא / למד / אני / עברית.

ב. המשפחה / סידר / הבית / לשבת.

ג. הוא / שילם / לה / הרבה כסף.

ד. אנחנו / דיבר / עם הרבי שלנו / על התפילות של שבת.

ה. הם / קיבל / האורחים שלה / יפה.

ו. אל / אתה / דיבר / כל-כך לאט.

ז. (אתה) לימד / אותנו / עברית / בסימסטר הזה?

ח. בשבת אנחנו / ביקר / החברים שלנו בשיקגו.

ט. הם / לא / טילפן / בשבת.

י. הוא / צילצל / כדי / אתה / קם / בזמן.

ז-35 תרגיל תרגום

1. I am calling you so that you know that I am coming to visit you tomorrow.
2. He will call you tomorrow in order to talk about the holiday.
3. Their parents did not give them any Jewish education.
4. You (m.) forgot to buy candles? How shall we celebrate Chanuka?
5. She will make Chalah for the Sabath.
6. What did his psychiatrist say? - That he is normal!
7. They will talk tomorrow on the phone.
8. I will keep an eye on your child.
9. He is not religious but he likes the Jewish tradition.
10. The new Rabbi will teach us the prayers.
11. Do you like animals?
12. In order to build the new synagogue, we first have to tear down the old synagogue.
13. Men are right. It is impossible to live without women.

PART THREE - The Impersonal

חלק שלישי - סְתָמִי

ז-36 תרגיל

חֲזור על המשפטים אחרי המורה.

א. בפסח אוכְלים מַצות.
ב. באמריקה לא עוֹבְדים ביום ראשון.
ג. בישראל אוכְלים הרבה פלאפל.
ד. הטלפון לא בסדר. לא שומְעים.
ה. זאת אוניברסיטה טובה. לומְדים פה הרבה.

ז-37

GRAMMAR POINTS

Impersonal sentences

In Hebrew impersonal sentences are formed by using the third person plural form of the verb and omitting the subject. These sentences do not refer to the activity of any specific person or persons, but rather denote a general habit or situation.

דוגמאות:

In America one eats lunch at twelve o'clock.	באמריקה אוֹכְלִים ארוחת צהריים בשתים-עשרה.
One doesn't talk in the library.	בספריה לא מְדַבְּרִים.

Impersonal sentences can also be in the past and in the future tense.

דוגמאות:

Once, people used to work sixty hours a week.	פעם עָבְדוּ שישים שעות בשבוע.
In a hundred years no one will remember who Nixon was.	בעוד מאה שנה לא יִזְכְּרוּ מי היה ניכסון.

ז-38 **תרגיל בעל-פה**

Replace the appropriate words in the sentences below with the next word on the list.

דוגמא: היום לומדים עד שתיים.

שלוש - היום לומדים עד שלוש.

מחר - מחר לומדים עד שלוש.

א. היום לומדים עד שתיים.

1. שלוש
2. מחר
3. שתים-עשרה
4. עובדים
5. חמש וחצי
6. עשר בבוקר
7. לא עובדים
8. ישנים
9. כל יום

ב. בשבת הולכים לבית-הכנסת.

1. קוראים את התורה
2. ישנים עד מאוחר
3. לא לומדים
4. לא עובדים
5. נחים כל היום
6. קוראים עיתונים

ג. לא פוגשים פה אף-אחד.

1. לראות
2. שום-דבר
3. לשמוע
4. למכור
5. ספרים
6. בירה

ד. בספריה לא מדברים.

1. לאכול
2. לעשות רעש
3. לשחק פוקר
4. לשבת על השולחן
5. לשתות בירה
6. לשיר

ז-39 תרגיל

שמות של ארצות		שמות של שפות	
אִיטַלְיָה	Italy	אִיטַלְקִית	Italian
רוּסְיָה	Russia	רוּסִית	Russian
אַנְגְלִיָה	England	אַנְגְלִית	English
סִין	China	סִינִית	Chinese
סְפָרַד	Spain	סְפָרַדִית	Spanish
צָרְפַת	France	צָרְפָתִית	French
יַרְדֵן	Jordan	עֲרַבִית	Arabic
שְבֶדְיָה	Sweden	שְבֶדִית	Swedish
מֶקְסִיקוֹ	Mexico		

ז-40 תרגיל

גְמוֹר את המשפטים.

דוגמא: בְּאָמֶרִיקָה מדברים אַנְגְלִית.

א. בְּאִיטַלְיָה ______________________.

ב. בְּרוּסְיָה ______________________.

ג. בְּאַנְגְלִיָה ______________________.

ד. בְּסִין ______________________.

ה. בְּסְפָרַד ______________________.

ו. בְּצָרְפָת ______________________.

ומה מדברים בְּיִשְׂרָאֵל?

א. ______________________ צרפתית.

ב. ______________________ איטלקית.

ג. ______________________ רוסית.

ד. ______________________ אנגלית.

ה. ______________________ ספרדית.

ו. ______________________ ערבית.

וגם עברית!

ז-41 תרגיל

Change the sentences below to impersonal sentences.

דוגמא: אם תחשוב, תמצא תשובה לכל שאלה.
אם חושבים, מוצאים תשובה לכל שאלה.

א. אם תלמד טוב, תקבל עבודה טובה.

ב. אם תקרא הרבה, תלמד הרבה על החיים.

ג. אם תעבוד קשה, תעשה הרבה כסף.

ד. אם תשחק כל היום, לא תלמד שום דבר.

ה. אם תבקש, תקבל.

ו. אם תיסע הרבה בעולם, תלמד הרבה שפות.

ז. אם תלך לישון מאוחר, לא תקום מוקדם בבוקר.

ח. אם תכתוב מכתבים, תקבל מכתבים.

ז-42 תרגיל

Change the personal sentences below to impersonal ones.

א. החברים בקיבוץ קמים כל בוקר בחמש והולכים לעבודה.

ב. באמריקה משלמים בצ'קים בדרך-כלל.

ג. בקמפוס פוגשים הרבה אנשים מעניינים.

ד. הסטודנטים באמריקה לא עוזרים זה לזה בלימודים.

ה. בישראל אנשים מבקרים זה את זה ביום שישי בערב.

ו. אנשים פותחים כאן את החנויות בעשר בבוקר.

ז. בישראל בדרך כלל נוסעים לעבודה באוטובוסים.

ח. רואים כאן הרבה אנשים עם ג'ינס.

ט. בשבדיה עושים רהיטים יפים.

י. במקסיקו אנשים אוכלים הרבה טַקוֹ.

ז-43 תרגיל

Change the following impersonal sentences to sentences in the future. Use first person singular.

דוגמא: בַּ"יוּנִיוֹן" פוגשים חברים ומדברים איתם.
אם אני אהיה ב"יוניון", אני אפגוש חברים ואדבר איתם.

א. בקפטריה אוכלים ושותים ומשלמים הרבה כסף.
אם אני......

ב. בחדרים הקטנים, מדברים עם חברים ומספרים בדיחות.

ג. בבנק הקטן מקבלים כסף וקונים כרטיסים לקונצרטים.

ד. בחנות הספרים קונים ספרים ומחברות.

ה. בחדר הגדול רואים סרטים או שומעים מוזיקה.

ו. בספריה הקטנה יושבים לנוח, קוראים ספרים, כותבים מכתבים ועושים שיעורים.

ז-44 תרגיל

Fill in the blanks with the right form of the verbs in parentheses.

א. מה עושים בסוף השבוע באמריקה

בשבת או ביום ראשון _______ (ה.ל.כ) לקנות אוכל, _______ (ע.ש.ה) אוכל ו_______ (ס.ד.ר)
את הבית. בצהריים _______ (ה.ל.כ) לראות בייסבול או _______ (י.ש.ב) בבית ו_______ (ר.א.ה)
בייסבול בטלוויזיה. בערב_______ (ל.ב.ש) בגדים יפים ו_______ (ה.ל.כ) למסיבה או
_______ (ע.ש.ה) מסיבה בבית.

ביום ראשון _______ (ק.מ) מאוחר בבוקר כי בלילה _______ (ח.ז.ר) מאוחר מן
המסיבה. ביום ראשון יש זמן אז _______ (י.ש.ב) ו_______ (א.כ.ל) לאט, _______ (ק.ר.א)
את העיתונים הגדולים, של סוף השבוע ופתאום _______ (ר.א.ה) שהשבוע החדש
כבר בא.

ב. מה עושים בסוף השבוע בישראל?

Write a short passage (10 sentences) telling what you know about weekends in Israel. Use the impersonal.

ז-45 תרגיל

Write a short passage (10-15 sentences) about:

א. מה עושים בְּרֹאשׁ-הַשָּׁנָה?
ב. מה עושים בְּפֶּסַח?
ג. מה עושים באמריקה בְּכְּרִיסְמַס?

PART FOUR - Review — חלק רביעי - חזרה

ז-46 החמור של סעדה

מילים חדשות

חֲמוֹר (ז.)	donkey
תֵּימָן (נ.)	Yemen
כּוֹס (נ.)	glass
בָּטוּחַ (ז.) בְּטוּחָה (נ.)	sure
חוּט (ז.)	rope, thread
קָשַׁר	tie (v.)
רֶגֶל (נ.) רַגְלַיִם (ר.)	leg, foot
צָעַק	yell
סָחַב	drag

בְּתֵימָן חשבו שהמשיח יבוא בערב פסח אחרי הסדר. סַעֲדָה הזקנה היתה אישה דתיה מאוד בְּתֵימָן; היא שמרה על כל המנהגים של כל החגים וגם היא רצתה שהמשיח יבוא. אבל היא פחדה שאם היא תשתה ארבע כוסות של יין, היא תרצה לישון ואז המשיח יבוא לקרת את כל היהודים מִתֵּימָן לישראל והיא לא תשמע אותו.

כדי להיות בְּטוּחָה שהמשיח יקח אותה, היא שׂמה את המיטה שלה על-יד הדלת, לקחה חוּט וְקָשְׁרָה אותו לַחֲמוֹר שלה וגם לָרֶגֶל שלה. היא חשבה: "הַחֲמוֹר שלי בטח יראה את הַחֲמוֹר של המשיח וירוץ. אז אני אדע שהמשיח כאן."

היא לא פחדה והלכה לישון. בלילה הַחֲמוֹר פתח פתאום את הדלת ורץ לרחוב. הוא סָחַב אותה, והיא ביקשה שהוא לא ירוץ כל-כך מהר: "אדון משיח, לאט, לאט, בבקשה." השכנים לא ידעו מה קרה לְסַעֲדָה. הם צָעֲקוּ "זה לא המשיח; זה רק הַחֲמוֹר שלך." אבל היא לא שמעה אותם ורק ביקשה, "לא כל-כך מהר אדון משיח, לא כל-כך מהר..."

ז-47 **שאלות**

ענה על השאלות עם כְּדֵי או כְּדֵי שֶ-

א. למה סעדה הלכה לישון על-יד הדלת?

ב. למה היא קשרה את הרגל שלה לחמור?

ג. למה השכנים צעקו?

ד. למה סעדה לא עזבה את החמור?

ה. למה סעדה ביקשה מהחמור לא לרוץ מהר?

ז-48 **שאלות**

א. למה היהודים רצו שהמשיח יבוא?

ב. אתה חושב שהמשיח יבוא?

ג. אומרים שזאת אגדה טְרַגִי-קוֹמֶדְיָה. מה אתה חושב?

ז-49

SUMMARY (סיכום)

In this chapter you have learned the following:

1. How to express 'in order to': (infinitive) כְּדֵי + שם הפועל
2. How to express 'so that': כְּדֵי + שֶ-
3. The future tense (זמן עתיד) of Pi'el (פיעל)
4. Impersonal sentences (משפטים סְתָמִיִּים)
5. These new words:

It's impossible	אִי-אֶפְשָׁר
sure, certain	בָּטוּחַ
visit	בִּיקֵר
cook (v.)	בִּישֵׁל
Bar Mitzvah	בַּר-מִצְוָוה
man	גֶּבֶר
religious	דָּתִי
destroy	הָרַס

holiday	חַג (ז.)
celebrate	חָגַג
rope, thread	חוּט (ז.)
animal	חַיָּה (נ.)
education	חִינּוּךְ (ז.)
Chalah	חַלָּה (נ.)
donkey	חֲמוֹר (ז.)
phone (v.)	טִילְפֵּן
in order (to)	כְּדֵי
so that	כְּדֵי שֶׁ-
glass	כּוֹס (נ.)
special	מְיוּחָד (ז.) מְיוּחֶדֶת (נ.)
custom	מִנְהָג (ז.)
tradition	מָסוֹרֶת (נ.)
normal	נוֹרְמָלִי (ז.)
candle	נֵר (ז.) נֵרוֹת (ר.)
drag (v.)	סָחַב
psychiatrist	פְּסִיכִיאַטוֹר (ז.)
right (person)	צוֹדֵק
ring	צִילְצֵל
yell, shout	צָעַק
first, beforehand	קוֹדֵם
tie (v.)	קָשַׁר
leg, foot	רֶגֶל (נ.) רַגְלַיִים (ר.)
idea	רַעְיוֹן (ז.) רַעְיוֹנוֹת (ר.)
dance (v.)	רָקַד
gourd, watch (a custom, law)	שָׁמַר (עַל)
Yemen	תֵּימָן (נ.)
prayer	תְּפִילָּה (נ.)

פֶּרֶק ח UNIT

PART ONE – The inflection of the preposition ‎-‎מְ‎ ‎ ‎ ‎ ‎ ‎ ‎ ‎ ‎ ‎ ‎ ‎ ‎ ‎ חלק ראשון – ההטיה של מְ‎-

ח-1   מחלק החלב

מילים חדשות

give out, distribute	חִילֵק
Milk Man	מְחַלֵק חָלָב
note	פֶּתֶק (ז.)
bottle	בַּקבּוּק (ז.)

הוא מקבל **מִמֶנִי פֶּתֶק** כל בוקר. אני מבקשת **מִמֶנוּ** לשׂים על-יד הדלת שלי **בַּקבּוּקים**
של **חָלָב**. הוא מבקש **מִמֶנִי** חצי לירה בשביל כל **בַּקבּוּק**. הוא בא לקחת **מֵאִיתָנוּ** את
הכסף כל יום שישי.

ח-2   תרגיל

חזור על המשפטים הבאים:

א.   הוא מקבל מִמֶנִי פתק.

ב.   אני מבקשת מִמֶנוּ חלב.

ג.   הוא לוקח מֵאִיתָנוּ כסף כל שבוע.

ד.   אמא ביקשה מֵהֶם לחזור מוקדם.

ה.   דני לקח מִמְךָ ספר?

ו.   אני לא רוצה מִמֶכֶם שום דבר.

ח-3

GRAMMAR POINTS

The inflection of the preposition -מִ 'from'

The inflection of -מִ with a pronoun is as follows:

נקבה	זכר	
מִמֶּנִּי מִמֵּךְ מִמֶּנָּה	מִמֶּנִּי מִמְּךָ מִמֶּנּוּ	יחיד
מֵאִיתָּנוּ מִמְּכֶן מֵהֶן	מֵאִיתָּנוּ מִמְּכֶם מֵהֶם	רבים

In formal Hebrew one finds מִכֶּם instead of מִמְּכֶם, and מִכֶּן instead of מִמְּכֶן.

ח-4 תרגיל בעל-פה

חזור על המשפטים הבאים עם המלים הבאות.

א. לקחתי מִמְּךָ את הספר.

1. ממנו
2. ממנה
3. ממכם
4. מהם
5. מִמֵּךְ
6. מהם

ב. הוא קיבל מִמֶּנִּי תמונה.

1. ממך
2. מאיתנו
3. ממכם
4. מהן
5. ממני
6. ממכן

ג. קניתי מִמֶּנּוּ עיתון.

1. ספר
2. ביקשתי
3. ממכם
4. קפה
5. ממנה
6. מהן

ד. היא ביקשה מֵאִיתָּנוּ לבוא הביתה.

1. ממנו
2. למסעדה
3. ממני
4. לאוניברסיטה
5. ממכם
6. ממך

ח-5 <u>תרגיל</u>

Rewrite the following sentences according to the example.

דוגמא: אני אחזור מהחבר שלי בערב. (מאוחר)
אני לא אחזור מִמֶּנּוּ מאוחר.

א. הוא יבקש מההורים שלי כסף. (הרבה)
הוא לא...

ב. הם יקבלו ממך ומגברת לוי שיעור בעברית. (שיעור בהִסטוריה)
הם לא...

ג. ביקשתי מהדודים שלי לשלוח לי כרטיס. (כסף)
לא...

ד. הם יחזרו מרחל וממני באוטובוס. (במכונית)
הם לא...

ה. המורה תבקש מהאמהות לעזור לה פעם בשבוע. (כל יום)
היא לא...

ו. תקבל מאיתנו עשר לירות. (שתים-עשרה לירות)
לא...

ח-6 <u>תרגיל</u>

א. ההורים שלנו ביקשו שנאכל אוכל טוב. הם ביקשו שנאכל הרבה גבינה וביצים. הם ביקשו שנרוץ כל יום, כדי שנהיה בריאים. הם ביקשו שנכתוב להם מכתב כל

שבוע ושנבקר איתם כל חודש. הם גם ביקשו שנלמד טוב.

ב. Rewrite the above paragraph. Start with:

ההורים שלנו ביקשו מאיתנו לאכול אוכל טוב. הם ביקשו...

ג. Repeat the above paragraph starting with:

ההורים של רינה ביקשו ממנה...

ח-7 תרגיל

Fill in the blanks with the right form of the verb in parentheses.

הם ביקשו ממני ________ (עשה) קפה. הם ביקשו שהבעל שלי ________ (עזר) להם לסדר

את הבית כי לא היה להם חשק לסדר אותו. הם ביקשו ש ________ (סגר) את הטלוויזיה

כי הם צריכים ללמוד. הם ביקשו ש________ (דיבר) בשקט כי הילד שלהם במיטה. הם ביקשו

אותנו ________ (הלך) מוקדם הביתה כי הם רוצים לישון.

ח-8 דיאלוג

Complete the dialog with the correct form of -מ.

הגברת שבתאי מדברת עם מחלק החלב.

גברת שבתאי: ביקשתי ________ לשים שלושה בקבוקים של חלב ביום שישי, למה לא שמת?

מחלק החלב: כי לא קיבלתי ________ כסף. לא מקבלים ________ חלב אם לא משלמים.

גברת שבתאי: הבעל שלי שילם לך לפני שבוע. לקחת ________ כסף לשלושה שבועות.

מחלק החלב: נכון, אבל עם האינפלציה הכסף לא מספיק היום אפילו לשבוע.

ח-9 תרגיל - אני לומד לטינית

LOAN WORD

Latin	לָטִינִית (נ.)

א. המורה שלי לְלָטִינִית מבקש ממני ללמוד עשׂרים מילים חדשות כל יום הוא מבקש ממני לקרוא סיפורים משעממים של סִיסֶרוֹ והוא רוצה לקבל ממני כל יום עשרה תרגילים ועבודה בְּלָטִינִית.

ב. Rewrite the above parpgraph. Begin with:

1. גם יוסף לומד לטינית. גם המורה שלו...
2. גם האחות שלי לומדת לטינית. גם המורה שלה...
3. את לומדת לטינית. המורה שלך...

חלק שני - יוֹתֵר / פָּחוֹת — PART TWO - Comparatives

שְׁמוֹת תוֹאַר מִשְּׁמוֹת אֲרָצוֹת — Adjectives formed from names of countries

מילים חדשות

more	יוֹתֵר
less	פָּחוֹת
fat	שָׁמֵן, שְׁמֵנָה (נ.)
thin, slim	רָזֶה, רָזָה (נ.)
stupid	טִיפֵּשׁ, טִיפְּשָׁה (נ.)
smart	פִּיקֵחַ, פִּיקְחִית (נ.)

למה איתה?

הוא יוצא עם בחורה נֶחמדה אבל היא **יוֹתֵר שְׁמֵנָה** ממני - אני הרבה **יוֹתֵר רָזָה** ממנה. כל אחד גם אומר שהיא **פָּחוֹת פִּיקְחִית** ממני. אומרים אפילו שהיא **טִיפְּשָׁה** מאוד. אבל היא יוֹתֵר עשירה ממני...

ח-11 **תרגיל**

חזור על המשפטים הבאים.

א. היא יותֵר שְמֵנָה ממני.
ב. אני יותֵר רָזָה ממנה.
ג. היא פָחות פִּקְחִית ממני.
ד. היא יותֵר עשירה ממני.

ח-12

GRAMMAR POINTS

1. Comparison of adjectives

The following constructions are used for the comparison of adjectives:

1. X יותֵר adjective -מִ

דוגמאות:

- היא יותֵר שְמֵנָה מֵחנה.

She is fatter than Hannah.

- היא יותֵר שְמֵנָה מִמנה.

She is fatter than her.

2. X פחות adjective -מִ

דוגמאות:

- היא פָחות יָפָה מֵחנה.

She is less beautiful than Hannah.

- היא פָחות יָפָה מִמנה.

She is less beautiful than her.

Note that the preposition -מִ corresponds to the English 'than'.

2. Comparison of adverbs

In the comparison of adverbs the following constructions are used:

1. X verb... יותר adverb מ-

דוגמאות:

- חנה שרה יוֹתֵר יָפֶה מִשׂרה.

Hannah sings more beautifully than Sarah.

- חנה שרה יוֹתֵר יָפֶה מִמנה.

Hannah sings more beautifully than her.

2. X verb... פחות adverb מ-

דוגמאות:

- חנה לומדת פָּחוֹת טוֹב מִשׂרה

Hannah studies less well than Sarah.

- חנה לומדת פָּחוֹת טוֹב מִמנה.

Hannah studies less well than her.

3. Note the difference between יוֹתֵר and עוֹד:

דוגמא:

- היא יוֹתֵר פיקחית (מִשׂרה)

She is smarter (than Sarah).

- היא שתתה יוֹתֵר חלב מִכל אחד אחר.

She drank more milk than anybody else.

But:

היא רוצה עוֹד חלב.

She wants more milk.

Note that only יותר is used in comparative sentences.

4. The construction לא... יותר means 'not ...any longer'.

דוגמאות:

- היא לא רוצה לראות אותו יוֹתֵר.

She doesn't want to see him any longer.

- הם לא אוכלים כאן יוֹתֵר.

They don't eat here any longer.

ח-13 תרגיל

כתוב משפטים עם **יותר**.

דוגמא: חיים / נחמד / אתה

חיים יותר נחמד ממך.

א. יעקב / גבוה / אביו

ב. הוא חוזר הביתה / מאוחר / אנחנו

ג. היא / צעירה / הוא

ד. ההורים שלו / זקנים / ההורים שלה

ה. הוא / נחמד / האישה שלו

ו. אני / נמוך / אתה

ז. היא קמה / מוקדם / אני

ח. אני / רומנטית / הבעל שלי

ח-14 תרגיל

Fill in the blanks with יותר or עוד;

ביום שישי מכרו בזול בגדים בחנויות בקמפוס. החולצות היו מאוד זולות. מכנסיים היו ________ יקרים. אישה אחת קנתה מכנסיים ועשר חולצות ורצתה ________ כמה, אבל בחנות לא היו ________. היא לא רצתה ________ מכנסיים. כמה אנשים רצו גם לקנות ________ מכנסיים אבל היו הרבה ________ מעילים בחנות ממכנסיים כי מעילים לא היו ________ זולים.

ח-15 <u>תרגיל</u>

Compare:

דוגמא: יש הרבה סטודנטים בָאוניברסיטה של שִיקָגוֹ אבל יש הרבה מאוד סטודנטים בָאוניברסיטה של אִילִינוֹי.

האוניברסיטה של אילינוי **יוֹתֵר** גדולה מֵהאוניברסיטה של שיקגו.

א. היא בת 35 והוא בן 45.

______________________________.

ב. הבן שלך פיקחַ אבל הבן שלי מאוד פיקח.

______________________________.

ג. בשיקגו גרים 3 מיליון אנשים אבל בניו-יורק גרים 8 מיליון אנשים.

______________________________.

ד. לרוקפלר יש הרבה כסף אבל לפול גטי יש הרבה מאוד כסף.

______________________________.

ה. הָאָמָזוֹנַס רחב אבל המיסיסיפי רחב מאוד.

______________________________.

ו. הקֶנְיוֹן השחור בקולורדו גדול אבל הקניון הגדול באריזונה גדול מאוד.

______________________________.

ז. הקִילִמַנְזַ'ירוֹ גבוה אבל האֶבֶרֶסְט גבוה מאוד.

______________________________.

ח. הוא חכם אבל היא מאוד חכמה.

______________________________.

ח-16 <u>תרגיל</u>

כתוב איזה מקום יותר גדול.

דוגמא: ישראל - לְבָנוֹן

ישראל יותר גדולה מלבנון.

א. ניו-יורק - שיקגו.

ב. צָרְפַת - אִיטַלְיָה.

ג. בְּרָזִיל - אַרְגֶנְטִינָה.

ד. מֶקְסִיקוֹ - וֶנֶצוּאֶלָה.

ה. הוֹלַנְד - אַנְגְלִיָה.

ו. פֵּרוּ - סִין.

ז. רוסיה - אמריקה.

ח. לונדון - פריז.

ט. תל-אביב - ירושלים.

ח-17 קטע קריאה

מילים חדשות

קְצָת	a little, a bit
מַלְכַּת יוֹפִי	beauty queen
עָמַד	stand

LOAN WORDS

מֶטֶר (ז.)	meter (40 inches)
קִילוֹגְרַם (ק"ג)(ז.)	kilogram (2.2 lbs)
בְּלוֹנְדִינִי	blond

מלכת היופי

הִנֵה **מַלְכַּת הַיוֹפִי הַצָרְפָתִית**. היא גבוהה (1.70 מֶטֶר) ורזה (54 ק"ג) אבל לא כל-כך יפה. ועל-יד מַלְכַּת הַיוֹפִי הַצָרְפָתִית עוֹמֶדֶת מַלְכַּת הַיוֹפִי **הָאַנְגְלִית**. היא בְּלוֹנְדִינִית וּקְצָת שמנה (65 ק"ג) אבל היא פיקחית מאוד; היא יודעת מה להגיד והאנשים אוהבים אותה. על-יד מַלְכַּת הַיוֹפִי הָאַנְגְלִית עוֹמֶדֶת מַלְכַּת הַיוֹפִי שֶׁל אִיטַלְיָה. היא נְמוּכָה (1.59 מטר) אבל יפה מאוד. אין לה הרבה שֵׂכֶל: היא מדברת כל הזמן ואף אחד לא יודע עַל מה.

על-יד מַלְכַּת הַיוֹפִי **הָאִיטַלְקִית** עוֹמֶדֶת מַלְכַּת הַיוֹפִי **הָהוֹלַנְדִית**. היא גבוהה (1.75 מֶטֶר) ורזה (56 ק"ג) וגם יפה מאוד. הַמַלְכָּה **הָאֲמֵרִיקָאִית** לא באה. הַהוֹלַנְדִית בטח תהיה **מַלְכַּת הַיוֹפִי** של העולם!

ח-18

VOCABULARY NOTE

1. Adjectives from names of countries are generally formed by adding the prefix Xִי- (m. sg.) ,Xִית- (f. sg.), Xִים- (m. pl.) , Xִיּוֹת- (f. pl.).

דוגמאות:

f. pl.	m. pl.	f. sg.	m. sg.	
יִשְׂרְאֵלִיּוֹת	יִשְׂרְאֵלִים	יִשְׂרְאֵלִית	יִשְׂרְאֵלִי	יִשְׂרָאֵל
צָרְפָתִיּוֹת	צָרְפָתִים	צָרְפָתִית	צָרְפָתִי	צָרְפַת
אֲמֵרִיקָאִיּוֹת	אֲמֵרִיקָאִים	אֲמֵרִיקָאִית	אֲמֵרִיקָאִי	אֲמֵרִיקָה
אַנְגְלִיּוֹת	אַנְגְלִים	אַנְגְלִית	אַנְגְלִי	אַנְגְלִיָה

2. Names of languages are generally formed be adding the feminine adjectival suffix Xִית- to the name of the country.

דוגמאות:

אַנְגְלִיָה - אַנְגְלִית
צָרְפַת - צָרְפָתִית
סִין - סִינִית
הוֹלַנְד - הוֹלַנְדִית

ח-19 **תרגיל**

Compare the beauty queens:

מי יותר יפה?
מי יותר שמנה?
מי יותר גבוהה?
מי יותר פיקחית?

א. מלכת היופי האיטלקית ומלכת היופי ההולנדית.
ב. מלכת היופי האיטלקית ומלכת היופי האנגלית.

ג. מלכת היופי הצרפתית ומלכת היופי האיטלקית.

ד. מלכת היופי האנגלית ומלכת היופי ההולנדית.

ח-20 האינפלציה

מילים חדשות

בָּשָׂר (ז.)	meat
יְרָקוֹת (ז. ר.)	vegetables
יֶרֶק (ז. י.)	
פֵּירוֹת (ז. ר.)	fruit
פְּרִי (ז. י.)	

א. גברת לֵוִי: **הַבָּשָׂר** יקר מאוד! הוא עולה הרבה יותר מכל דבר אחר.
גברת כֹּהֵן: את מספרת לי!? עכשיו אנחנו אוכלים רק **יְרָקוֹת, פֵּירוֹת וְלֶחֶם** כל השבוע **וּבָשָׂר** רק ביום שבת.

ב. גברת לוי היתה בחנות בבוקר. היא קנתה בָּשָׂר, יְרָקוֹת, פֵּירוֹת וְלֶחֶם ושילמה:

בשר - 20 לירות
ירקות - 10 לירות
פירות - 12 לירות
לחם - לירה

מה יותר יקר?

ירקות / בשר
פירות / בשר
בשר / לחם
לחם / ירקות
ירקות / פירות

ח-21 סלטים

מילים חדשות

different	שׁוֹנֶה, שׁוֹנָה (נ.)
tomato	עַגְבָנִיָּה (נ.)
pepper	פִּילְפֵּל (ז.)
cucumber	מְלָפְפוֹן (ז.)
lettuce	חַסָּה (נ.)
onion	בָּצָל (ז.)

LOAN WORD

| salad | סָלָט (ז.) |

הַסָּלָט הישראלי שׁוֹנֶה מֵהַסָּלָט האמריקאי. בישראל שמים בַּסָּלָט הרבה עַגְבָנִיּוֹת,
פִּילְפְּלִים, מְלָפְפוֹנִים וּבָצָל. לא שמים בַּסָּלָט חַסָּה, כמו האמריקאים.

א. כְּתוֹב מה האמריקאים שמים בַּסָּלָט שלהם.

ב. כתוב מה אתה יותר אוהב.

דוגמא: אני אוהב עַגְבָנִיּוֹת יותר מְמְּלָפְפוֹנִים.

עגבניות / פילפלים

פילפלים / מלפפונים

עגבניות / מלפפונים

חסה / עגבניות

חסה / פילפלים

בצל לבן / בצל ירוק

ח-22 ארוחת ערב

מילים חדשות

| potato | תַּפּוּחַ אֲדָמָה (ז.) תַּפּוּחֵי אֲדָמָה (ר.) |
| rice | אוֹרֶז (ז.) |

גֶזֶר (ז.)	carrot
מֶלַח (ז.)	salt

לארוחת ערב אני אוכל סָלָט עם הרבה יְרָקוֹת וְלֶחֶם. אני אוהב לשים בסלט קצת **מֶלַח** ופילפל שחור. עם הבשׂר אני אוהב לאכול **תַפּוּחֵי אֲדָמָה** או **אוֹרֶז** עם **גֶזֶר**. אני מבשל את **תַפּוּחֵי הָאֲדָמָה בְּמַיִם** חמים עם **מֶלַח**. לפעמים אני גם עושה צ׳יפס **מִתַּפּוּחַ אֲדָמָה** אחד או שניים. גם את **הַגֶזֶר** שאני שׂם בסלט אני אף פעם לא מבשל, אני רק רוחץ אותו במים קרים.

א. מה אתה אוכל לארוחת ערב?

ב. גמור את המשפטים הבאים.

דוגמא: בישראל אוכלים **ירקות ופירות**

בסין אוכלים...

באמריקה...

ברוסיה...

במכסיקו...

באיטליה....

בצרפת....

ח-23 תרגיל

א. כתוב מה הרופא אמר לך לאכול כדי שתהיה בריא.

דוגמא: ביצים / לחם

תאכל יותר ביצים מלחם כדי שתהיה בריא.

1. גזר / צ׳יפס

כדי שתהיה בריא

2. בשר / תפוחי-אדמה

כדי שתהיה בריא

3. ירקות / לחם

כדי שתהיה בריא

ב. אכלתי והייתי בריא אבל גם שמן. שאלתי חברים שלי והם אמרו לי משהו אחר. כתוב מה שהם אמרו לך.

דוגמא: ביצים / פילפלים

תאכל פחות ביצים מפילפלים כדי שתהיה רזה.

1. אורז / מלפפונים
כדי שתהיה רזה
2. תפוחי-אדמה / חסה
כדי שתהיה רזה
3. לחם / עגבניות
כדי שתהיה רזה
4. אורז / פירות
כדי שתהיה רזה
5. ביצים / בשר
כדי שתהיה רזה

ח-24 תרגיל

כתוב את הַצֶּבַע של הדברים הבאים.

דוגמא: העגבניות אדומות.

א. הפילפלים
ב. האורז
ג. תפוחי-האדמה
ד. המלפפונים
ה. המלח
ו. החסה
ז. הלחם

ח-25 תרגיל

א. משפחת כַּרְמֵלִי מחיפה אוכלת בבוקר ביצים וסלט ושותה קפה. בצוהריים הם אוכלים סלט, בשר ותפוחי-אדמה או אורז ובסוף פירות. בערב הם אוכלים ביצה עם

ירקות והבן לפעמים אוכל גם יוֹגוּרְט כשיש לו חשק.

ב. כתוב איזה ארוחה אצל משפחת כרמלי יותר גדולה.

ארוחת הצוהריים - ארוחת הבוקר

ארוחת הערב - ארוחת הצוהריים

ג. כתוב מה אתה אוכל בארוחת בוקר, בארוחת צוהריים ובארוחת ערב.

ח-26 <u>מה אוכלים בישראל</u>

<u>מילים חדשות</u>

שׁוּק (ז.) שְׁוָוקִים (ר.)	market
לָכֵן	therefore
טָרִי, טְרִיָּה (נ.)	fresh
מְבוּשָׁל, מְבוּשֶׁלֶת (נ.)	cooked

א. בישראל יש הרבה מנהגים של אוכל כי יש אנשים מהרבה ארצות. כשהם באו לישראל הם באו עם המנהגים של הארצות שלהם.

יהודים מרוסיה אוכלים יותר אוכל רוסי ויהודים מִתֵּימָן אוכלים יותר אוכל תימני. אבל אנחנו יכולים להגיד שיש כבר אוכל ישראלי.

הבשׂר יקר, **לָכֵן** אוכלים בישראל הרבה ירקות **טְרִיִּים** כמו פילפלים, עגבניות ומלפפונים. המשפחה הישראלית אוכלת סלט ירקות בבוקר, ירקות טְרִיִּים או **מְבוּשָׁלִים** בַּצָּהֳרַיִים עם או בלי בשר וסלט ירקות גם בערב. בישראל אוכלים גם הרבה פירות כי הם טובים מאוד וזולים. הישראלים אוהבים לאכול גם דברים שעושים מחלב כמו גבינות ויוגורט.

הרבה ישראלים הולכים לקנות אוכל **בַּשּׁוּק**. **בַּשּׁוּק** יש הרבה אנשים והוא גם קצת מלוכלך. אבל האוכל **טָרִי** וגם יותר זול מהאוכל בחנות או בסופרמרקט.

ב. ענה על השאלות.

1. מה אוכלים באמריקה?
   - בארוחת בוקר
   - בארוחת צוהריים
   - בארוחת ערב

2. ראית פעם שוק? כתוב על השוק שראית.

PART THREE - The superlative and the expression of equivalence.

חלק שלישי - הֲכִי / הֲכִי פָּחוֹת / כְּמוֹ

ח-27 הילד הקטן

מילים חדשות

the most	הֲכִי
the least	הֲכִי פָּחוֹת

LOAN WORD

guitar	גִיטָרָה (נ.)

הוא לא **כְּמוֹ** הילדים האחרים בבית. הוא הבן **הֲכִי** קטן. הוא מקבל את הבגדים **הֲכִי** יפים. הוא נוסע **הֲכִי** הרבה לפריז וללונדון והוא לומד **גִיטָרָה** אצל המורה **הֲכִי** טוב בעיר. אבל הוא יודע **הֲכִי פָּחוֹת** על החיים.

ח-28 תרגיל

חזור על המשפטים הבאים.

א. הוא לא כְּמוֹ הילדים האחרים.

ב. הוא הבן הֲכִי קטן.

ג. הוא מקבל את הבגדים הֲכִי יפים.

ד. הוא יודע הֲכִי פָּחוֹת על החיים.

ח-29

GRAMMER POINTS

1. Superlatives

   a. In Hebrew the superlative is formed by placing the word הכי (the most) or הכי פחות (the least) before the adjective or adverb that they modify.

With Adjectives:

היא הֲכִי יפה במשפחה שלה.

She is the prettiest in her family.

היא הֲכִי פָּחות פיקחית בכיתה.

She is the least clever in the class.

With Adverbs:

אני רצה הֲכִי מהר בכיתה שלי.

I run the fastest in my class.

b. Notice that הֲכִי הַרְבֵּה is the superlative of 'much' (הרבה) and הֲכִי פָּחות means 'the least'.

דוגמאות: היא אוכלת הֲכִי הַרְבֵּה.

She eats the most.

הוא אוכל הֲכִי פָּחות.

He eats the least.

2. Equivalences

In Hebrew, the word כְּמוֹ can be used to form sentences like "as ... ADJECTIVE/ADVERB ... as".

דוגמאות: היא טיפשה כְּמוֹ האחות שלה.

She is as stupid as her sister.

היא רצה מהר כְּמוֹ האח שלה.

She runs as fast as her brother.

3. Learn the following expressions:

א. פָּחות או יוֹתֵר 'more or less'

הוא יקבל פָּחות או יוֹתֵר 10 לירות לשעה.

He'll get more or less ten pounds an hour.

ב. יוֹתֵר מִדַּי 'too (much)'

- הוא יוֹתֵר מִדַּי שמן.

He is too fat.

- אכלתי יוֹתֵר מִדַּי.

I ate too much.

ג. פָּחוֹת מִדַּי 'too little'

- את אוכלת פָּחוֹת מִדַּי.

You eat too little.

- היא פָּחוֹת מִדַּי עשירה.

She is not rich enough.

Notice: דַּי means 'enough'.

Thus, יותר מדי literally means 'more than enough'.

פחות מדי literally means 'less than enough'.

ח-30 תרגיל בעל-פה

חזור על המשפטים הבאים עם המילים הבאות.

א. היא הֲכִי יפה במשפחה שלה.

1. הוא	4. האח שלה
2. מרים	5. את
3. הם	6. הן

ב. הכסא הזה הֲכִי פחות כבד.

1. ישן	4. רחב
2. גבוה	5. כבד
3. יפה	6. הספה הזאת

ג. הוא טיפש כְּמוֹ האחות שלו.

1. האישה שלו	4. כל אחד
2. החברה שלו	5. אחות שלו
3. אח שלו	6. החתול שלו

ח-31 <u>תרגיל</u>

קְרָא עוד פעם את ח-27 וכתוב על הבת הכי גדולה בבית.
כתוב: היא לא כמו הילדים האחרים בבית...

ח-32 <u>תרגיל</u>

כתוב את המשפטים הבאים עוד פעם עם "הכי" או "הכי פחות".

דוגמא: הוא רץ יותר מהר מכל אחד אחר.
הוא רץ הכי מהר.

א. הם עובדים יותר קשה מכל אחד אחר.
ב. למה אתם נותנים טיפ פחות מכל אחד אחר?
ג. היא למדה פחות מכל אחד אחר אבל הבחינות שלה היו יותר טובות מהבחינות של כל אחד אחר.
ד. את מסדרת את הבית פחות מכל אחד אחר.
ה. אנחנו ביקרנו אותה בבית-חולים פחות מכל אחד אחר.
ו. שתית בירה יותר מכל אחד אחר אבל אכלת פחות מכל אחד אחר.
ז. קמת יותר מוקדם מכל אחד אחר אבל הלכת לעבודה יותר מאוחר מכל אחד אחר.

ח-33 <u>תרגיל</u>

Rewrite the following sentences. Use <u>כמו</u>.

דוגמא: שרה יפה אבל גם חנה יפה.
חנה יפה כמו שרה.

א. הבעל שלך נחמד אבל גם הבעל שלי נחמד מאוד.
ב. הבן שלך פיקח אבל גם הבן שלי פיקח מאוד.
ג. הבית שלך גדול אבל גם הבית שלי גדול מאוד.
ד. הבת שלך יפה אבל גם הבת שלי יפה מאוד.
ה. המשפחה שלכם עשירה אבל גם המשפחה שלנו עשירה מאוד.
ו. התמונות בבית שלכם יקרות אבל גם התמונות בבית שלנו יקרות מאוד.
ז. הבעל שלך איש חשוב אבל גם הבעל שלי איש חשוב מאוד.
ח. הרהיטים שלך חדשים אבל גם הרהיטים שלנו חדשים מאוד.

ח-34 <u>תרגיל</u>

א. כתוב משפטים מהמילים הבאות.

דוגמאות: הוא / יותר / עשיר / אתה
הוא יותר עשיר ממך.

1. הוא / יותר / שמן / את
2. הילדים שלי / יותר / גבוה / הילדים שלה
3. רוברט רדפורד / פחות / יפה / פול ניומן
4. הן / הכי / טיפש / אתה
5. הכסאות במרפסת / יותר / כבד / הכסאות במטבח
6. היא / יותר / מאושר / את

ב. Write sentences with the same meaning as those in א:

דוגמא: הוא יותר עשיר ממך.
1. אתה יותר עני ממנו.
או 2. אתה פחות עשיר ממנו.

ג. Write sentences which mean the opposite of the sentences which follow:

דוגמא: היא אוכלת יותר מדי מהר.
היא אוכלת יותר מדי לאט.

1. היא תמיד מדברת הכי הרבה.
2. את יושבת בבית יותר מדי.
3. אתם אוכלים פחות מדי.
4. את הכי גבוהה במשפחה.
5. היא יותר פיקחית מאחות שלה.

ח-35

א. <u>בחור עצוב</u>

כל אחד יותר פיקח ממני. אני הכי טיפש. הבוס שלי אוהב אותי הכי פחות כי כל אחד יודע לעבוד יותר טוב ממני. גם בחורות לא אוהבות אותי ואני יושב הכי הרבה בבית עם ההורים שלי.

ב. כתוב את א עוד פעם אבל עכשיו על בחורה עצובה.
כתוב:
כל אחד יותר פיקח ממני. אני הכי טיפשה...

ג. כתוב על בחור שחושב שהוא הכי טוב.
המילים הראשונות יהיו:
כל אחד פחות פיקח ממני. אני הכי פיקח...

ח-36 קטע

א. רוֹבֶּרט ג'וֹנְס מִמוֹנְטִיסֶלוֹ אִילִינוֹי היה האיש הכי שמן בעולם (1069 פָּאוּנְד, 486 ק"ג). הרופא אמר לו שהוא צריך להיות יותר רזה. הוא אכל הרבה שוקולד אבל הוא לא אכל פירות. הוא גם אכל הרבה תפוחי אדמה אבל לא אכל מספיק פילפלים ועגבניות. הוא ישב הרבה בבית ולא עשה ספורט. הוא נסע הרבה במכונית וכמעט לא הלך ואף פעם לא רץ.

ב. כתוב את א עוד פעם. כתוב עם "יותר מדי" או "פחות מדי".

דוגמא: הוא היה יותר מדי שמן...

ח-37 סיפור

Complete with: הכי, יותר, פחות, יותר מדי, פחות מדי

היא היתה ________ יפה בעיר. הבחורים רצו להיות איתה ________ הרבה אבל אף אחד לא היה מספיק טוב. זה היה ________ נמוך וזה היה ________ טיפש וזה היה ________ עשיר.

השנים עברו. כל הבחורות מצאו כבר בעלים אבל היא עוד היתה לבד.

עכשיו כבר ________ בחורים באו לבית שלה וגם היא דיברה ________ על "הבחור האידיאלי". אבל גם עכשיו כל בחור היה ________ שמן או ________ אינטליגנטי.

בסוף, בחורים בכלל לא באו לראות אותה. כל אחד מהם מצא אישה ________ צעירה ו________ נחמדה ממנה.

כשכל החברות שלה כבר היו סַבְתוֹת היא מצאה בחור לא יפה ועני...

ח-38 תרגום

1. My husband works too much. We see each other too little.
2. Rice is the least expensive food in China; Therefore one eats it the most.
3. People in America like to eat meat more than any other food.
4. She is as smart as her father but not as beautiful as her mother.
5. The oldest city in the world is in Israel.
6. He is richer than me but I'm the smartest.
7. He sleeps too much and reads too little.
8. He is as slim as Moshe.
9. I like salad with a lot of fresh vegetables and without much lettuce.
10. Because I ate less than her I wanted more fruit after dinner.

PART FOUR - Review

חלק רביעי - חזרה

ח-39

המשפחה שלי

המשפחה שלי לא כל כך עשירה אבל יש לנו את הבית הַכִי יפה בָּרחוב. אבא שלי הכי גדול במשפחה - הוא בן ארבעים ושמונה. הוא גם הכי שמן, כי הוא אוהב לאכול. אמא שלי עובדת אבל היא עושה פחות כסף מאבא שלי. אבא שלי עושה הכי הרבה כסף במשפחה אבל הוא גם עובד הכי קשה.

יש לי גם אח ואחות. אח שלי קצת יותר גדול ממני והוא גם הכי גבוה והכי רזה במשפחה אבל אחות שלי הכי יפה. היא אפילו יותר יפה מאמא שלי.

היא גם הבת הכי צעירה במשפחה. היא רק בת ארבע-עשרה.

רק אחות שלי גרה עוד עם ההורים שלי. אני והאח הגדול שלי כבר לא גרים איתם. אנחנו לומדים באוניברסיטה, כל אחד בעיר אחרת. אח שלי לומד הרבה יותר ממני, כי הוא רוצה להיות רופא. אבל אני יותר חכם ויפה ממנו ואני לא אוהב ללמוד קשה כמו האח שלי. אבל אני אוהב את אח שלי כמו שהוא אוהב אותי. אנחנו גם אוהבים לבקר ביחד את המשפחה הנחמדה שלנו כשאין לנו יותר מדי עבודה ובחינות.

ח-40 <u>שאלות</u>

א. מי הכי פחות צעיר במשפחה שלי?
ב. מי הכי צעיר במשפחה שלי?
ג. כמה אנשים יש במשפחה שלי?
ד. מי עושה יותר כסף במשפחה?
ה. מי הכי פחות נמוך במשפחה?
ו. מי פחות חכם ממי במשפחה?
ז. מי הכי פחות שמן במשפחה?
ח. מי לומד יותר? אני או אח שלי? למה?
ט. מתי אני מבקר את המשפחה שלי?
י. אני הרבה יותר צעיר מאח שלי?

ח-41 <u>תרגיל</u>

א. כתוב על המקום הכי יפה שראית.
ב. כתוב על החברים שלך והמשפחה שלך. כתוב עם המילים: יותר, פחות, והכי...

דוגמא: (מי יותר גבוה, מי יותר נמוך, מי יותר שמן, מי יותר פיקח...)

ח-42 <u>תרגיל</u>

כתיב מה אתה רואה בתמונות הבאות.

ח-43 <u>תרגום</u>

1. I wrote a note to my American girl friend to come home quickly.
2. In Israel they sell beer only in bottles.
3. I like cooked rice as the Chinese do.
4. I think, therefore I live.
5. Even if she is the most beautiful young woman here, she is not yet a beauty queen.
6. After I eat lunch, I'll finish the meal with some fruit.
7. After she distributed the exams we started answering them.
8. We will study very hard before the exam.
9. I like English more than Latin but I like Hebrew the most.

ח-44

SUMMARY (סִיכּוּם)

In this chapter you have learned:

1. The inflection of the preposition מ-.
2. Comparatives (יוֹתֵר / פָּחוֹת)
3. The superlative and expressions of equivalence
   הֲכִי, הֲכִי פָּחוֹת, כְּמוֹ.
4. Adjectives formed from names of countries.
5. The following new words:

rice	אוֹרֶז (ז.)
onion	בָּצָל (ז.)
bottle	בַּקְבּוּק (ז.)
meat	בָּשָׂר (ז.)
carrot	גֶזֶר (ז.)
the most	הֲכִי
the least	הֲכִי פָּחוֹת
distribute	חִילֵק

lettuce	חַסָה (נ.)
stupid	טִיפֵּש
fresh	טָרִי
more	יוֹתֵר
vegetables	יְרָקוֹת (ז. ר.) יֶרֶק (י.)
therefore	לָכֵן
cooked	מְבוּשָׁל
Milk Man	מְחַלֵּק חָלָב
salt	מֶלַח (ז.)
beauty queen	מַלְכַּת יוֹפִי
cucumber	מְלַפְפוֹן (ז.)
tomato	עַגְבָנִיָה (נ.)
stand	עָמַד
less	פָּחוֹת
more or less	פָּחוֹת אוֹ יוֹתֵר
pepper	פִּילְפֵּל (ז.)
smart	פִּיקֵחַ (ז.) פִּיקְחִית (נ.)
fruit	פֵּירוֹת (ז. ר.) פְּרִי (י.)
chapter	פֶּרֶק (ז.)
note	פֶּתֶק (ז.)
a little, a bit	קְצָת
slim, thin	רָזֶה
different	שוֹנֶה
market	שוּק (ז.) שְׁוָוקִים (ר.)
fat	שָׁמֵן
potato	תַפּוּחַ-אֲדָמָה (ז.)

<u>LOAN WORDS</u>

blond	בְּלוֹנְדִינִי
guitar	גִיטָרָה (נ.)
Latin	לָטִינִית (נ.)
meter	מֶטֶר (ז.)
salad	סָלָט (ז.)
Kilogram	קִילוֹגְרַם (ז.)

UNIT   פֶּרֶק ט

PART ONE – Parts of the body   חֵלֶק ראשון – חֲלָקִים של הַגוּף
The dual   הַזְּוּגִי
Pain Expressions   בִּיטוּיֵי כְּאֵב

ט-1   <u>היא אולי יפה אבל לא פיקחית</u>

מילים חדשות

part	חֵלֶק (ז.) חֲלָקִים (ר.)
body	גוּף (ז.)
face	פָּנִים (נ. ר.)
ear	אוֹזֶן (נ.) אוֹזְנַיִים (ר.)
eye	עַיִן (נ.) עֵינַיִים (ר.)
mouth	פֶּה (ז.) פִּיוֹת (ר.)
head	רֹאשׁ (ז.)
nose	אַף (ז.)
tooth	שֵׁן (נ.) שִׁינַיִים (ר.)
hair	שְׂעָרוֹת (נ. ר.)
lip	שָׂפָה (נ.) שְׂפָתַיִים (ר.)
dye, paint (v.)	צָבַע (אֶת, בְּ-)

הבֵּת שלי לא היתה יפה. היו לה פָּנִים לא יפות. אבל היא רצתה להיות יפה.
היא הלכה לבית-חולים ושם עשו לה פָּנִים חדשות ויפות.
יש לה עכשיו פָּנִים אחרות: יש לה אוֹזְנַיִים יותר קטנות וְעֵינַיִים יותר גדולות.
גם הָאַף עכשיו קטן מאוד. היא הלכה גם לרופא שִׁינַיִים והוא סידר לה שִׁינַיִים
חדשות. בסוף היא הלכה לִצְבּוֹעַ את הַשְּׂעָרוֹת שלה בצבע חדש. הן בְּלוֹנְדִינִיוֹת עכשיו.
אבל שום דבר לא עזר. שכל בָּרֹאשׁ עוד אין לה. וְהַפֶּה שלה עוד גדול מאוד.

GRAMMAR POINTS

The dual   הזוגי

1. Some nouns have a special plural form (called the dual,
   'הַזּוּגִי'), which historically meant 'two'. The dual is
   formed by the suffix -X‏ַ‏יִם.

2. Most parts of the body which come in pairs form their
   plural by the dual suffix.

		דוגמאות:
עֵינַיִים	עַיִן	
(two) eyes	eye	
אוֹזְנַיִים	אוֹזֶן	
(two) ears	ear	
שְׂפָתַיִים	שָׂפָה	
(two) lips	lip	
שִׁינַיִים	שֵׁן	
teeth	tooth	

   Note that שיניים is the plural of שֵׁן; it does not mean
   'two teeth'. This is also true for the rest of the parts
   of the body, where the dual suffix is used to express
   the regular plural, e. g.,

   הָעֵינַיִים של כולם היו על האיש החשוב.
   Everyone's eyes were on the important man.

3. Many time expressions also use the dual suffix. With
   time expressions the dual always means 'two', while the
   regular plural suffix is used for plurality greater than
   two.

Plural	Dual	Singular
שָׁעוֹת	שְׁעָתַיִים	שָׁעָה
יָמִים	יוֹמַיִים	יוֹם
שָׁבוּעוֹת	שְׁבוּעַיִים	שָׁבוּעַ
חוֹדָשִׁים	חוֹדְשַׁיִים	רוֹדֶש
שָׁנִים	שְׁנָתַיִים	שָׁנָה
פְּעָמִים	פַּעֲמַיִים	פַּעַם
מֵאוֹת	מָאתַיִים	מֵאָה
אֲלָפִים	אַלְפַּיִים	אֶלֶף

The dual form of מָחָר 'tomorrow' is מָחֳרָתַיִים meaning 'the day after tomorrow'.

4. Notice that שְׂפָתַיִים is used as the plural only for 'lips'. The plural of שָׂפָה 'language' is שָׂפוֹת, formed by the regular plural suffix.

5. Other words you already know that use the dual are:

מִכְנָסַיִים
נַעֲלַיִים

דוגמאות: לבשתי את המכנסיים החומים והחולצה האדומה.
נעלתי נעליים גבוהות כי היו הרבה מים בדרך.

ט-3 **תרגיל**

כְּתוֹב את הַחֲלָקִים של הַפָּנִים.

תרגיל 4-ט

Fill in the blanks according to the drawings:

מֹשֶׁה

למשה יש _____ גדולות ו _____ קטנות. יש לו _____ גדול

ו _____ קטן. אין לו _____ על הראש.

שָׂרָה

לשרה יש _____ גדולות ויפות. יש לה _____ קטנות וחמודות. יש

לה גם _____ קטן. יש לה _____ בלונדיניות. אבל יש לה _____

גדול.

דָּוִד

לדוד יש הרבה _____ על הפנים ועל הראש. יש לו _____ כחולות

וקטנות. יש לו _____ גדולות ולא כל-כך יפות. יש לו גם _____

קטן ו _____ קטן.

רָמִי

לרמי אין _____ יפים. אין לו הרבה _____ ויש לו רק _____
אחת ב _____. יש לו _____ אחת שחורה ו _____ אחת כחולה. יש לו
_____ גדול מאוד ו _____ קטנות.

תרגיל ט-5

a. Form questions from the following sentences as in the example.

דוגמא: אנחנו אוהבים את <u>הספר הזה</u>.

איזה ספר אתם אוהבים?

א.   אנחנו קונים את <u>המכנסיים השחורים</u>.

ב.   היא לובשת את <u>המעיל החם</u>.

ג.   אתם עובדים <u>בחנות החדשה</u>.

ד.   אתה שומע את <u>המוזיקה ברדיו</u>.

ה.   את לומדת את <u>השיעור החדש</u>.

ו.   היא עושה את <u>השיעורים הקשים</u>.

ז.   הם שותים <u>קפה</u> כל בוקר.

ח.   אנחנו רוצים לראות את <u>הסרט החדש</u>.

ט.   אני צובע את המטבח <u>בצבע צהוב</u>.

י.   הוא חושב כל הזמן על <u>שרה</u>.

b. Change the above sentences into the past tense (זמן עבר).

c. Change the above sentences into the future tense (זמן עתיד).

תרגיל ט-6

סַפֵּר על הפנים של החברים שלך.

דוגמא: לחיים יש עיניים קטנות וכחולות.

ט-7

מילים חדשות

זָנָב (ז.) זְנָבוֹת (ר.)	tail
יָד (נ.) יָדַיִים (ר.)	hand, arm
גָרוֹן (ז.) גְרוֹנוֹת (ר.)	throat
גַב (ז.)	back
בֶּטֶן (נ.)	belly, abdomen
לֵב (ז.) לְבָבוֹת (ר.)	heart
אָרוֹך, אֲרוּכָּה (נ.)	long
קָצָר, קְצָרָה (נ.)	short
בָּרֶגֶל	on foot

א. <u>איפה היא?</u>

אני לא מוצא אותה. כבר הלכתי לראות בכל מקום - על-יד הבית, ברחוב, על-יד החנות. אני נוסע כבר יומיים בכל העיר ואני לא מוצא אותה! אתם רוצים לעזור לי למצוא אותה? טוב!

יש לה עיניים ירוקות. יש לה אף קטן והפה שלה אדום. יש לה אוזניים קטנות מאוד. הראש שלה קטן ונחמד. היא נמוכה - יש לה **רגליים קְצָרוֹת**. הגוף שלה קטן. השערות שלה שחורות **וְהַבֶּטֶן** לבנה.

בַּסוֹף של הגוף יש לה **זָנָב אָרוֹך** ויפה. כשנותנים לה אוכל טוב היא עושה "מְיָאוּ".

ב. סַפֵּר את הסיפור בזמן עבר. המילים הראשונות יהיו: לא מצאתי אותה...

ג. אתה רוצה חתולה. ספר איזה חתולה אתה רוצה (בעתיד).
המילים הראשונות יהיו: יהיו לה עיניים ירוקות...

ט-8 <u>תרגיל</u>

<u>עוּזי</u>

יש לו יָדַיִים קצרות
יש לו רגליים קצרות
אין לו שׂערות על הראש

יש לו אף קצר ורחב
יש לו עיניים גדולות
יש לו פה קטן
יש לו בטן גדולה

שולה שׁוֹנָה מֵעוזי - היא לא כמו עוזי.
כתוב איך הגוף של שולה.

דוגמא: יש לה ידיים ארוכות.

ט-9 משפחת לוי

א. אדון לוי איש גבוה. יש לו שערות שחורות ועיניים שחורות. יש לו אוזניים גדולות, אף ופה גדולים. יש לו גַב רחב. הידיים והרגליים שלו ארוכות מאוד.
גברת לוי אישה נמוכה. יש לה שערות חומות ועיניים ירוקות. יש לה אוזניים קטנות. האף שלה קטן וגם הפה קטן וצר. יש לה גַב צר. הידיים והרגליים שלה קצרות וקטנות.

ב. למשפחת לוי נולד בן.

Complete the description of the Levis' son:

דוגמא: יהיו לו שערות שחורות כמו לאבא שלו.

_________ לו אוזניים _________ כמו לאמא שלו.
_________ לו אף _________ כמו לאבא שלו.
_________ לו פה _________ כמו לאמא שלו.
_________ לו עיניים _________ כמו לאבא שלו.
_________ לו רגליים וידיים _________ כמו לאבא שלו.
_________ לו גַב _________ כמו לאבא שלו.

ג. למשפחת לוי נולדה גם בת. כתוב איך הבת שלהם.

דוגמא: יש לה אוזניים קטנות כמו לאמא שלה.

ד. כתוב עליך; מה יש לך כמו לאבא שלך ומה יש לך כמו לאמא שלך?

דוגמא: יש לי שערות _______ כמו לאבא/אמא שלי.

ט-10 **תרגום**

1. I'll paint his house blue after he buys the paint.
2. She is very beautiful; she has long black hair and blue eyes.
3. She is very ill; she hears only with one ear and sees with one eye.
4. Our teeth and mouth work hard when we eat.
5. I put my hand on my heart and told her that I loved her.
6. After two years at the University she lived two months in Israel.
7. After the short vacation we didn't want to study again.
8. Their teacher (f.) taught them the Hebrew language.

ט-11 **דיאלוג**

מילים חדשות

hurt, ache (v.)	כּוֹאֵב לְ-
fever, heat	חוֹם (ז.)

א. **טלפון לרופא**

דני: שלום דוקטור טִיכוֹ.

ד"ר טיכו: שלום, מה נשמע?

דני: לא כל-כך טוב.

ד"ר טיכו: מה יש, מה קרה?

דני: אני לא בריא - הראש כּוֹאֵב לִי כבר שלושה ימים.

ד"ר טיכו: יש לך חום?

דני: כן יש לי קצת חום. גם האוזניים כּוֹאֲבוֹת לִי היום. אתמול הלכתי בלי סוודר, והיה קר מאוד. כל הגוף כּוֹאֵב לִי, אני חושב שאני חולה.

ד"ר טיכו: תיקח אַסְפִּירִין ותצלצל אלי מחר.

ב. עֲנֵה על השאלות.

1. לפני שבוע דני היה בריא. מה לא כָּאַב לו?
2. מה כּוֹאֵב לְדני עכשיו?

ט-12

> GRAMMAR POINT
>
> The verb כואב can be used in sentences like (א) or (ב)
> below:
>
> .1 א. הבטן כואבת לי.
> ב. כואבת לי הבטן.
>
> .2 א. העיניים כאבו לי.
> ב. כאבו לי העיניים.
>
> Note that the verb כואב agrees in gender and number with
> the part of the body that hurts. The person (or animal)
> experiencing the pain is always preceded by the preposition
> -ל. The verb never agrees with the experiencer.

תרגיל ט-13

(א) לי		1. הראש
(ב) לך		2. הבטן
(ג) לך		3. האוזניים
(ד) לו		4. השיניים
(ה) לה	כואב	5. הגב
(ו) לנו	כואבת	6. הידיים
(ז) לכם	כואבים	7. הרגל
(ח) לכן	כואבות	8. העיניים
(ט) להם		9. האף
(י) להן		10. היד

כתוב משפטים.

דוגמא: 3.   עתיד   (ד)

האוזניים   יכאבו   לו.

6. עבר (ז)

7. הווה (ג)

8. עתיד (י)
1. הווה (א)
10. עתיד (ה)
9. הווה (ד)
5. עבר (ו)
3. עתיד (ה)
4. הווה (ט)
2. עתיד (ח)

ט-14 דיאלוג

עוד שׂיחה עם הרופא

דני: כואבת לי הבטן.
ד"ר טיכו: זה הכל?
דני: לא, גם כואב לי הראש. ואתמול גם כאבו לי השיניים.
ד"ר טיכו: אם גם מחר יִכְאֲבוּ לך האוזניים תצלצל אלי עוד פעם.

ט-15 תרגיל

חזור על המשפטים הבאים.

א. הבטן כּוֹאֶבֶת לִי.
כּוֹאֶבֶת לִי הבטן.

ב. אתמול השיניים כָּאֲבוּ לִי.
אתמול כָּאֲבוּ לִי השיניים.

ג. מחר האוזניים יִכְאֲבוּ לוֹ.
מחר יִכְאֲבוּ לוֹ האוזניים.

ט-16 תרגיל

כתוב עשרה משפטים מ- א', ב' וג'.

דוגמא: אם תקרא הרבה יכאב לך הראש.

א	ב	ג
אם תקרא הרבה	יכאב לך	הבטן
אם תלך הרבה	תכאב לך	הראש
אם תשמע הרבה מוסיקה	יכאבו לך	הגב
אם תאכל הרבה עוגות		העיניים
אם תכתוב הרבה		האוזניים
אם תשיר הרבה		היד
אם תחשוב הרבה		הגרון
אם תשב הרבה		השיניים
		הרגליים

ט-17 <u>תרגיל</u>

לפני חודש היית חולה מאוד. כתוב מה כאב לך.

חלק שני - אֶפְשָׁר / אִי-אֶפְשָׁר
צָרִיךְ / לֹא צָרִיךְ

PART TWO - Modals

ט-18 עוד טלפון לרופא

מילה חדשה

אֶפְשָׁר — it is possible

מילה ישנה

(reminder)

אִי-אֶפְשָׁר — it is impossible

דני: שלום, **אֶפְשָׁר** לְדַבֵּר עם ד"ר טיכו?

פקידה: **כן**, רק רגע.

ד"ר טיכו: שלום דני, מה נשמע? **אִי-אֶפְשָׁר** לִשְׁמוֹעַ אותך, תדבר יותר גבוה.

דני: כל הגוף כואב לי. אני חושב שאני חולה. מתי **אֶפְשָׁר** לָבוֹא לראות אותך?

ד"ר טיכו: **אֶפְשָׁר** לָבוֹא היום עד 2:00 בצוהריים. אחרי שתיים **אִי-אֶפְשָׁר** לָבוֹא.

דני: בסדר, להתראות.

ט-19 <u>תרגיל</u>

חזור על המשפטים הבאים.

א. אֶפְשָׁר לדבר עם הרופא.

ב. אִי-אֶפְשָׁר לשמוע אותו.

ג. מתי אֶפְשָׁר לבוא?

ד. אֶפְשָׁר לבוא ב-2:00.

ה. אִי-אֶפְשָׁר לבוא אחרי 2:00.

ט-20

GRAMMAR POINTS

אפשר / אי-אפשר

Study the sentences with אפשר 'it's possible' and with אי-אפשר 'it's impossible':

א. אֶפְשָׁר לִנְסוֹעַ באוטובוס.

It's possible to travel by bus.

אֶפְשָׁר לִקְנוֹת בגדים זולים בשוק.

It's possible to buy cheap clothes in the market.

ב. אִי-אֶפְשָׁר לְדַבֵּר איתו היום.

It's impossible to talk to him today.

אִי-אֶפְשָׁר לִלְמוֹד הולנדית באוניברסיטה.

It's impossible to study Dutch at the University.

Note: אפשר and its negation, אי-אפשר, must always be followed by the infinitive form of the verb.

דוגמא: ביום שבת אפשר <u>לישון</u> עד מאוחר.

ט-21 תרגיל בעל-פה

חזור על המשפטים הבאים עם המילים הבאות.

א. אֶפְשָׁר ללמוד כאן.

1. לעבוד	4. לבשל	7. לכתוב
2. לקרוא	5. לדבר	8. ללמוד
3. לשחק	6. לישון	9. לאכול

ב. אִי-אֶפְשָׁר לשבת שם.

1. לאכול	4. לשחק	7. ללמוד
2. לקרוא	5. לדבר	8. לשבת
3. לכתוב	6. לחשוב	9. לישון

ט-22 תרגיל

a. Change the following sentences into ones with אפשר and אי-אפשר.

דוגמא: אתה יכול לעבוד כאן בשקט.
אפשר לעבוד כאן בשקט.

א. אנחנו יכולים לסגור את המשרד בארבע היום.
ב. הם לא יכולים למצוא סרטים טובים בעיר.
ג. את יכולה לנסוע יותר מהר.
ד. אני יכול לדבר אידיש בישראל.
ה. אתם לא יכולים לדבר בסרט.
ו. אתה לא יכול לעבור את הבחינה הזאת.

b. Change the following sentences into ones with אי-אפשר.

דוגמא: איך תשמע בלי אוזניים?
אי-אפשר לשמוע בלי אוזניים.

א. איך תראה בלי עיניים?
ב. איך תלך בלי רגליים?
ג. איך תשיר בלי גרון?
ד. איך תחשוב בלי ראש?

ה. איך תכתוב בלי ידיים?

ו. איך תֹּאכַל בלי פה?

ז. איך תעבוד בלי גב?

ח. איך תאהב בלי לֵב?

ט-23 <u>דיאלוג</u>

גמור את הדיאלוג הבא.

א. הנּוֹסֵעַ הַנּוּדְנִיק בָּאוטובוס.

נוסע א: סליחה, **<u>אפשר לשבת כאן</u>**?

נוסע ב: כן, אתה יכול לשבת כאן.

נוסע א: סליחה, ______________________.

נוסע ב: כן אתה יכול לפתוח את החלון.

נוסע א: סליחה, ______________________.

נוסע ב: אתה יכול לאכול כאן.

נוסע א: סליחה, ______________________.

נוסע ב: כן, אתה יכול לשים כאן את המעיל.

נוסע א: סליחה, ______________________.

נוסע ב: כן, אתה יכול לישון על המעיל שלי.

נוסע א: סליחה, ______________________.

נוסע ב: כן, אתה יכול לקחת את העיתון.

נוסע א: סליחה, ______________________.

נוסע ב: כן, אתה יכול לשבת כאן.
אני עובר לכסא אחר.

ט-24

<u>VOCABULARY NOTE</u>

<u>Verbs as Nouns</u>: Verbs in the <u>Present Tense</u> (זמן הווה) can be used as nouns, meaning a person who carries out the action specified by the verb.

דוגמאות:

היו הרבה נוֹסָעִים באוטובוס.

There were many travellers (i.e., persons that travel)
in the bus.

הַנוֹסַעַת שישבה על-יד הַנהג היתה יפה.

The traveler (f. sg.) that sat near the driver was
beautiful.

הֶמִינְגְוֵייי היה מְסַפֵּר טוב מאוד.

Hemingway was a very good story-teller.

הָעוֹבְדִים קיבלו כסף.

The workers (i.e., persons that work) received money.

Adjectives as Nouns: Adjectives can be used as nouns
meaning a person who has the property specified by the
adjective:

$$\text{איש חכם} = \text{חכם} \quad \text{'a wise one, a wise person'}$$
$$\text{אישה חכמה} = \text{חכמה}$$
$$\text{איש טיפש} = \text{טיפש} \quad \text{'a foolish one, a fool'}$$

דוגמאות:

יש הרבה טיפשים בעולם.

There are a lot of fools in the world.

לעניים אין אף פעם כסף.

Poor (people) never have any money.

האמריקאים אוהבים מכוניות אמריקאיות.

Americans like American cars.

הישראלית הזאת מלמדת אותנו עברית.

This Israeli (f.) teaches us Hebrew.

Notice that English too sometimes uses adjectives as nouns,
   e.g., The rich should help the poor.
      Medicine tries to cure the sick.

ט-25 <u>תרגום</u>

1. The readers like this book.
2. The traveler (m.) came from Israel.
3. The fat know how to eat.
4. The old one was wise.
5. The young ones (f.) went home.
6. She is a new worker here.
7. The story-teller wanted to tell us about his family.
8. The audience (listeners) didn't like the music.
9. The doctor's helper opened the door for us.
10. Those that drink a lot of beer will be sick.
11. The visitor must pay in order to visit the museum.
12. The seller (f.) said that they had sold all their shorts (short pants).

ט-26 <u>תרגיל</u>

כְּתוֹב משפטים לְפִי (according to) הדוגמא:

א. מה אִי-אֶפְשָׁר לעשות כל השבוע וְאֶפְשָׁר לעשות בסוף שבוע.

דוגמא: כל השבוע אי-אפשר לישון מאוחר. בסוף השבוע ישנים מאוחר.

בסוף השבוע קוראים עיתון.

בסוף השבוע מסדרים את הבית.

בסוף השבוע קונים אוכל.

בסוף השבוע פוגשים חברים ומדברים.

בסוף השבוע מבשלים ואוכלים לאט.

בסוף השבוע רואים סרט, ושומעים מוסיקה בשקט.

בסוף השבוע חושבים.

ב. למה עברת מדירה קטנה לדירה יותר גדולה?

דוגמא:	בדירה קטנה אתה לא יכול לגור לבד בחדר.	בדירה גדולה אפשר לגור בחדר לבד.
	בדירה קטנה אתה לא יכול ללמוד בשקט.	בדירה גדולה...
	בדירה קטנה אתה לא יכול לעשות מסיבות.	בדירה גדולה...
	בדירה קטנה אתה לא יכול לשמוע מוסיקה מאוחר בלילה.	בדירה גדולה...
	בדירה קטנה אתה לא יכול לעשות מסיבות	בדירה גדולה...

ט-27 <u>אצל הרופא</u>

דני: שלום, ד"ר טיכו כאן?
פקידה: כן, הוא בחדר שלו.
דני: אפשר לדבר איתו? צילצלתי לפני שעתיים והוא אמר לי לבוא.
פקידה: כן, אבל **צָרִיךְ** לקחת מִסְפָּר; יש עוד שלושה אנשים לפני המספר שלך.
דני: לקחתי מספר, אני מספר ארבע; **צָרִיךְ** לעשות עוד משהו?
פקידה: **לֹא צָרִיךְ** לעשות שום דבר - **צָרִיךְ** רק לשבת בשקט.

ט-28 <u>תרגיל</u>

חזור על המשפטים אחרי המורה.

א. צָרִיךְ לקחת מספר.
ב. צָרִיךְ לעשות עוד משהו?
ג. לֹא צָרִיךְ לעשות שום דבר.
ד. צָרִיךְ לשבת כאן.

ט-29

GRAMMAR POINT

צריך / לא צריך

Study the following constructions:

א. צריך לְדַבֵּר בשקט.

One has to talk quietly.

(One should talk quietly).

צריך לְבַשֵּׁל את הבשר שלוש שעות.

It's necessary to cook the meat 3 hours.

ב. לא צריך לָבוֹא לאוניברסיטה מחר.

It's not necessary to come to the University tomorrow.

לא צריך לֶאֱכוֹל כל כך הרבה בשר.

One shouldn't eat so much meat.

ט-30 תרגיל

Change the following sentences into ones with צריך or לא צריך.

א. דוגמא: הוא צריך לגמור את השיעורים.

צריך לגמור את השיעורים.

1. אנחנו צריכים לדבר בשקט.
2. היא לא צריכה לבשל את הירקות.
3. אתם צריכים לשחק עם הילדים.
4. אתה צריך לסדר את חדר האורחים.
5. אני לא צריכה לקנות אוכל.
6. הם לא צריכים לבוא בזמן.

ב. דוגמא: אל תקנה יותר לחם.

לא צריך לקנות יותר לחם.

1. תסעו הביתה מחר.

2. אל תספר את הסיפור הזה.
3. תסדר את הבית.
4. תאכל ארורת בוקר כל יום.
5. אל תסגור את המשרד מוקדם.
6. תגמרו את העבודה הזאת.

ט-31 תרגיל

גמור את המשפטים הבאים לְפִי (according to) הדוגמא.

כְּדֵי להיות תלמיד טוב. (לומד / כל יום)

כדי להיות תלמיד טוב, צריך ללמוד כל יום.

א. כדי ללמוד הסוריה. (קורא / הרבה ספרים)
ב. כדי לדעת הרבה. (שואל / שאלות)
ג. כדי לעבור את הבחינה. (לומד / טוב)
ד. כדי למצוא את הספרים החשובים. (הולך / ספריה)
ה. כדי לעבור את הקורס. (עושה / כל העבודות)
ו. כדי לעשות את כל התרגילים. (יושב / שלוש שעות כל יום)

ט-32 שאלות בעל-פה

ענה על השאלות עם **צריך** או **לא צריך**.

א. מה צריך לעשות כדי להיות רופא?
ב. מה צריך לדעת כדי להיות מורה?
ג. לאן צריך לנסוע כדי לראות את ירושלים?
ד. למה צריך לגמור אוניברסיטה כדי למצוא עבודה טובה?
ה. לאן צריך ללכת כדי לראות סרט טוב?
ו. מה צריך לעשות כדי לדעת טוב עברית?

ט-33 תרגיל - דני חולה!

כתוב **אפשר**, **אי-אפשר**, **צריך** או **לא צריך**.

<u>דני מדבר עם המזכירה:</u>

דני: __________ כבר לראות את הרופא? אני יושב כאן כבר שעה

המזכירה: כן, עכשיו __________ לראות אותו.

<u>אצל הרופא:</u>

דני: שלום ד"ר טיכו, באתי!

ד"ר טיכו: תשב בבקשה. רואים שאתה באמת חולה.

דני: כן, כל הגוף כואב לי.

ד"ר טיכו: למה הלכת בלי סוודר? __________ ללכת בלי סוודר כשכל-כך קר.
עכשיו יש לך חום גבוה.

דני: __________ ללכת לעבודה עם חום גבוה?

ד"ר טיכו: אם יש חום __________ לשבת בבית. __________ לשתות הרבה תה
עם לימון. __________ גם לשתות קצת בְּרֶנְדִי אם אתה רוצה...

דני: בסדר. __________ לקחת עוד משהו?

ד"ר טיכו: __________ לקחת שום דבר.

חלק שלישי - בִּנְיָן הִתְפַּעֵל — PART THREE - Hitpa'el

זְמַן הוֹוֶה וּזְמַן עָבַר — Present Tense and Past Tense

ט-34 <u>קטע קריאה</u>

מילים חדשות

לְהִתְרַחֵץ	get washed
לְהִתְלַבֵּשׁ	get dressed

א. אני לא יודע מתי **לְהִתְרַחֵץ**. כשאני **מִתְרַחֵץ** בבוקר, אין לי זמן לאכול ארוחת בוקר. כשאני **מִתְרַחֵץ** בערב אין כבר מַיִם חמים. אולי יותר טוב לא **לְהִתְרַחֵץ** **בִּכְלָל**.

ב. אבא: איפה שׂרה?

אמא: היא **מִתְרַחֶצֶת** עכשיו.

אבא: ואיפה הבנים?

אמא: הם **מִתְלַבְּשִׁים** בחדר שלהם.

אבא: ומה את עושה?

אמא: אני נחה אחרי היום הקשה.

ט-35 <u>תרגיל</u>

חזור על המשפטים הבאים.

א. אני מִתְרַחֵץ בבוקר.

ב. הוא לא רוצה לְהִתְרַחֵץ בכלל.

ג. היא מִתְרַחֶצֶת כל שנה במים החמים בטְבֶרְיָה.

ד. הם לא מִתְרַחֲצִים עכשיו.

ה. אתן מִתְרַחֲצוֹת כל יום?

ט-36

GRAMMAR POINT

Verb Pattern Hitpa'el: Present Tense — בִּנְיָן הִתְפַּעֵל: הוֹוֶה

You have already learned two verb patterns: Pa'al (פָּעַל) and Pi'el (פִּיעֵל). Hitpa'el (הִתְפַּעֵל) is a third verb pattern.

The conjugation of Hitpa'el in the present tense is as follows:

	זכר	נקבה
יחיד	אני, אתה, הוא — מִתְלַבֵּשׁ	אני, את, היא — מִתְלַבֶּשֶׁת
רבים	אנחנו, אתם, הם — מִתְלַבְּשִׁים	אנחנו, אתן, הן — מִתְלַבְּשׁוֹת

Many verbs in <u>Hitpa'el</u> have a reflexive meaning.
Compare the following pairs of sentences:

1. א. חנה לוֹבֶשֶׁת את השׂימלה.

Hannah wears the dress.

ב. חנה מִתְלַבֶּשֶׁת.

Hannah gets dressed (dresses herself).

2. א. אני רוֹחֵץ את הפנים כל בוקר.

I wash my face each morning.

ב. אני מִתְרַחֵץ כל בוקר.

I get washed (wash myself) each morning.

ט-37 **תרגיל בעל-פה**

חזור על המשפטים הבאים עם המלים הבאות.

דוגמא: שׂרה מִתְרַחֶצֶת כל בוקר.

היא - היא מִתְרַחֶצֶת כל בוקר.

א. משה מִתְלַבֵּשׁ עכשיו.

1. חיים
2. רינה
3. רמי
4. שרה
5. משה
6. אתה

ב. היא מִתְרַחֶצֶת במים קרים.

1. שרה
2. דוד
3. יעל
4. אתה
5. היא
6. אני

ג. הם מִתְלַבְּשִׁים בשש בבוקר.

1. אתם
2. הוא
3. היא
4. הן
5. אתֶם
6. משה ודני

ד. אתן מִתְרַחֲצוֹת בערב?

1. הבחורות
2. הם
3. שרה ומרים
4. הבנים
5. אתן
6. את

ה. צריך לְהִתְרַחֵץ כל יום.

1. כל שבוע
2. פעם בשבוע
3. כל בוקר
4. בערב
5. כל יום
6. כל ערב

ו. היא מִתְלַבֶּשֶׁת מהר.

1. הוא
2. הם
3. אתם
4. אנחנו
5. היא
6. אני

ז. אני מִתְרַחֶצֶת כדי להיות נקיה.

1. את
2. אתה
3. אתן
4. הן
5. אני
6. רינה ורות

ט-33 <u>תרגיל</u>

Fill in the blanks with the correct form of the verb in parentheses.

דוגמא: מרים **מִתְרַחֶצֶת** כל בוקר. (להתרחץ)

א. מתי אתה __________ כל יום? (להתלבש)

ב. הילדה הקטנה עוד לא __________ לבד. (להתרחץ)

ג. אנחנו צריכים __________ לפני הקונצרט. (להתרחץ)

ד. אתן __________ בחדר שלכן? (להתלבש)

ה. הם __________ לפני שהם אוכלים. (להתלבש)

ו. אפשר __________ שם? (להתרחץ)

ט-39 לפני החתונה

מילים חדשות

to get married	לְהִתְחַתֵּן עם
to get excited	לְהִתְרַגֵּשׁ
to long for, to miss	לְהִתְגַּעְגֵּעַ לְ-
wedding	חֲתוּנָּה (נ.)

יוסי: רינה, אנחנו **מִתְחַתְּנִים** היום, את לא **מִתְרַגֶּשֶׁת**?

רינה: מאוד! אתה לא?

יוסי: אין לי זמן **לְהִתְרַגֵּשׁ**, אני צריך לסדר כל-כך הרבה דברים. אני **מִתְחַתֵּן** היום, לא?

רינה: תחזור מהר, אני כבר **מִתְגַּעְגַּעַת** אליך!

ט-40

VOCABULARY NOTE

The verb לְהִתְגַּעְגֵּעַ is derived from a four-letter consonant root (ג.ע.ג.ע). Except for the extra second root consonant, the conjugation of this verb is exactly like all other Hitpa'el verbs.

compare:

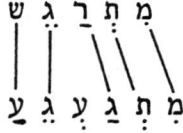

מ תְ רַ גֵּ שׁ

מִ תְ גַּ עְ גֵּ עַ

The verb להתגעגע requires the preposition -ל or אל after it when an object is mentioned. When the object of longing is in the form of a pronoun, אֶל must be used.

דוגמאות:

אני מִתְגַּעְגֵּעַ לְשָׂרָה.
I long for Sarah.

אני מִתְגַּעְגֵּעַ אֵלֶיהָ.
I long for her.

ט-41 תרגיל

Write the correct form of the verb.

דוגמא: אי-אפשר להתלבש כאן, היא **מתלבשת** עכשיו.

א. צריך להתלבש מהר. הן גם ______ ובאות.
ב. אי-אפשר להתחתן בשבת, לכן אנחנו לא ______ בשבת.
ג. כל אחד מתרגש לפני בחינה אבל הוא אף פעם לא ______.
ד. למה את ______ עכשיו? צריך להתרחץ בבוקר.
ה. הוא מתגעגע לישראל והיא ______ לאמריקה. הם עכשיו בצרפת.

ט-42 תרגיל

Fill in the blanks with the correct form of the verbs in parentheses.

א. הילד גדול!

הוא כבר גדול! הוא ______ (להתלבש) ו______ (להתרחץ) לבד. כל בוקר הוא לא ______ (להתרגש) כשאנחנו הולכים מהבית ואם אנחנו נוסעים הוא לא ______ (להתגעגע). הוא כבר יכול ______ (להתחתן).

ב. היא שרה כל היום

היא שרה כל היום - כבר כואבות לי האוזניים. כשהיא ______ (להתרחץ) היא שרה וכשהיא ______ (להתלבש) היא שרה. היא שרה כשהיא ______ (להתרגש) ממשהו וכשהיא

עצובה. כשהיא ________ היא גם שרה.
(להתגעגע)

אנחנו ________ בעוד שבוע. אני לא יודע אם אחרי החתונה היא תשיר כל-
(להתחתן)

כך הרבה!

ג. כתוב את א. וב. עם <u>הם</u> ועם <u>הן</u>. המילים הראשונות יהיו:

א. הם כבר גדולים...

ב. הן שרות כל היום...

ט-43 <u>אחרי החתונה</u>

יוסי: איפה היית? באתי מוקדם כי **הִתְגַעְגַעְתִּי** ואת לא היית.

רינה: אחרי **שֶׁהִתְלַבַּשְׁתִּי** **וְהִתְרַחַצְתִּי** הלכתי לבקר את אמא שלי.

יוסי: **הִתְחַתַּנּוּ** רק לפני שבוע וכבר את **מִתְגַעְגַעַת** **ל**אמא שלך?

ט-44 <u>תרגיל</u>

חזור על המשפטים הבאים:

א. הִתְחַתַּנּוּ לפני שבוע.

ב. היא הִתְגַעְגְעָה לאמא שלה.

ג. היא הִתְגַעְגְעָה אליה.

ד. אחרי שקמתי הִתְלַבַּשְׁתִּי.

ה. אחרי שאכלת הִתְרַחַצְתָּ.

ט-45

<u>GRAMMAR POINT</u>

<u>Past Tense of Hitpa'el</u> <u>הִתְפַּעֵל: זְמַן עָבָר</u>

	זכר	נקבה
יחיד	אני הִתְלַבַּשְׁתִּי	אני הִתְלַבַּשְׁתִּי
	אתה הִתְלַבַּשְׁתָּ	את הִתְלַבַּשְׁתְּ
	הוא הִתְלַבֵּשׁ	היא הִתְלַבְּשָׁה
רבים	אנחנו הִתְלַבַּשְׁנוּ	אנחנו הִתְלַבַּשְׁנוּ
	אתם הִתְלַבַּשְׁתֶּם	אתן הִתְלַבַּשְׁתֶּן
	הם הִתְלַבְּשׁוּ	הן הִתְלַבְּשׁוּ

ט-46 <u>תרגיל בעל-פה</u>

חֲזוֹר על המשפטים הבאים עם המילים הבאות.

דוגמא: הִתְלַבַּשְׁתִּי שם.

אתה - אתה הִתְלַבַּשְׁתָּ שם.

א. הִתְלַבַּשְׁתִּי שם.

1. אתה	4. הוא
2. את	5. אנחנו
3. היא	6. מרים

ב. את הִתְרַחַצְתְּ בבוקר.

1. הוא	4. אני
2. הם	5. היא
3. אנחנו	6. דני ורות

ג. הוא הִתְחַתֵּן עם הבחורה.

1. אנחנו	3. היא
2. הם	4. אני

ד. היא הִתְרַגְּשָׁה בהסרט.

1. מהספר	4. אתם
2. אנחנו	5. מהמתנה
3. מהמסיבה	6. את

ה. הם הִתְגַעְגְעוּ הביתה.

4. הם		1. להורים	
5. אתה		2. את	
6. דוד		3. אני	

תרגיל 47-ט

Fill in the correct form of the verb in parentheses. Use the past tense.

דוגמא: היא _____**התרחצה**_____ בבוקר.
                              (התרחץ)

א. את _____ מהסיפור היפה.
              (התרגש)

ב. הוא _____ עם בחורה אמריקאית.
              (התחתן)

ג. הן לא _____ הביתה.
              (התגעגע)

ד. אתה לא _____ כבר יומיים.
              (התרחץ)

ה. הוא _____ כמו שלמה המלך בפורים.
              (התלבש)

ו. אני _____ מאוד מהטיול בארץ.
              (התרגש)

ז. אנחנו _____ לבית הקטן שלנו.
              (התגעגע)

תרגיל 48-ט

Write in the past tense using the words in parentheses.

דוגמא: אני יכולה לשחק איתך עכשיו. (התלבש / לפני חצי שעה)
              התלבשתי לפני חצי שעה.

א. היא נקיה. (להתרחץ / בבוקר)

ב. הם בעל ואישה עכשיו. (להתחתן / לפני חודש)

ג. הוא נוסע הביתה. (להתגעגע / להורים שלו)

ד. כתבתי להם מכתב "תודה". (להתרגש / מהמסיבה / בשבילי)

ה. אתם כבר ילדים גדולים. (להתלבש / לבד)

ט-49 <u>אחרי החתונה</u>

<u>מילים חדשות</u>

חִיתֵּן	marry (i.e., perform the ceremony)
הִתְרַגֵּל לְ-	get used to
הִתְפַּלֵּל	pray
הִתְחַבֵּק עִם	embrace, hug each other
הִתְנַשֵּׁק עִם	kiss each other
הִתְגָּרֵשׁ	get divorced

א. יוסי: **הִנֵּה** התמונות של החתונה!

רינה: הנה, בתמונה הזאת אנחנו **מִתְנַשְּׁקִים** אחרי שהרב **חִיתֵּן** אותנו.

יוסי: וכאן אבא ואמא **מִתְחַבְּקִים**.

רינה: ההורים כל-כך הִתְרַגְּשׁוּ בחתונה!

יוסי: עוד לא **הִתְרַגַּלְתִּי** לקרוא לך האישה שלי.

רינה: ואמא שלי הִתְרַגְּשָׁה מאוד כשקראו לי גברת לוי.

יוסי: אני רק **הִתְפַּלַּלְתִּי** שהחתונה הזאת תעבור מהר.

ב. כתוב סיפור על החתונה של רינה ויוסי.

דוגמא: הם התחתנו לפני חודש.

ט-50

<u>VOCABULARY NOTE</u>

Compare the following sentences:

א. אני <u>חִיבַּקְתִּי</u> ו<u>נִישַּׁקְתִּי</u> את שׂרה.

I hugged and kissed Sarah.

ב. אני ושרה הִתְחַבַּקְנוּ והִתְנַשַּׁקְנוּ.

Sarah and I hugged and kissed (each other).

ג. אני הִתְחַבַּקְתִּי והִתְנַשַּׁקְתִּי עִם שׂרה

Sarah and I hugged and kissed (each other).

ט-53 תרגום

1. I (f.) think I'm sick - my whole body hurts.
2. When I visit the doctor, I'll ask him to help me.
3. This fat one (f.) has short legs and a big belly.
4. It's possible to take aspirin if your head hurts.
5. It's impossible to talk and hear without a mouth and ears.
6. One has to work all the time in order to learn languages.
7. We kissed each other.
8. She didn't want me to hug her, so we didn't hug each other.

PART FOUR - Review

חלק רביעי - חזרה

ט-54 מי הכי חשוב?

מילים חדשות

tongue	לָשׁוֹן (נ.)
minister (cabinet member)	שַׂר (ז.)
lion	לָבִיא, לְבִיאָה (נ.)
goat	עֵז (נ.) עִיזִים (ר.)
dream (v.)	חָלַם
get angry	הִתְרַגֵּז (עַל)
death	מָוֶת (ז.)

LOAN WORD

Persia	פָּרָס (נ.)

מלך פָּרַס היה חולה מאוד. הרופאים אמרו לו: "אתה צריך לשתות חלב של **לְבִיאָה**, רק אם תשתה חלב של לְבִיאָה תהיה בריא." כל **הַשָּׂרִים** התרגשו מאוד.

המלך שאל: "מי ילך לקחת חלב מִלְּבִיאָה?" אחד השָּׂרִים אמר: "אני אלך, אבל, אדוני המלך, אני צריך לקחת איתי עשר **עִיזִים**". המלך נתן לַשַּׂר עשר עִיזִים והשַּׂר הלך. הוא נסע ונסע עד שהוא מצא לְבִיאָה. הלְּבִיאָה נתנה חלב לילדים שלה.

כל יום השַּׂר נתן לַלְּבִיאָה **עֵז** אחת ואחרי עשרה ימים הלְּבִיאָה התרגלה לשַּׂר ונתנה לו לקחת חלב ממנה. הדרך היתה ארוכה והשַּׂר ישב לנוח. הוא ישן **וְחָלַם**. בחלום הוא ראה את הַחֲלָקִים של הגוף שלו מדברים אחד עם השני.

הרגליים אמרו: "אנחנו הכי חשובות! בלי רגליים אי-אפשר ללכת."

העיניים אמרו: "אנחנו יותר חשובות מהרגליים כי בלי עיניים אי-אפשר לראות."

הראש אמר: "אני הכי חשוב, בלי הראש אי-אפשר לחשוב."

הבטן אמרה: "אני יותר חשובה, בלי הבטן אי-אפשר לאכול."

הַלָּשׁוֹן אמרה: "אני יותר חשובה מהראש, מהעיניים, מהרגליים ומהבטן."

כל החלקים של הגוף התרגשו מאוד והלָּשׁוֹן אמרה להם: "היום תראו שאני יותר חשובה מכל החלקים האחרים."

האיש קם וחזר למלך ואמר לו: "הִנֵּה, זה חלב של חתולה! תשתה בבקשה ותהיה בריא!" המלך **הִתְרַגֵּז** מאוד עַל השַּׂר ורצה להרוג אותו. כל החלקים של הגוף פחדו. הם שאלו אחד את השני: "מה יהיה? מה אפשר לעשות?" הלָּשׁוֹן אמרה: "תקחו אותי לראות את המלך עוד פעם." השַּׂר בא עוד פעם למלך ואמר לו: "תשתה את החלב הזה. זה חלב של לְבִיאָה ולא חלב של חתולה. אם תשתה תהיה בריא."

המלך היה מאושר ונתן לשַּׂר שלו הרבה מתנות.

כל החלקים של הגוף אמרו לַלָּשׁוֹן: "נכון! את הַכִי חשובה. עכשיו אנחנו יודעים שהחיים והַמָּוֶת בְּיַד הַלָּשׁוֹן."

ט-55 <u>שאלות</u>

א. למה המלך שלח את השר?

ב. למה השר ביקש מהמלך עשר עיזים?

ג. למה השר היה עם הלביאה עשרה ימים ?

ד. למה העיניים חשובות?

למה הרגליים חשובות?

למה הראש חשוב?

למה הבטן חשובה?

ה. למה המלך התרגז על השר?

ו. למה המלך לא הרג את השר?

ז. למה הלשון הכי חשובה?

ט-56

א. כתוב מה השר סיפר לאישה שלו אחרי שהוא חזר הביתה.

ב. כתוב מה המלך סיפר למלכה כשהוא היה כבר בריא.

ט-57 <u>תרגום</u>

1. After they got married, they got used to one another.
2. Before the wedding, they washed (themselves) and then put on their new clothes.
3. He never got married because he always longed for his first girl-friend.
4. It's impossible to get divorced quickly in Israel.
5. Every morning, after she gets up, she gets washed, gets dressed, eats a little and then goes to school by foot.
6. Whenever I miss them I go to visit them.
7. I'll ask my boss not to work if my eyes hurt too much tomorrow.
8. It's necessery to paint the old building once more.
9. Tomorrow she'll teach you about the parts of the body.
10. One has to help the poor and visit the sick.

ט-58

<u>SUMMARY</u> (סִיכּוּם)

In this chapter you have learned:

1. Parts of the body.
2. The Dual (הַזּוּגִי).

3. Expressions of pain.
4. The Modals: אֶפְשָׁר / אִי-אֶפְשָׁר (it's possible / it's impossible)
   צָרִיךְ / לֹא צָרִיךְ (it's necessery / it's not necessery)
5. Verbs and adjectives used as nouns.
6. The Hitpa'el verb pattern (בִּנְיָן הִתְפַּעֵל): present and past tenses.
7. The following new words:

ear	אוֹזֶן (נ.) אוֹזְנַיִים (ר.)
it's impossible	אִי-אֶפְשָׁר
nose	אַף (ז.)
it's possible	אֶפְשָׁר
long	אָרוֹךְ, אֲרוּכָּה (נ.)
belly, abdomen	בֶּטֶן (נ.)
on foot	בָּרֶגֶל
back (n.)	גַּב (ז.)
body	גוּף (ז.)
throat	גָּרוֹן (ז.) גְּרוֹנוֹת (ר.)
miss, long for	הִתְגַּעְגֵּעַ לְ-
hug each other	הִתְחַבֵּק (עִם)
get married	הִתְחַתֵּן (עִם)
get dressed	הִתְלַבֵּשׁ
kiss each other	הִתְנַשֵּׁק (עִם)
pray	הִתְפַּלֵּל
get used to	הִתְרַגֵּל לְ-
get divorced	הִתְגָּרֵשׁ
get angry	הִתְרַגֵּז (עַל)
get excited	הִתְרַגֵּשׁ
get washed	הִתְרַחֵץ
tail	זָנָב (ז.) זְנָבוֹת (ר.)
fever	חוֹם (ז.)
marry (i.e., perform the ceremony)	חִיתֵּן

dream (v.)	חָלַם
part	חֵלֶק (ז.)
wedding	חֲתוּנָּה (נ.)
hand, arm	יָד (נ.) יָדַיִם (ר.)
hurt	כָּאַב לְ-
heart	לֵב (ז.) לְבָבוֹת (ר.)
lion	לָבִיא
tongue	לָשׁוֹן (נ.)
death	מָוֶת (ז.)
goat	עֵז (נ.) עִזִּים (ר.)
eye	עַיִן (נ.) עֵינַיִם (ר.)
mouth	פֶּה (ז.) פִּיּוֹת (ר.)
face	פָּנִים (ז. ר.)
dye, paint (v.)	צָבַע (אֶת, בְּ-)
short	קָצָר
head	רֹאשׁ (ז.)
tooth	שֵׁן (נ.) שִׁנַּיִם (ר.)
hair	שְׂעָרוֹת (נ. ר.)
lip	שָׂפָה (נ.) שְׂפָתַיִם (ר.)
minister	שַׂר (ז.)

<u>LOAN WORD</u>

Persia	פָּרָס (נ.)

These words used in instructions and grammar points:

dual, double	זוּגִי
according to	לְפִי

פרק י UNIT

חלק ראשון - אָסוּר / מוּתָר / כְּדַאי — PART ONE - More Modals
הַנְטָיָה של אַחֲרֵי — The Inflection of אחרי

י-1 קטע קריאה

א. שתי שיחות טלפון שונות.

מילה חדשה

קוֹלְנוֹעַ (ז.) movie theater, cinema

- רותי? דני!
- מה נשמע?
- בסדר, מה את עושה הערב?
- שום דבר. למה?
- רוצה ללכת לסרט?
- בסדר.
- אז בתשע על-יד הַקוֹלְנוֹעַ.
- ואתה קונה את הכרטיסים. לְהִת'...

* * * * * * * * * *

- שלום, מדבר דניאל כהן. אפשר אולי לדבר עם רות?
- מדברת. שלום דניאל. מה נשמע?
- הכל בסדר. תודה רבה. רציתי לשאול אותך אם יש לך אולי זמן הערב?
- כן, יש לי זמן הערב. אין לי שום דבר מיוחד לעשות.
- אני מאוד רוצה ללכת איתך לסרט. את רוצה לבוא איתי?

- כן, אני אשמח מאוד.
- את יכולה לבוא לַקוֹלְנוֹעַ בתשע? אני כבר אקנה כרטיסים.
- בסדר. תודה רבה.

ב. אתה רוצה ללכת עם החברה שלך למסיבה.
כתוב שתי שיחות כמו שתי השיחות בספר.

י-2 עַל-יד הקוֹלְנוֹעַ

מילים חדשות

אָסוּר	it's forbidden
מוּתָּר	it's permitted, it's allowed
אַחֲרוֹן	last
שוּרָה (נ.)	row, line

LOAN WORD

דִּיאֶטָה (נ.)	diet

רותי: דני, שלום, כבר קנית כרטיסים לסרט?
דני: לא, יש מקום רק בַּשוּרוֹת הָאַחֲרוֹנוֹת. לקנות?
רותי: תקנה ואחר-כך אפשר לעבור לכסאות טובים יותר, לא?
דני: לא, **אָסוּר** לעבור.
רותי: **מוּתָּר**, אף אחד לא יראה.
דני: טוב, אז אני קונה את הכרטיסים הזולים.

אַחֲרֵי כמה דקות:

רותי: יש כרטיסים?
דני: לא, כבר אין - מכרו את כולם. נלך לסרט בשבוע הבא.

י-3 <u>תרגיל</u>

חזור על המשפטים הבאים.

א. אָסוּר לעבור לכסאות יותר טובים.
ב. מוּתָר לשבת שם.
ג. אָסוּר לצאת מהבית מאוחר.
ד. מוּתָר לאכול הרבה ירקות כשעושים דִיאֶטָה.

י-4

GRAMMAR POINT

אסור / מותר

Study the following sentences:

אָסוּר לְדַבֵּר עם הנהג.
It's forbidden to talk to the driver.

מוּתָר לַעֲשׂוֹת מה שרוצים.
It's allowed to do whatever one wants.

As with the other modals you already know (צריך / לא צריך, אפשר / אי אפשר) the infinitive form of the verb must be used after אָסוּר and מוּתָר.

י-5 <u>תרגיל</u>

גְמוֹר את המשפטים הבאים לפי הדוגמא.

דוגמא:

הוא אוהב לנסוע 70 מִיל לשעה, אבל אסור <u>לנסוע 70 מִיל לשעה</u>.

א. היא אוהבת לאכול הרבה, אבל אסור ______________________.
ב. הן תמיד מדברות בספריה, אבל אסור ______________________.

ג. אתה לוקח ספרים הביתה כי מותר ______________________.

ד. אתן קוראות במילון בבחינה כי מותר ______________________.

ה. אתה משחק סְקווֹש בדירה, אבל אסור ______________________.

ו. הן שאלו שאלות בזמן הבחינה כי מותר ______________________.

ז. את יושבת ליד הנהג, אבל אסור ______________________.

ח. אני מטלפן מהמשרד אבל אסור ______________________.

ט. אנחנו משלמים בסוף הסימסטר כי מותר ______________________.

י-6 תרגיל

LOAN WORD

לִיבֵּרָלִי liberal

א. הילד מהבית הַלִיבֵּרָלִי:

בבית שלנו מותר ללכת בלי להגיד לאמא.
בבית שלנו מותר לחזור בארבע בבוקר.
בבית שלנו מותר לא ללכת לבית הספר.
בבית שלנו מותר לא להתרחץ חודש.
בבית שלנו מותר לא לאכול אם לא רוצים.
בבית שלנו מותר לא לסדר את החדר חודש.
בבית שלנו מותר להיות אצל חברים כל היום.
בבית שלנו מותר לעשות מסיבה כל יום.
בבית שלנו מותר לשחק בחדר האורחים.
בבית שלנו מותר לדבר בטלפון הרבה זמן.
טוב לנו בבית שלנו!

ב. אבל השכנים שלנו לא לִיבֵּרָלִים: כְּתוֹב מה אָסוּר לעשות שם.

דוגמא: שם אסור ללכת בלי להגיד לאמא.
שם אסור... אסור... אסור...

י-7 <u>תרגיל</u>

<u>LOAN WORD</u>

hippie — הִיפִּי

גמור את המשפטים לפי הדוגמא.

מה אָסוּר לעשות אצל הַהִיפִּים?

דוגמא:

היא מתרחצת כל יום, אבל <u>כאן אסור להתרחץ כל יום</u>.

א. אתה מתלבש יפה, אבל כאן ______________.
ב. את מתפללת כל בוקר, אבל כאן ______________.
ג. הוא מתחתן עם בחורה עשירה, אבל כאן ______________.
ד. אתם מקבלים כסף מההורים, אבל כאן ______________.
ה. אתן עובדות לפעמים, אבל כאן ______________.
ו. הן מתרגשות ממה שקורה בעולם, אבל כאן ______________.
ז. את חושבת על בגדים, אבל כאן ______________.
ח. אתה מדבר על פוליטיקה, אבל כאן ______________.
ט. הוא כותב מכתבים להורים, אבל כאן ______________.

י-8 <u>האמא הטובה</u>

<u>מילה חדשה</u>

cake — עוּגָה (נ.)

<u>LOAN WORDS</u>

chocolate — שוֹקוֹלָד (ז.)
banana — בָּנָנָה (נ.)

א. למה את נותנת לו כל כך הרבה שוקולד וְעוגות?
למה את מצלצלת כל יום למשרד שלו?

למה את קונה לו בגדים ואומרת לו מה ללבוש?
למה את מסדרת לו את המיטה?
למה את שואלת אותו איך היה, כשהוא חוזר מאוחר בלילה?
למה את רצה אַחֲרָיו עם סוודר וְבַּנָנָה?

ב. אסוּר לתת לו כל כך הרבה שׁוֹקוֹלָד וְעוּגוֹת.
אסור... אסור... אסור...

י-9

VOCABULARY NOTE

אחרי followed by a pronoun

You have already learned the inflection of אֶל and עַל when followed by a pronoun. The same endings are also used inflection of אַחֲרֵי + pronoun:

	זכר	נקבה
יחיד	אַחֲרַי אַחֲרֶיךָ אַחֲרָיו	אַחֲרַי אַחֲרַיִךְ אַחֲרֶיהָ
רבים	אַחֲרֵינוּ אַחֲרֵיכֶם אַחֲרֵיהֶם	אַחֲרֵינוּ אַחֲרֵיכֶן אַחֲרֵיהֶן

דוגמא: הוא רץ אַחֲרֵי שָׂרָה.
הוא רץ אַחֲרֶיהָ.

י-10 **תרגיל**

כתוב את המשפטים הבאים עם אסוּר.

בקולנוע

דוגמא: אַל תבואו מאוחר! אסור לבוא מאוחר.

א. אל תאכלו בקולנוע!

ב. אל תעברו לכסא אחר!

ג. אל תדברו בזמן הסרט!

ד. אל תשימו את הרגליים על הכסאות!

ה. אל תקומו מהכסאות לפני סוף הסרט!

י-11 תרגיל

כתוב את המשפטים הבאים עם **מותר**.

בפורים

דוגמא: בפורים יכולים לשתות יין כל הלילה.
בפורים מותר לשתות יין כל הלילה.

א. בפורים יכולים לספר הרבה בדיחות.

ב. בפורים יכולים לשחק בכסף.

ג. בפורים יכולים לעשות מסיבות.

ד. בפורים יכולים לשכוח את התורה.

ה. בפורים יכולים ללבוש בגדים של בחורה.

ו. בפורים יכולים לא ללמוד כל היום.

י-12 דיאלוג

מילים חדשות

הַצָּגָה (נ.)	show, play, performance
שַׂחְקָן (ז.)	actor, player (m.)
שַׂחְקָנִית (נ.)	actress, player (f.)
קוּפָּה (נ.)	box office, cash register
מַצְחִיק	funny
רְצִינִי	serious
יוֹפִי!	great!

א. <u>הולכים לסרט</u>

דני: יש סרט חדש בְּקולנוע "אוֹרְגִיל", קוראים לו "פֶּרְסוֹנָה".

רות: זה סרט של בֶּרְגְמָן?

דני: כן. יש שתי הַצָּגוֹת - בשש ובתשע וחצי. זה סרט ארוך.

רות: אני לא כל כך אוהבת את הסרטים של בֶּרְגְמָן. הם יותר מדי **רְצִינִיִּים**, ולפעמים גם משעממים.

דני: יש קומדיה נחמדה בקולנוע "אוֹרְיוֹן". קראתי בעיתון שזה סרט **מַצְחִיק** מאוד.

רות: מי משחק בסרט הזה?

דני: גֶ'ירְי לוּאִיס.

רות: **יוֹפִי**! אני אוהבת אותו. הוא **שַׂחְקָן** מַצְחִיק מאוד.

דני: מתי נלך?

רות: נלך לְהַצָּגָה שניה, טוב?

דני: בסדר. אני אלך בשמונה וחצי לקנות כרטיסים. תפגשי אותי על-יד הַקוּפָּה בתשע.

רות: בסדר. להתראות!

ב. כתוב איזה סרטים אפשר לראות עכשיו בעיר, באיזה קולנוע, מי משחק. כתוב גם אם אלה סרטים רְצִינִיִּים, מַצְחִיקִים, מעניינים או משעממים.

י-13 <u>מודעות</u>

<u>מילה חדשה</u>

מוֹדָעָה (נ.) notice, ad

קולנוע יָרוֹן
אוֹתֶלוֹ
לוֹרֶנְס אוֹלִיבְיֶיה
2 הצגות 6:00, 9:30

קולנוע רוֹן
סיפור אַהֲבָה
אֶרִיק סִיגָל
2 הצגות 7:00, 9:00
כרטיסים בקוּפה

קולנוע דן הַתִינוֹק של רוֹזְמַרִי פּוֹלַנְסְקִי 2 הצגות 6:00, 9:00	קולנוע יַרְדֵן בַּנָנוֹת ווּדִי אֶלֶן הצגה אחת 7:00

י- 14 **דיאלוג**

מילה חדשה

כְּדַאי — it is worthwhile

LOAN WORD

בֵּייבִּי סִיטֶר — baby-sitter
תֵיאַטְרוֹן (ז.) — theater

הַסַבְתָא באה - ההורים הולכים להצגה

האישה: אמא שלך באה מחר.
הבעל: אז מה?
האישה: אז **כְּדַאי** לקנות שני כרטיסים להצגה.
הבעל: והיא?
האישה: היא תהיה הַבֵּייבִּי-סִיטֶר.

י-15 **תרגיל**

חזור על המשפטים הבאים.

א. כְּדַאי לִקְנוֹת כרטיסים להצגה.
ב. כְּדַאי לָלֶכֶת להצגה שניה.
ג. לֹא כְּדַאי לָבוֹא מאוחר לַתֵיאַטְרוֹן.
ד. לֹא כְּדַאי לִרְאוֹת את ההצגה הזאת.

י-16

GRAMMAR POINT

As with other modals the infinitive must be used after כדאי and לא כדאי.

דוגמאות:

<u>כדאי לִנְסוֹעַ</u> לקליפורניה בחופש.

<u>לא כדאי לָגוּר</u> בעיר גדולה.

י-17 <u>תרגיל</u>

Change into a sentence using כדאי or לא כדאי.

א. אני לומד קשה, כי כדאי...

ב. היא שומעת מוזיקה, כי כדאי...

ג. אנחנו ביקרנו את ההורים, כי כדאי...

ד. אתם לא אכלתם הרבה, כי לא כדאי...

ה. את מתרחצת כל יום, כי כדאי...

ו. אני רץ כל יום, כי כדאי...

ז. אתה לא יושב הרבה, כי לא כדאי...

ח. הם נתנו לנו מתנה, כי כדאי...

ט. אני דיברתי איתה, כי כדאי...

י. היא תשתה תה, כי כדאי...

י-18 <u>תרגיל</u>

מילה חדשה

מַפְתֵּחַ (ז.) מַפְתְּחוֹת (ר.)	key

LOAN WORD

גַּז (ז.)	gas

גמור את המשפטים הבאים לפי הדוגמא.

<u>מה לעשות לפני שנוסעים לחופש?</u>

דוגמא:

סגרתי את החלונות כי כְּדַאי לסגור את החלונות לפני שנוסעים.

א. נתתי את המפתח לשכנים כי...

ב. ביקשתי מהשכנים לשלוח לי את המכתבים כי...

ג. סגרתי את הגז כי...

ד. גמרתי את כל האוכל בבית כי...

ה. סידרתי את הבית כי...

ו. שילמתי בשביל הטלפון כי...

ז. שמתי את כל הבגדים בארון כי...

י-19 <u>תרגיל - כדי או כדאי</u>

Match a sentence from א with one on ב

1. כדאי לבוא לכל השיעורים.
2. כדאי לשבת על-יד החלון.
3. כדאי לקרוא עיתון.
4. כדאי לצלצל לתיאטרון.
5. כדאי ללמוד רוסית.

א. כדי לדעת מה חדש בעולם.

ב. כדי לקרוא את טולסטוי.

ג. כדי לדעת אם יש כרטיסים.

ד. כדי לעבור את הבחינה.

ה. כדי לראות טוב.

י-20 <u>תרגיל</u>

א. מה כדאי לעשות אם באים ליום אחד לפריז?

בבוקר כדאי לאכול לחם צרפתי ולשתות קפה טוב.
אחר כך כדאי לעלות ל"אַיְפֶל" ולראות את כל העיר.
אחר כך כדאי ללכת ל"לוּבְר" לראות את ה"מוֹנָה לִיזָה".
אחר כך כדאי ללכת ב"שַאנְז-אֶלִיזֶה" ולראות את הבחורות הצרפתיות בבגדים מודרניים.

אחרי הצוהריים כדאי לשתות קפה בבית קפה פָּרִיזָאִי קטן.
אחר-כך כדאי ללכת על-יד הַסֵּינָה ולראות מקומות מעניינים.
בערב כדאי ללכת לקולנוע או לקונצרט, ובלילה כדאי לאכול גבינות צרפתיות ולשתות יין עד הבוקר.

ב. סַפֵּר מה תעשה אם תהיה בפריז יום אחד. המלים הראשונות יהיו:
בבוקר אני אוכל לחם צרפתי ואשתה קפה טוב. אחר כך...

ג. כתוב מה כדאי לעשות ביום אחד בירושלים או בשיקגו או בניו-יורק או בלונדון.

ד. מה כדאי לעשות כדי לראות את אמריקה בשבועיים? לאיזה מקומות כדאי ללכת?

י-21 הרופא והאשה השמנה

כתוב את הדיאלוג. אתה צריך להשתמש במלים הבאות:

חלב, שוקולד, תה, קפה, ירקות, פירות, בשר, גבינה, בירה, תפוחי-אדמה, לחם, עוגות.

אישה: מה צריך לאכול?
רופא: צריך לאכול ______________.
אישה: מה אסור לאכול?
רופא: ______________.
אישה: מה מותר לשתות?
רופא: ______________.
אישה: מה עוד כדאי לעשות?
רופא: ______________.

י-22 איך מצלצלים מישראל לאמריקה?

גמור את המשפטים לפי הדוגמא.

דוגמא: תצלצל בסוף השבוע. כדאי לצלצל בסוף השבוע.

תבקש לדבר עם אמריקה. צריך ______________.
תסגור את הטלפון. צריך ______________.
תחשוב מה להגיד. צריך ______________.

הטלפון מצלצל

אל תתרגש.	אסור __________________.
תשאל שאלות קצרות ותענה מהר.	צריך __________________.
תזכור את כולם ותשאל עליהם.	כדאי __________________.
אתה לא יכול להגיד כל מה שאתה רוצה.	אי אפשר ________________.
אל תשכח כמה זה עולה.	לא כדאי ________________.
תגמור לדבר ותסגור את הטלפון.	צריך __________________.
עכשיו, אל תתגעגע עוד פעם כל-כך מהר.	עכשיו, אסור ______________.

י-23 <u>תרגיל</u>

Change the following sentences to the negative.

דוגמא: כדאי לראות את ההצגה הזאת.
לא כדאי לראות את ההצגה הזאת.

א. אפשר לקנות כאן כרטיסים לסרט.
ב. כאן צריך לשבת קרוב.
ג. מותר לדבר בזמן ההצגה.
ד. כדאי ללכת לסרט בקולנוע חֵן.
ה. אפשר לראות כאן את השחקן הצעיר.
ו. מותר לשבת בשורה הראשונה.
ז. צריך לדעת אידיש כדי לשחק בהצגה הזאת.
ח. אפשר לשמור כרטיסים בקופה.
ט. כדאי לקנות כרטיסים שבוע לפני ההצגה.

י-24 <u>תרגיל</u>

a. Change to following sentences as in the example.

דוגמא: הוא אוהב לדבר עם החברה שלו.
הוא מדבר עם החברה שלו.

א. היא אוהבת לספר להם סיפורים יפים.
ב. הם צריכים לסדר את הדירה כל יום שישי.
ג. אתה רוצה ללמד אותם איך מדברים עברית.
ד. אתם צריכים לקבל היום מכתב מההורים שלכם.
ה. הוא רוצה לבקש ממנה לבוא איתו לסרט.
ו. את יכולה לשחק כל יום עם הילדים.

b. Change the sentenced that you wrote in (a) to the past tense.

<u>תרגיל</u>

a. Change the following sentences using יכול, רוצה, צריך etc., as in the example.

דוגמא: היא מלמדת אותנו לקרוא ולכתוב.
היא רוצה ללמד אותנו לקרוא ולכתוב.

א. הם משלמים בשביל הספרים שהם קונים.
ב. אנחנו מדברים איתם בטלפון פעם בשבוע.
ג. היא מטלפנת אליו כשאין לה מה לעשות.
ד. אני מצלצל כדי שיפתחו לי את הדלת.
ה. אתם מחלקים כסף לעניים.
ו. הרב מְחַתֵּן כל שבוע הרבה צעירים.

b. Change the sentences in (a) to the future tense.

י-25 <u>תרגום</u>

1. It's forbidden to take this painting.
2. It's allowed to ask questions in class.
3. It's not worthwhile to see this movie.
4. It's worthwhile to see this funny play.
5. It's impossible to buy so much food.
6. It's necessary to eat something every day.

PART TWO - Roots with initial צ ,ש,ס,ז   חלק שני - הִתְפַּעֵל - שׁוֹרָשִׁים עם צ,ש,ס,ז

The future tense of Hitpa'el   התפעל - זמן עתיד

י-26

מילים חדשות

הִצְטַעֵר (עַל)	be sorry, regret
הִסְתַּכֵּל עַל / בְּ-	look, watch
הִשְׁתַּתֵּף בְּ-	take part, participate
הִשְׁתַּמֵּשׁ בְּ-	use
בֵּין	between, among
הִזְדַּקֵּן	get old
קָהָל (ז.)	audience

לא הולכים לסרט

דני: עמדנו ודיברנו ועכשיו אין כרטיסים אפילו לשורות האחרונות.

רותי: אוי! אני **מִצְטַעֶרֶת**! דיברתי כל-כך הרבה...

דני: את רוצה **לְהִסְתַּכֵּל** בעיתון? אולי יש משהו מעניין בקולנוע אחר?

רותי: כן, הנה יש כאן הצגה חדשה.

דני: כן, אבל כבר ראיתי את ההצגה הזאת. זאת הצגה מודרנית. השחקנים הולכים **בֵּין** השורות ומדברים עם **הַקָּהָל**.

רותי: מי **מִשְׁתַּתֵּף** בהצגה הזאת?

דני: חנה רוֹבִינָא ומשה לוי.

רותי: רוֹבִינָא עוד משחקת? היא **הִזְדַּקְּנָה** מאוד בזמן האחרון.

דני: נכון, היא כבר מאוד זְקֵנָה אבל היא עוד שחקנית טובה מאוד.

רותי: אז מה נעשה?

דני: אפשר ללכת למוזיאון וְלְהִסְתַּכֵּל עַל תמונות יפות.

רותי: אפשר גם ללכת הביתה ולְהִסְתַּכֵּל בַּטלוויזיה.

ת־27 **תרגיל**

חזור על המשפטים הבאים.

1. אני מִצְטַעֵר שלא באתי.
2. היא מִצְטַעֶרֶת שהיא דיברה.
3. היא מִשְׁתַּתֶּפֶת בהצגה החדשה.
4. אנחנו מִסְתַּכְּלִים על המודעות.
5. הן מִשְׁתַּמְּשׁוֹת במכונית.

ת־28

GRAMMAR POINTS

Usually the ת in התפעל precedes the root, e.g., התלבש (root: ל.ב.ש), התרחץ (root: ר.ח.ץ).
But whenever the first root consonant is ש,ס,צ or ז the following changes occur:

1. When the root starts with ש or ס , like ש.מ.ש or ס.כ.ל the the verb is לְהִשְׁתַּמֵּשׁ, לְהִסְתַּכֵּל, etc.
2. When the root starts with צ, like צ.ע.ר, the verb is לְהִצְטַעֵר, etc.
3. When the root starts with ז, like ז.ק.נ., the verb is לְהִזְדַּקֵּן, etc.

הֹוֶה (Present)

מִשְׁתַּמֵּשׁ מִשְׁתַּמֶּשֶׁת מִשְׁתַּמְּשִׁים מִשְׁתַּמְּשׁוֹת

עבר (Past)

	זכר	נקבה
יחיד	הִשְׁתַּמַּשְׁתִּי הִשְׁתַּמַּשְׁתָּ הִשְׁתַּמֵּשׁ	הִשְׁתַּמַּשְׁתִּי הִשְׁתַּמַּשְׁתְּ הִשְׁתַּמְּשָׁה

	זכר	נקבה
רבים	הִשְׁתַּמַּשְׁנוּ הִשְׁתַּמַּשְׁתֶּם הִשְׁתַּמְּשׁוּ	הִשְׁתַּמַּשְׁנוּ הִשְׁתַּמַּשְׁתֶּן הִשְׁתַּמְּשׁוּ

י-29 <u>תרגיל בעל-פה</u>

חזור על המשפטים עם המלים החדשות.

א. אני מִצְטַעֵר שהיא לא באה.

1. אתה
2. היא
3. הוא
4. אתם
5. אנחנו
6. הם

ב. אני מִשְׁתַּתֶּפֶת בשיעור.

1. משה
2. אנחנו
3. הן
4. את
5. אתם
6. מרים ורחל

ג. הוא הִשְׁתַּמֵּשׁ במילון.

1. רינה
2. אני
3. אנחנו
4. את
5. הם
6. אתה

ד. היא הִסְתַּכְּלָה על התמונה.

1. אנחנו
2. אתה
3. הן
4. הוא
5. אתם
6. דוד

ה. אנחנו הִצְטַעַרְנוּ עליו.

1. הוא
2. אני
3. היא
4. הם
5. אתה
6. משה

ו. הוא הִשְׁתַּתֵּף בהצגה החדשה.

1. אנחנו
2. אתם
3. השחקנית
4. את
5. השחקנים
6. אני

ז. הוא הִזְדַּקֵּן מאוד.

1. אני
2. אתה
3. היא
4. אנחנו
5. אתם
6. סבא שלי

י-30 <u>תרגיל</u>

Change into the past tense.

א. היא מצטערת עליו.
ב. אתם משתמשים בספר.
ג. את משתתפת בשיעור.
ד. הם מסתכלים עליה.
ה. אתה מתחתן היום.
ו. הוא מתרגש מאוד.
ז. הוא מזדקן מהר.
ח. אנחנו משתתפים בהצגה.
ט. הם מתלבשים עכשיו.
י. היא מתרחצת כל יום.

י-31 <u>תרגיל</u>

א. כתוב את הדיאלוג עם **להסתכל**.

<u>LOAN WORD</u>

optometrist	אוֹפְּטוֹמֶטְרִיסְט

אצל האופטומטריסט

הָאוֹפְּטוֹמֶטְרִיסְט: על מה את ________ עכשיו?
הבחורה: אני ________ עכשיו על המִספרים הקטנים.
האופטומטריסט: עכשיו את צריכה ________ עלי.
הבחורה: אני ________ עליך כל הזמן!
האופטומטריסט: אני יפה?
הבחורה: אני לא יודעת, אני לא רואה טוב.

ב. כתוב את הדיאלוג עם **להשתתף**.

שתי אימהות

חנה: אני לא ראיתי את הילדים כבר שבוע. מִיכַל ________ בהצגה בבית-הספר ויוסי ________ בסרט.
רות: בסרט?
חנה: כן, זאת לא הפעם הרִאשונה. הוא ________ כבר בשני סרטים וביקשו ממנו ________ גם עכשיו. הרבה שחקנים חשובים ________ בסרט הזה.
רות: מה הוא עושה?
חנה: הוא עושה קפה לשחקנים כשהם לא עובדים!

ג. כתוב את הדיאלוג עם **להצטער**.

רק הוא אוהב...

הוא: אני ________ שלא טילפנתי אתמול.
היא: ואני ________ שאתה מטלפן היום.
הוא: אתמול ________ כששמעתי שאת חולה.
היא: ואני מאוד ________ ששמעת.
הוא: אני ________ שאין לי זמן היום.
היא: ואני ________ לשמוע שיש לך זמן מחר!

י-32 מכתב תודה לדורה

שלום דודה חנה,

תודה על המילון. התרגשתי מאוד כשקיבלתי אותו. אני מסתכלת במילון כדי

למצוא כל מילה חדשה. אני באמת משתמשת בעברית. אני מצטערת שלא ראיתי אותכם בשבת.

אני מתגעגעת מאוד.

להתראות, דָנִיֵאֱלָה.

א. כתוב את המכתב עוד פעם. עכשיו דָנִיֵאֱל כותב אותו.

ב. כתוב את המכתב עוד פעם. עכשיו דניאלה ודניאל כותבים אותו.

ג. כתוב מכתב תודה על סוודר חם שקיבלת.

כתוב עם המלים: ללבוש, להשתתף, להשתמש, להצטער, להסתכל.

תרגיל 33-י

LOAN WORD

אוֹטוֹמָט (ז.)   automaton, vending machine

א. כתוב בזמן עבר.

ישראלית באמריקה

כשבאתי לאמריקה _____ מכל דבר חדש. לא _____ לכבישים הרחבים
                    (להתרגש)   (להתרגל)

ולסופרמרקטים הגדולים. לא _____ בָּאוֹטוֹמָטים לאוכל כי לא ראיתי כאלה בארץ.
                            (להשתמש)

הלכתי ברחובות ו _____ על האנשים, שהיו כל כך שונים. לא _____
                    (להסתכל)   (להשתתף)

בשיעורים כי לא רציתי שישמעו את האנגלית הישראלית שלי.

בחודשים הראשונים _____ כמו ישראלית, לא _____ לג'ינס האמריקאי.
                    (להתלבש)   (להתרגל)

אני _____ הביתה וקצת _____ שבאתי. _____ שהימים יעברו ואחזור
      (להתגעגע)   (להצטער)   (להתפלל)

מהר לארץ.

ב. הישראלית לא גמרה לספר. כתוב את הסיפור בהווה.

המלים הראשונות יהיו: אבל עכשיו, אחרי שלושה חודשים, אני לא מתרגשת מכל
דבר חדש. אני כבר...

ג. הישראלית מספרת מה קוֹרֶה בימים הראשונים באמריקה.

המלים הראשונות יהיו: כשבאים לאמריקה מתרגשים מכל דבר חדש.

י-34 <u>לפני החתונה</u>

מילה חדשה

זוג (ז.) זוגות (ר.)   pair, couple

יוסי: אחרי שאת **תִּתְרַחְצִי**, אני **אֶתְרַחֵץ**.

רותי: **נִתְלַבֵּשׁ** מהר ונטלפן לטקסי "ירושלים". אתה יודע מה המספר?

יוסי: **תִּסְתַּכְּלִי** בספר הטלפון **וּתְתַפַּלְּלִי** שיהיה טקסי. יש הרבה חתונות ביום שלישי.

רותי: למה יש הרבה חתונות ביום שלישי?

יוסי: הרבה **זוגות** רוצים להתחתן ביום שלישי כי אומרים שזה יום עם מזל.

רותי: למה זה יום עם מזל?

יוסי: כי אלוהים אמר ביום השלישי פעמיים "כי טוב".

י-35 <u>תרגיל</u>

חזור על המשפטים הבאים.

א. את תִּתְרַחְצִי עכשיו.

ב. אני אֶתְרַחֵץ אחר-כך.

ג. אנחנו נִתְלַבֵּשׁ מהר.

ד. היא תִּסְתַּכֵּל בספר הטלפון.

ה. הם יִתְפַּלְּלוּ שיהיה טקסי.

י-36

GRAMMAR POINT

Hitpa'el: Future   בנין התפעל: עתיד

The future tense of הִתְפַּעֵל is as follows:

	זכר	נקבה
יחיד	אֶתְלַבֵּשׁ תִּתְלַבֵּשׁ יִתְלַבֵּשׁ	אֶתְלַבֵּשׁ תִּתְלַבְּשִׁי תִּתְלַבֵּשׁ

	זכר ונקבה
רבים	נִתְלַבֵּשׁ תִּתְלַבְּשׁוּ יִתְלַבְּשׁוּ

י-37 **תרגיל בעל-פה**

חזור על המשפטים עם המלים הבאות.

א. שרה תִּתְלַבֵּשׁ אחר-כך.

1. אני
2. אתרחץ
3. שרה ומשה
4. יתחתנו
5. את
6. אנחנו

ב. הוא יִתְרַחֵץ רק מחר.

1. אני
2. את
3. תתחתני
4. הם
5. אתן
6. רינה

ג. הוא יִתְחַתֵּן בשבוע הבא.

1. היא
2. הוא והיא
3. יתגרשו
4. אתם
5. אני
6. דוד ומרים

י-38 **תרגיל**

Change into the future:

א. אני התחתנתי אתמול.

ב. היא מתרחצת עכשיו.
ג. אתם התלבשתם מהר.
ד. את מסתכלת בסרט.
ה. אנחנו השתתפנו בשיעור.
ו. הם הזדקנו לאט.
ז. הוא התרגש מאוד.
ח. אתה התרגלת אליה.
ט. את מתפללת כל יום.
י. אנחנו מצטערים מאוד.

תרגיל י-39

Change these sentences to the future.

דוגמא: השחקן הצעיר משתתף בסרט.
השחקן הצעיר ישתתף בסרט.

א. הסטודנטים השתמשו במילון החדש.
ב. הזקנים מתפללים כל יום בבית הכנסת.
ג. היא מתלבשת כמו זקנה.
ד. מתי הסתכלת בארון הזה?
ה. התגעגעתי מאוד הביתה.
ו. אתם הזדקנתם מאוד.

תרגיל י-40

Write the verb in the appropriate form.

א. נצא מהחדר כדי שהיא __________ (להתלבש).
ב. לא סיפרנו לך כדי שלא __________ (להצטער).
ג. הוא קורא ספרים בעברית כדי __________ (להשתמש) בשפה.
ד. הם נסעו לניו-יורק כדי __________ (להתחתן) בבית כנסת רֶפוֹרְמִי.
ה. שאלתי אותן כדי שהן __________ (להשתתף) בשיעור.
ו. פתחנו את הארון כדי שאת __________ (להסתכל) על הבגדים החדשים.

ז. הם קנו לי מילון כדי ש_________ (להשתמש) במילון בשיעורים.

ח. לא טילפנו אליכם כדי שלא _________ (להתגעגע) הביתה.

י-41 תרגיל

Change to the imperative.

דוגמא: אסור להתרחץ שם.

את - אַל תתרחצי שם!

א. אסור להתלבש כאן.	את - אל _________ כאן!
ב. צריך להתרחץ כל יום.	אתה - _________ כל יום!
ג. אסור להתפלל כאן.	אתם - אל _________ כאן!
ד. לא כדאי להזדקן מהר	את - אל _________ מהר!
ה. אסור להצטער על מה שקרה.	אתה - אל _________ על מה שקרה!
ו. צריך להשתמש בעגבניות האלה.	אתם - _________ בעגבניות האלה!
ז. אסור להתחתן בשבת.	אתם - אל _________ בשבת!
ח. צריך להתרגל לחיים בארץ חדשה.	אתה - _________ לחיים בארץ חדשה!

י-42 תרגיל

כתוב בעתיד.

מילה חדשה

הִתְקַדֵּם (בְּ-) make progress (in)

למה לקנות מילון?

המורה: אני רוצה שאתם _________ (לקנות) מילון ו_________ (להשתמש) במילון. אני רוצה

ש_________ (להתרגל) לפתוח מילון וש_________ (להסתכל) על המילים הקשות.

אני רוצה שאתם _________ (לדעת) איך מוצאים מהר כל מילה וש_________ (להתקדם)

מהר בלי שאף אחד _________ (לעזור) לכם.

י-43 תרגיל

כתוב משפטים לְפִי הדוגמא.

מילה חדשה

צִמְחוֹנִי vegetarian

מה יקרה לך אם תלך לגור בכפר של צמחונים

דוגמא: כְּדַאי להתרחץ במים קרים.
תתרחץ במים קרים!

א. צריך להתלבש פשוט.
ב. צריך לעבוד כמו חקלאי.
ג. אסור להשתמש במכוניות.
ד. צריך להשתתף בשיעורים ליוֹגָה.
ה. אסור לאכול בשׂר או דגים.
ו. מותר לאכול גבינה וביצים.
ז. צריך להתרגל לאכול הרבה ירקות ופירות.
ח. אסור להסתכל בטלוויזיה.
ט. אסור לשתות קפה ובירה.

י-44 תרגיל

גמור את המשפטים לפי הדוגמא.

למה אני בחורה מיוחדת?

דוגמא: אני מתלבשת כמו זקנה כי אבא שלי רצה שאתלבש כמו זקנה.

א. אני לא משתתפת במסיבות כי אבא שלי רצה שאני...
ב. אני יושבת בבית כי אבא שלי...
ג. אני לא מסתכלת בטלוויזיה כי אבא שלי...
ד. אני לא רואה סרטים כי אבא שלי...
ה. אני לא קונה בגדים יפים כי אבא שלי...
ו. אני לא נועלת נעליים יפות כי אבא שלי...

ז. אני לא משתמשת במכונית כי אבא שלי...

ח. אני לא קוראת ספרים כי אבא שלי...

ט. אני לא פוגשת אנשים כי אבא שלי...

י. אני יודעת רק לבשל כי אבא שלי...

אני אתחתן עם זקן עשיר כמו אבא שלי!

תרגיל 45-י

כתוב בעתיד

א. אם אתה _____ (להתרחץ) , _____ (להיות) נקי ויפה.

ב. אם הם _____ (להשתמש) במכונית כל הזמן, הם _____ (להיות) שמנים.

ג. אם את _____ (להסתכל) הרבה בטלוויזיה, _____ (לכאוב) לך העיניים.

ד. אם אנחנו _____ (להתלבש) מהר, _____ (לנסוע) לבקר אותם.

ה. אם היא _____ (ללמוד) טוב, היא לא _____ (להצטער).

ו. אם את _____ (לקרוא) עברית כל יום, _____ (להתרגל) לקרוא מהר.

ז. אם הם _____ (להתרגש) יותר מדי, הם _____ (לשכוח) מה לעשות.

ח. אם את _____ (להשתתף) בהצגה, אני _____ (לבוא) לראות אותך.

ט. היא _____ (להתחתן) איתו רק אם היא _____ (לאהוב) אותו.

י. אם אתה _____ (לעבוד) יותר מדי קשה, _____ (להזדקן) יותר מדי מהר.

תרגיל 46-י

Fill in the blanks with the appropriate preposition: -מ, עם, על, -ל, -ב

א. הוא לא רוצה להסתכל _____ בחורות.

ב. היא תשתמש _____ מכונית של אבא שלה.

ג. אנחנו התגעגענו מאוד _____ משפחה שלנו.

ד. הבחורה הזאת התחתנה _____ המורה שלה.

ה. הצטערתי מאוד _____ מה שקרה.

ו. השחקן הזקן לא השתתף ______הצגה הזאת.

ז. הן מאוד התרגשו ______הספר הזה.

ח. אני אף פעם לא אתרגל ______עיר הזאת.

ט. את מאוד התקדמת ______עברית.

י. כל יום הם מתפללים ______שלום בעולם.

י-47 <u>תרגום</u>

1. It is forbidden to get married if you are not yet sixteen years old.
2. I looked at Danny and saw that he was sad.
3. Two actors and two actresses participated in the play "Who's afraid of Virginia Wolf?"
4. In the box office:
   "I'm sorry but there are tickets only in row number 25."
   "That's the last row, isn't it?"
   "Yes"
   "O.K. I'll take it. I'll move later to a better row."
5. It's worthwhile to use a dictionary when one wants to find new words.
6. The young couple received tickets to America.
7. After they got married they slept in a big bed.
8. We'll get washed before we get dressed.

PART THREE - Review | חלק שלישי - חזרה

י-48

מילים חדשות

בֵּירֵךְ אֶת, עַל	greet, bless
מְצוּיָּין, מְצוּיֶּינֶת (נ.)	excellent
מִשְׂחָק (ז.)	acting, play (n.)

LOAN WORDS

פּוֹלַנְיָה (נ.)	Poland
תֵּיאַטְרוֹן (ז.)	theater
תֵּיאוֹרְיָה (נ.)	theory

חנה רוֹבִינָא - הגברת הראשונה של התיאטרון הישראלי

חנה רוֹבִינָא כבר עברה את גיל שמונים. היא נולדה בעיר קטנה בְּפּוֹלַנְיָה. היא מספרת: "נולדתי בעיר קטנה. המורה שלנו בבית הספר אהב **תֵּיאַטְרוֹן** והוא נתן לבנות לשחק. אז לא ידענו שזאת דְּרָמָה, אבל אהבתי לשחק ומאז אני משחקת. ב-1904 עברתי לְמוֹסְקְבָה והשתתפתי בְּ"הַבִּימָה" - הַתֵּיאַטְרוֹן העברי הראשון".

מאז ועד היום חנה רוֹבִינָא משחקת בַּתֵּיאַטְרוֹן העברי. היא השתתפה בהרבה הצגות.

"פעם עבדו לאט על כל הצגה. למדנו את ההצגה, קראנו הרבה פעמים את הַטֶּקְסְט. היום מבקשים ממני ללמוד את הַטֶּקְסְט ביום אחד, להתלבש, לבוא לקהל ולשחק - קשה להתרגל לזה. אני לא יודעת מה אני עושה בַּתֵּיאַטְרוֹן. אני אוהבת וצריכה לשחק. אבל אני לא יודעת לדבר על **מִשְׂחָק** או ללמד אותו. אין לי **תֵּיאוֹרְיוֹת**. כשאני לא משחקת ולא עובדת על הצגה אני לא חיה".

חנה רוֹבִינָא מספרת עוד: "לא תמיד אני טובה. אבל גם אז אנשים באים בסוף ההצגה, **מְבָרְכִים** אותי על ההצגה, אומרים שהיה **מְצוּיָּין** ואני יודעת שהפעם זה לא באמת. אני לא יכולה להסתכל בעיניים. אני יודעת - שיחקתי, גמרתי את ההצגה, אבל זאת לה היתה הצגה חיה".

"לא חשוב מה מספרים או כותבים בעיתונים. רק הקהל חשוב. השחקן הוא אִינְדִיבִידוּאַלִיסְט וְאֶגוֹצֶנְטְרִי אבל הוא לא יכול לחיות בלי הקהל".

חנה רוֹבִינָא מתגעגעת לַימים של תל-אביב הקטנה, ומצטערת שהיום הַתֵּיאַטְרוֹן

פחות חשוב לאנשים. פעם היא הלכה לכל הצגה חדשה. היא מספרת: "כולם הלכו. ובלילה, אחרי ההצגה, ישבו בבית קפה ודיברו על הַתֵּיאַטְרוֹן. עכשיו הַתֵּיאַטְרוֹן הוא לא חג. אנשים לא הולכים הרבה להצגות - מסתכלים בטלוויזיה ומדברים על פוליטיקה..."

י-49 <u>שאלות</u>

א. מתי חנה רובינא שיחקה בפעם הראשונה?
ב. באיזה תיאטרון היא משחקת?
ג. למה חנה רובינא לא התרגלה לתיאטרון המודרני?
ד. מתי חנה רובינא לא יכולה "להסתכל בעיניים"?
ה. למה חנה רובינא לא הולכת לכל ההצגות החדשות?
ו. מה הכי חשוב לחנה רובינא בחיים?

י-50 <u>תרגום</u>

1. When we meet each other, we greet each other.
2. I don't know what happened to her; she no longer takes part in plays.
3. Every Friday night father blesses the wine.
4. He was sorry that he didn't watch the movie on TV.
5. They will use the car in order to go home.
6. This is a good play - it's worthwhile seeing it.
7. I'll get married only if I feel like doing it.
8. She stood between the first two rows.
9. My mother speaks Hebrew, Polish and Yiddish.
10. She opens the door of her apartment with the key.
11. Run to her and ask her why she didn't come to class.
12. They'll come here after us.

SUMMARY

In this chapter you have learned:

1. More modals: אָסוּר, מוּתָּר, כְּדַאי.
2. Root with initial ז, צ, ש, ע in Hitpa'el (הִתְפַּעֵל).
3. The future tense of Hitpa'el.
4. The following new words:

last	אַחֲרוֹן
it's forbidden	אָסוּר
between, among	בֵּין
greet, bless	בֵּירֵךְ אֶת, עַל
get old	הִזְדַּקֵּן
look, watch	הִסְתַּכֵּל עַל / בְּ-
show, performance	הַצָּגָה (נ.)
be sorry, regret	הִצְטַעֵר
use	הִשְׁתַּמֵּשׁ בְּ-
participate	הִשְׁתַּתֵּף בְּ-
make progress (in)	הִתְקַדֵּם (ב-)
pair, couple	זוּג (ז.) זוּגוֹת (ר.)
great!	יוֹפִי!
it's worthwhile	כְּדַאי
ad	מוֹדָעָה (נ.)
it's permitted	מוּתָּר
key	מַפְתֵּחַ (ז.) מַפְתְּחוֹת (ר.)
excellent	מְצוּיָּן
funny	מַצְחִיק
acting, play (n.)	מִשְׂחָק
cake	עוּגָה (נ.)
vegetarian	צִמְחוֹנִי
audience	קָהָל (ז.)
cinema, movie theater	קוֹלְנוֹעַ (ז.)

box office, cash register	קוּפָּה (נ.)
far	רָחוֹק
serious	רְצִינִי
actor, player	שַׂחְקָן, שַׂחְקָנִית (נ.)
row, line	שׁוּרָה (נ.)

LOAN WORDS

automaton, vending machine	אוֹטוֹמָט (ז.)
optometrist	אוֹפְּטוֹמֶטְרִיסְט
baby-sitter	בֵּייבִּי-סִיטֶר
banana	בַּנָּנָה (נ.)
gas	גַּז
diet	דִיאֶטָה (נ.)
hippie	הִיפִּי
liberal	לִיבֶּרָלִי
Poland	פּוֹלַנְיָה (נ.)
chocolate	שׁוֹקוֹלַד (ז.)
theory	תֵּיאוֹרְיָה (נ.)
theater	תֵּיאַטְרוֹן (ז.)

פרק י"א UNIT

חלק ראשון - הווה ועבר של בנין הִפְעִיל. PART ONE - Verb Pattern Hif'il: Present and Past

יא-1 קטע קריאה

מילים חדשות

לְהַרְגִּיש	feel
לְהַזְמִין	order, invite
לְהַפְסִיק	stop
לְהַתְחִיל	start
לְהַצְלִיחַ	succeed, prosper

איפֹה הרופא?

"אני תמיד **מַזְמִינָה** את הרופא שלי כשאני **מַרְגִישָׁה** לא טוב. אבל עכשיו כבר מאוחר, והרופא **מַפְסִיק** לעבוד. אי אפשר למצוא את הרופא הזה כש**מַרְגִישִׁים** לא טוב. כשמשהו רק **מַתְחִיל** לכאוב לי אני מטלפנת לרופא. אבל אף פעם אני לא **מַצְלִיחָה** למצוא אותו בפעם הָראשונה".

יא-2 תרגיל

חזור על המשפטים הבאים.

א. הרופא מַפְסִיק לעבוד בשתיים.

ב. אני תמיד מַזְמִין את הרופא הביתה.

ג. הם מַרְגִישִׁים לא טוב היום.

ד. משהו מַתְחִיל לכאוב לי.

ה. אני לא מַצְלִיחָה למצוא אותו.

יא-3

GRAMMAR POINTS

The following is the conjugation of the verb pattern Hif'il (הִפְעִיל) in the present tense:

נקבה		זכר	
מַרְגִּישָׁה	אני את היא	מַרְגִּישׁ	אני אתה הוא
מַרְגִּישׁוֹת	אנחנו אתן הן	מַרְגִּישִׁים	אנחנו אתם הם

יא-4   תרגיל בעל-פה

חזור על המשפטים הבאים עם המלים הבאות.

א. הוא מַפְסִיק לקבל את העיתון בינואר.

1. אתה   4. אתן
2. היא   5. הן
3. אנחנו   6. רות

ב. אנחנו מַזְמִינִים כרטיסים למטוס.

1. אני   4. הם
2. הוא   5. אנחנו
3. את   6. דוד ורחל

ג. היא מַרְגִּישָׁה מצויין.

1. אתה   4. משה
2. אנחנו   5. את
3. מתחילים   6. משה ורינה

ד. היא מַזְמִינָה אותנו אליה.

4. אני		1. אתה	
5. אנחנו		2. דוד	
6. אחות שלו		3. הם	

ה. אני מַתְחִיל ללמוד בשמונה.

4. אתה		1. שרה	
5. אנחנו		2. הם	
6. את		3. אתן	

ו. היא מַצְלִיחָה טוב בבחינות.

4. הם		1. אתה	
5. אני		2. את	
6. הוא		3. מרגישה	

יא-5 תרגיל

Complete the sentences as in the example.

דוגמא: היא מַפְסִיקָה לעבוד באחת,

גם בעלה מַפְסִיק לעבוד באחת.

א. אני מרגיש לא טוב, גם האישה שלי...

ב. אנחנו מזמינים עוגה, גם את...

ג. היא מפסיקה ללמוד בינואר, גם הוא...

ד. הם מרגישים שקר כאן, גם אנחנו...

ה. אתה מזמין את סבא, גם אני רוצה

ו. הוא מרגיש שמשעמם כאן, גם אני (נ.)...

ז. אני מתחיל ללמוד איטלקית, גם היא...

ח. היא מצליחה תמיד, גם אתה...

יא-6 תרגיל

כתוב את המשפטים הבאים בהווה.

דוגמא: חנה לא __מרגישה__ (הרגיש) טוב היום.

א. אנחנו רוצים ________ (הזמין) אותכם לארוחת ערב.

ב. הם ________ (הפסיק) לעבוד כל יום בחמש.

ג. אני (ז.) ________ (הרגיש) שהיא לא אוהבת אותי.

ד. הן תמיד ________ (הצליח) עם הבחורים.

ה. הם ________ (התחיל) ללמוד בשבוע הבא.

ו. אתם ________ (הזמין) גם גבינות צרפתיות?

ז. המורה שלנו תמיד ________ (הפסיק) את הבחינה אחרי שעה.

ח. היא ________ (הרגיש) שאף אחד לא רוצה אותה כאן.

יא-7 תרגיל

Complete the dialogue with the correct form of the verbs in parentheses.

א. היא באמת חולה!

הרופא: מה כואב לך היום?

החולה: אני לא יודעת. אני ________ (הרגיש) לא טוב.

הרופא: אם את ________ (הרגיש) לא טוב, את צריכה ________ (הפסיק) לעבוד לשבוע.

החולה: טוב! אני יכולה ________ (הפסיק) כבר היום. אפשר אולי ________ (להזמין) טקסי מהמשרד שלך? אני לא יכולה ללכת ברגל - אמרת שאני חולה.

ב. אז מה אם רינה חולה?

א: את מי אתה ________ (הזמין) למסיבה?

ב: אני ________ (הזמין) את רינה וחיים.

א: אבל רינה לא ________ (הרגיש) טוב. היא במיטה.

ב: בסדר, אז רינה לא תבוא. את חושבת שצריך ________ (הפסיק) את כל המסיבות כי רינה חולה?!

יא-8 קטע קריאה

מילים חדשות

agree	הִסְכִּים
go on, continue	הִמְשִׁיךְ
promise	הִבְטִיחַ לְ-

LOAN WORD

hypochondriac	הִיפּוֹכוֹנְדְרִי

ההיפוֹכוֹנדרית

הרופא: מה נשמע גברת תַבּוֹרִי?

גב. תבורי: אני לא מרגישה טוב.

הרופא: מה כואב לך היום?

גב. תבורי: הבטן, העיניים, הראש, הכל!

הרופא: גם אתמול לא **הִרְגַשְׁתְּ** טוב, נכון?

גב. תבורי: נכון, **הִרְגַשְׁתִּי** שאני הולכת למות.

הרופא: מותר להגיד לך משהו? גם מחר יכאב לך משהו. את הִיפּוֹכוֹנְדְרִית!

גב. תבורי: אבל **הִסְכַּמְתָּ** לראות אותי!

הרופא: נכון, אבל את לא יכולה **לְהַמְשִׁיךְ** עם זה. **הִבְטַחְתְּ** לי להפסיק!

גב. תבורי: בסדר, אני מַבְטִיחָה עוד פעם. שום דבר לא כואב לי.

יא-9 תרגיל

חזור על המשפטים.

א. אתמול הִרְגַשְׁתִּי לא טוב.

ב. הִפְסַקְתִּי לעבוד מוקדם.

ג. גם אתה לא הִרְגַשְׁתָּ טוב.

ד. הִסְכַּמְתָּ לראות אותי.

ה. היא הִמְשִׁיכָה לשחק.

ו. היא הִבְטִיחָה לְהַפְסִיק.

<u>בדיחה</u>

הטלפון מצלצל בבית החולים:

- שלום, אפשר לדעת איך יעקב גִלְבּוֹעַ מרגיש עכשיו?

אחרי כמה דקות:

- הוא הרגיש לא טוב אתמול, אבל היום הוא מרגיש יותר טוב. הרופא אומר שהוא ילך הביתה ביום חמישי. אבל, מי מדבר בבקשה?

- יעקב גִלְבּוֹעַ. הרופא שלי לא רצה להגיד לי איך אני מרגיש...

יא-10

GRAMMAR POINTS

The past tense (עָבַר) of Hif'il (הִפְעִיל) is as follows:

	זכר		נקבה	
יחיד	אני	הִרְגַשְׁתִּי	אני	הִרְגַשְׁתִּי
	אתה	הִרְגַשְׁתָּ	את	הִרְגַשְׁתְּ
	הוא	הִרְגִישׁ	היא	הִרְגִישָׁה
רבים	אנחנו	הִרְגַשְׁנוּ	אנחנו	הִרְגַשְׁנוּ
	אתם	הִרְגַשְׁתֶּם	אתן	הִרְגַשְׁתֶּן
	הם	הִרְגִישׁוּ	הן	הִרְגִישׁוּ

Compare the following pairs:

אנחנו הִרְגַשְׁנוּ — הם הִרְגִישׁוּ

אנחנו הִזְמַנּוּ — But: הם הִזְמִינוּ

יא-11 <u>תרגיל בעל-פה</u>

חזוֹר על המשפטים הבאים עם המלים הבאות:

א. <u>הִסְכַּמְתִּי</u> לדבר איתו.

1. אתה
2. אנחנו
3. המשכנו
4. אתן
5. אני
6. משה

ב. <u>הִמְשַׁכְנוּ</u> לעבוד עד שמונה.

1. היא
2. הן
3. המשיכו
4. אני
5. אנחנו
6. אבא שלי

ג. היא <u>הִפְסִיקָה</u> לכתוב לנו.

1. הוא
2. התחיל
3. את
4. הם
5. היא
6. דני ודוד

ד. <u>הִצְלַחְתִּי</u> לבוא בזמן.

1. משה
2. אתה
3. הִמְשַׁכְתְּ
4. אנחנו
5. אתם
6. את

ה. היא <u>הִבְטִיחָה</u> לעזור לו.

1. את
2. הסכמת
3. אנחנו
4. התחלנו
5. אני
6. המורה שלו

ו. הם <u>הִזְמִינוּ</u> אותם למסיבה.

1. שרה
2. אני
3. את
4. אנחנו
5. הם
6. אתה

יא-12 <u>תרגיל</u>

Form questions about the underlined part of the sentences below.

דוגמא: התחלתי לעבוד <u>איתם</u>.

עם מי התחלת לעבוד?

א. הזמנת את שרה.
ב. הוא הצליח בבחינה.
ג. הבטחנו שנבוא.
ד. הם התחילו לכתוב את המכתב.
ה. היא לא הסכימה עם משה.
ו. המורה הפסיקה את הסטודנטית.
ז. הם הזמינו אותם למסיבה.
ח. אני הבטחתי לרינה מתנה.
ט. אתם הזמנתם לכם פיצה.
י. התחלתי לחשוב על שרה.

תרגיל יא-13

Change the sentences as in the example:

דוגמא: אני רציתי להתחיל ללמוד.
התחלתי ללמוד.

א. היא אוהבת להרגיש טוב.
ב. אנחנו יכולים להפסיק ללמוד.
ג. אתם רציתם להזמין קפה.
ד. היא רצתה להצליח בבחינה.
ה. אתה לא רצית להסכים איתה.
ו. הם יכלו להבטיח לנו.
ז. את רצית להתחיל לדבר.
ח. אני לא רוצה להמשיך לקרוא.
ט. כולם רצו להצליח.
י. התחלתי להרגיש רע.
יא. היא לא תרצה לשבת בבית.
יב. הם אהבו לשמוע מוזיקה.
יג. אתה רוצה לבקר אותה.
יד. היא צריכה לבוא הביתה.
טו. אנחנו נרצה לנסוע לתל-אביב.

יא-14 <u>תרגיל</u>

גמור את המשפטים לפי הדוגמא.

דוגמא: היום אני מרגיש לא טוב.
גם אתמול לא הרגשתי טוב.

א. היום את מבטיחה לסדר את הבית. גם אתמול...
ב. היום אנחנו מזמינים כרטיסים לסרט. גם אתמול...
ג. היום אתם מזמינים אותנו לארוחת ערב. גם אתמיל...
ד. היום היא מפסיקה לעבוד מוקדם. גם אתמול...
ה. היום הם מתחילים לשחק בצוהריים. גם אתמול...
ו. היום אתה מבטיח לקחת אותי לסרט. גם אתמול...
ז. היום אתם ממשיכים ללמוד כל הלילה. גם אתמול...
ח. היום אני מרגיש מצויין. גם אתמול...
ט. היום את לא מסכימה לשמוע אותי. גם אתמול...
י. היום הוא מצליח לגמור את השיעורים. גם אתמול...

יא-15 <u>תרגיל</u>

<u>מילה חדשה</u>

סוֹגְרַיִים (ז. ר.) parentheses

ענה על השאלות הבאות. כְּתוֹב עם המילים **בַּסוֹגְרַיִים.**

דוגמא: מתי התחלתם ללמוד השנה? (פברואר)
התחלנו ללמוד בפברואר.

א. מי הסכים להשתתף בהצגה? (כל התלמידים)
ב. מתי הזמנת כרטיסים? (לפני שבוע)
ג. למה הוא המשיך ללמוד באוניברסיטה? (אמא שלו רצתה)
ד. מי הצליח לעבור את הבחינה הזאת? (אף אחד)
ה. למה אתה מפסיק לעבוד? (אין לי חשק)
ו. כמה אנשים לא הרגישו טוב אחרי המסיבה? (אף אחד)
ז. מה הבטחתן לעשות למסיבה? (עוגות)

ח. למה לא הצלחת בבחינה? (הייתי חולה)

ט. מתי הפסקתן לשחק? (בעשר בלילה)

י. את מי הזמנת לארוחת ערב? (משפחת לוי)

יא-16 תרגיל - בחורים, בחורים

Write 9 sentences from colcmns א and ב. Follow the example.

א	ב
להסתכל	עם
לטלפן	אל
ללכת	על
להתנשק	ל-
לכתוב	Ø
להזמין	
להתחיל	
לאהוב	
לפגוש	
לבקר	

דוגמא: א. הוא הסתכל על בחורות יפות.

ב. הוא ______________ בחורות יפות.

ג. הוא ______________ בחורות יפות.

ד. הוא ______________ בחורות יפות.

ה. הוא ______________ בחורות יפות

ו. הוא ______________ בחורות יפות.

ז. הוא ______________ בחורות יפות.

ח. הוא ______________ בחורות יפות.

ט. הוא ______________ בחורות יפות.

י. הוא ______________ בחורות יפות.

ולכן הוא לא התחתן אף פעם!

יא-17 **תרגיל - בחורות, בחורות**

מילה חדשה

meeting, date	פְּגִישָׁה (נ.)

א. לפני הַפְּגִישָׁה הוא התחיל להתרגש. הוא הבטיח להיות בבית הקפה ב-4.30. הוא הרגיש שהיא לא תהיה אבל הוא המשיך לחשוב שהיא תבוא. הוא הזמין טקסי ונסע. הוא הצליח לבוא בַּזמן אבל היא לא היתה שם.

ב. כתוב את הסיפור שלה.
לפני הפגישה גם היא התחילה להתרגש. היא...

יא-18 **תרגיל**

Fill in the verbs in the appropriate form.

מילה חדשה

almost	כִּמְעַט

LOAN WORDS

architecture	אַרְכִיטֶקְטוּרָה (נ.)
architect	אַרְכִיטֶקְט, אַרְכִיטֶקְטִית (נ.)

קשה למצוא עבודה

אחרי שגמרתי ללמוד באוניברסיטה __________ (להתחיל) לחפש עבודה. __________ (להצליח) בלימודים, ו__________ __________ (לרצות, להמשיך) לעבוד בַּאַרְכִיטֶקְטוּרָה. __________ (לצלצל) למשרדים ו__________ (לשאול) אותם אם הם צריכים אַרְכִיטֶקְטִים. אבל בכל מקום __________ (לאמר) לי שלא צריך אַרְכִיטֶקְטִים עכשיו.
כִּמְעַט __________ (להפסיק) לחפש, __________ (להרגיש) שאין לי מזל.
לפני שבוע אַרְכִיטֶקְט אחד __________ (להסכים) לדבר איתי. הוא __________ (להזמין) אותי לפְּגִישָׁה בסוֹף השבוע, אבל גם הוא לא __________ (להבטיח) לי עבודה ולכן __________ (להמשיך) לחפשׂ.

ב. לפני הפגישה עם הבוס התרגשתי מאוד. התרחצתי והתלבשתי יפה. האישה שלי
ביקשה שאלבש בגדים יפים, והסכמתי. הבטחתי לאישה שלי לטלפן אליה אחרי
הפגישה. הזמנתי טקסי ונסעתי...
אבל עבודה עוד לא מצאתי!

ג. כתוב את קטע ב. בזמן הווה.
כל פעם לפני הפגישה עם הבוס אני מתרגש מאוד. אני...

<u>תרגיל 19-יא</u>

Fill in with the appropriate form of the following verbs:

הִתְחִיל, הִרְגִּיש, הִמְשִיךְ, הִצְלִיחַ, הִפְסִיק, הִסְכִּים.

<u>בשנות השלושים</u>

בסוף שְׁנות השלושים הרבה אנשים לא _____ למצוא עבודה. הם _____
לעבוד בכל מקום כי לא היה להם כסף.
גם כשהם _____ לעבוד הם בדרך כלל לא _____ לעבוד הרבה זמן כי
לבוסים שלהם לא היה כסף והם היו צריכים _____ את העבודה. הרבה אנשים
_____ שהם לא יכולים לתת אוכל לילדים שלהם ועזבו את הבית כדי לחפש
עבודה במקום אחר.

<u>תרגיל 20-יא</u>

<u>מילים חדשות</u>

fill in	מִילֵא
questionnaire	שְׁאֵלוֹן (ז.)
clerk	פָּקִיד (ז.)

כתוב את הסיפור הבא עם המילים הבאות: דיבר, שאל, הזמין, הלך, הסתכל,
מצא, הצליח, הפסיק, הבטיח, המשיך, קיבל, מילא.

<u>משרד העבודה</u>

כשלמישהו אין עבודה הוא _____ למשרד העבודה, שם הוא _____
עם הפָּקִיד ו _____ שְׁאֵלוֹן. הַפָּקִיד _____ בַּשְׁאֵלוֹן ו _____ את האיש כמה

שנים הוא עובד.

הוא __________ לחפשׂ עבודה בשביל האיש ו__________ אותו לבוא למשרד בעוד כמה ימים. אחרי כמה ימים האיש בא. לפעמים הפָּקִיד __________ למצוא לו עבודה אבל לִפעמים אין עבודה בַּשוּק. הַפָּקִיד __________ לחפש והוא __________ לחפש רק כשהאיש __________ עבודה.

יא-21

מילים חדשות

מִקְצוֹעַ (ז.) מִקְצוֹעוֹת (ר.)	profession
תַּאֲרִיךְ (ז.)	calendar date
חֲתִימָה (נ.)	signature

LOAN WORD

אֶלֶקְטְרוֹנִיקָה (נ.)	electronics

א. שְׁאֵלוֹן במשרד העבודה

שם: יוסף

שם משפחה: כהן

הכתובת: רח' יָפוֹ 50, ירושלים.

שם האב: משה

שם האם: חנה

צבע עיניים: כחול

צבע השערות: שחור

מתי נולדת? 1940

מתי עלית לארץ? 1950

איפה נולדת? פולניה

יש לך אישה? __X__ כן ; ___ לא

שם האישה: מִרְיָם

מספר הילדים: 2

איפה האישה שלך עובדת? בית הספר "יְהוּדָה הַמַּכַּבִּי"

כמה שנים עבדת? 12

הַמִּקְצוֹעַ: אֱלֶקְטְרוֹנִיקָה

איפה עבדת עד עכשיו? משרד הטלוויזיה, ירושלים

תַּאֲרִיךְ: 1.1.1975

חֲתִימָה: יוסף כהן

ב. עֲנֵה על השְׁאֵלוֹת לְפִי הַשְּׁאֵלוֹן.

1. איך קוראים לָאיש?
2. כמה ילדים יש לו?
3. איפה הוא עבד עד עכשיו?
4. איזה עיניים יש לו?
5. מה שם האישה שלו?
6. מתי הוא עלה לארץ?
7. מתי הוא מילא את השאלון?
8. איך קוראים לאמא שלו?
9. איפה הוא נולד?
10. מה העבודה שלו?
11. איזה שערות יש לו?
12. איפה האישה שלו עובדת?
13. מה שם אבא שלו?
14. כמה שנים הוא כבר עובד?
15. איפה הוא גר?

ג. שְׁאַל חבר/ה שלך, וּמַלֵּא שְׁאֵלוֹן שלו/שלה.

יא-22 <u>תרגום</u>

1. She always orders a big salad with a lot of vegetables.
2. I stopped eating so much because I was fat.
3. It's necessary to call the doctor when one doesn't feel well.
4. They promised us to look for the book.
5. Rina succeeded in her new job.
6. She was very excited before the date, but she started laughing when he came.

7. You (m. sg.) continued loving her even after she didn't want to get married to you.
8. After he started working hard, he got used to it.

PART TWO - More Modal Expressions — חלק שני - אסור ל- / מותר ל- / כדאי ל-

יא-23 קריאה

א. בְּסִיבִּירְיָה

"אָסוּר **לָכֶם** לקרוא ספרים מהעולם הַקַּפִּיטָלִיסְטִי"

"אָסוּר **לָכֶם** לדבר על פוליטיקה."

"מוּתָּר **לָכֶם** לקבל מכתבים רק פעם בחודש."

"כְּדַאי **לָכֶם** לעבוד קשה."

"לֹא כְּדַאי **לָכֶם** לחשוב יותר מִדַּי."

ב. חזור על המשפטים האלה.

יא-24

GRAMMAR POINTS

Compare and study the following sentences:

1. א) אסור לקרוא ספרים.

It's forbidden to read books.

ב) אסור לכם לקרוא ספרים.

You are forbidden to read books.

2. א) מותר לקבל מכתבים.

It's permitted to get letters.

ב) מותר להם לקבל מכתבים.

They are permitted to get letters.

3. א) כדאי לעבוד קשה.
It's worthwhile to work hard.

ב) כדאי לי לעבוד קשה.
It's worthwhile for me to work hard.

4. א) לא כדאי לנסוע לשם.
It isn't worthwhile to travel there.

ב) לא כדאי לנו לנסוע לשם.
It isn't worthwhile for us to travel there.

But notice the following:

אפשר לעבוד / אני יכול לעבוד
אי אפשר לעבוד / אני לא יכול לעבוד
צריך לעבוד / אני צריך לעבוד
לא צריך לעבוד / אני לא צריך לעבוד

יא-25 תרגיל

Drop the modal כדאי, מותר, אסור and form an imperative.

דוגמא: אסור לך לדבר.
אל תדבר!

א. מותר לכם ללכת הביתה.
ב. אסור לְךָ לבוא מאוחר.
ג. לא כדאי לכן לשתות בירה.
ד. כדאי לָךְ ללמוד טוב.
ה. אסור לכם לעבוד קשה.
ו. מותר לְךָ להתחתן עכשיו.
ז. כדאי לָךְ לבקר אותה.
ח. מותר לכם לשאול שאלות.
ט. כדאי לכם להתרחץ כל יום.
י. אסור לְךָ לנסוע הביתה

יא-26 **תרגיל**

מילים חדשות

אור (ז.) אורות (ר.)	light
נָהַג	drive (v.)
כְּבִיש (ז.)	paved road
מִדְרָכָה (נ.)	sidewalk
טְרֶמְפִּיסְט, טְרֶמְפִּיסְטִית (נ.)	hitchhiker

כתוב את המשפטים לפי הדוגמא.

דוגמא: אסור לנֶהָגִים לנסוע 70 מִיל לְשעה.
מותר להם לנסוע רק 55 מִיל לשעה.

על הכביש

א. אסור לנהגים לנסוע בְּ**אור** אדום.
ב. אסור לנהגים לעמוד על **הַמִדְרָכָה**.
ג. אסור לנהגים לשתות בירה במכונית.
ד. אסור לנהגים לִנְהוג ביד אחת.
ה. אסור לנהגים לנהוג בלילה בלי אורות.
ו. אסור לנהגים לקחת **טְרֶמְפִּיסְטִים**.
ז. אסור לנהגים לנהוג בלי אור.

יא-27 **תרגיל**

כתוב את המשפטים הבאים לפי הדוגמא.

דוגמא: אסור לקום מהכיסא.
לתלמידים אסור לקום מהכיסא, אבל למורים מותר לקום מהכיסא.

א. בבית הספר שלי.

1. אסור לאכול בכיתה.
2. אסור לשאול שאלות.
3. אסור לספר בדיחות.
4. אסור ללכת מהכיתה.

5. אסור לשתות קפה בזמן השיעור.
6. אסור לכתוב מכתבים או לקרוא עיתון.
7. אסור להתלבש איך שרוצים.

ב. דני לומד בבית ספר אחר. הוא מספר (לפי א.):
לנו מותר לקום מהכסא.
לנו מותר...

יא-28 <u>תרגיל</u>

<u>יהודי בסיביריה</u>

א. "אולי פעם אני אכתוב מכתבים בעברית.
אולי פעם אני אקבל מכתבים מהארץ.
אולי פעם אני אחגוג את החגים היהודיים.
אולי פעם אני אתפלל בבית הכנסת.
אולי פעם אני אוכל מצות ואשתה יין מארץ ישראל.
אולי פעם אני אומר מה שאני יודע ואדע מה שאני אומר..."

ב. "אבל עכשיו אסור לי לכתוב מכתבים בעברית.
עכשיו אסור לי... (גמור לפי א.)

יא-29 <u>תרגיל</u>

<u>מילה חדשה</u>

הַכּוֹתֶל (ז.) — The Wailing Wall

א. <u>מה עשיתי בישראל?</u>

ביקרתי בעיר הָעַתִּיקָה בירושלים והלכתי לַכּוֹתֶל והתפללתי שם. נסעתי להתרחץ בים המלח ועליתי להר הַמְּצָדָה. נסעתי לְאֵילַת וקניתי בַּשּׁוּק בִּבְאֵר-שֶׁבַע. עבדתי וגרתי כמה ימים בקיבוץ וביקרתי בִּצְפַת. אכלתי פָּלָפֶל ושלחתי הביתה תמונות יפות מהארץ. הלכתי בָּרחובות ופגשתי ישראלים ודיברתי איתם.

ב. כתוב לחבר שלך מה כדאי לו לעשות בארץ (לפי א.)
תתחיל: כדאי לך לבקר בעיר העתיקה בירושלים.
כדאי לך...

יא-30 תרגיל

כתוב את המשפטים לפי הדוגמא.

דוגמא: אל תסעי בלילה!
לא כדאי לך לנסוע בלילה.

לטרמפיסטית

א. אל תסעי לבד!
ב. אל תסעי למקומות קטנים ורחוקים!
ג. אל תסעי אם יש רק נהג במכונית!
ד. אל תעמדי על הכביש!
ה. אל תעמדי בכביש בלילה!
ו. אל תסעי...!

יא-31 תרגיל

סטודנט חדש בא לאוניברסיטה. אין לו דירה. אין לו חברים. הוא לא היה אף פעם בעיר הזאת. הוא לא יודע איפה החנויות, איפה הבַּנְק - הוא לא יודע מה לעשות ולאן ללכת.

כתוב מה כדאי לו לעשות בשבוע הראשון.
תשתמש ב- כְּדַאי לך...

יא- תרגום

1. You are forbidden to order a big cake.
2. They are permitted to start driving.
3. It's worthwhite for her to stop eating so much.

4. I can't agree with him, but he is permitted to say it.
5. It's worthwhile for you to read this book, even if you don't have to.

PART THREE - The Future of Hif'il   חלק שלישי - הֶעָתִיד של הִפְעִיל

יא-33

מילים חדשות

earn, win	הִרְוִיחַ
explain	הִסְבִּיר
turn on, light	הִדְלִיק
decide	הֶחְלִיט
hold	הֶחְזִיק
make angry	הִרְגִיז

בחוּר עם היסטוריה

הוא **הֶחְלִיט לְהַסְבִּיר** לי למה הוא לא יכול להתחתן איתי עכשיו. הוא **הִדְלִיק** סִיגַרְיָה, **הֶחְזִיק** את היד שלי ואמר:

"היו לי כבר חמש נשים. אני צריך לשלם לכל אחת מהן כסף כל חודש ואני לא **מַרְוִיחַ** הרבה כסף. אם **אַרְוִיחַ** יותר אני **מַבְטִיחַ** להתחתן איתך!"

אמרתי לו: "גם אם **תַּחְלִיט** להתחתן איתי אני לא **אַסְכִּים**. אני לא אהיה האישה השישית! **אַל תַּרְגִּיז** אותי יותר!"

יא-44 תרגיל

חזוֹר על המשפטים הבאים.

א. אני אַרְוִיחַ יותר כסף.
ב. מתי תַּחְלִיט להתחתן.
ג. אני לא אַסְכִּים.
ד. הוא יַרְוִיחַ הרבה כסף.

ה. אנחנו נַסְבִּיר לה את השיעור.
ו. הם יַבְטִיחוּ לבוא אלינו.
ז. אַל תַּרְגִּיז אותי!

יא-35

GRAMMAR POINT

The future tense of Hif'il is as follows:

	זכר	נקבה
יחיד	אַדְלִיק תַּדְלִיק יַדְלִיק	אַדְלִיק תַּדְלִיקִי תַּדְלִיק
	זכר ונקבה	
רבים	נַדְלִיק תַּדְלִיקוּ יַדְלִיקוּ	

יא-36 תרגיל בעל-פה

חזור על המשפטים הבאים עם המילים הבאות.

א. מחר אני אַסְבִּיר לכם מה קרה.

1. אנחנו
2. הוא
3. היא
4. הם
5. אני
6. משה

ב. תַּדְלִיק את האור.

1. הוא
2. הן
3. את
4. אתם
5. אתה
6. אני

ג. הוא לא יַפְסִיק לחפש עבודה.

1. אני
2. אנחנו
3. נתחיל
4. אתה
5. הוא
6. הם

ד. אני אַחְלִיט מה אעשה.

1. אנחנו
2. היא
3. הוא
4. אתה
5. אתם
6. הם

ה. הוא יַחְזִיק את הספר.

1. היא
2. הם
3. יזמינו
4. אני
5. את
6. המורה

ו. אני אַרְוִיחַ הרבה כסף.

1. את
2. היא
3. תבטיח
4. הם
5. אנחנו
6. הוא

יא-37 <u>תרגיל</u>

<u>מילה חדשה</u>

הִשְׁלִים	complete

תַּשְׁלִים את המשפטים הבאים בעתיד.

דוגמא: היא לא <u>תרויח</u> (הרויח) בעבודה הזאת הרבה כסף.

א. הוא לא ________ (המשיך) לחפש עבודה.

ב. היא ________ (התחיל) ללמוד בשנה הבאה.

ג. אנחנו לא ________ (הבטיח) לכם שום דבר.

ד. הם ________ (הצליח) בכל מה שהם יעשו.

ה. (אתם) ________ (הדליק) את הרדיו בשקט.

ו. מתי היא __________ (הסביר) מה היא חושבת לעשות?
ז. אנחנו לא __________ (החליט) עד מחר מה ללמוד.
ח. (את) __________ (הרגיש) יותר טוב מחר.

יא-38 <u>תרגיל</u>

תַשְׁלִים את המשפטים הבאים לפי הדוגמא.

דוגמא: היא תרויח 600 לירות לחודש.
גם הוא ירויח 600 לירות לחודש.

א. הוא ידליק סיגריה. גם אני...
ב. אנחנו נחליט אם לנסוע. גם אתם...
ג. הם לא יסכימו להשתתף בהצגה. גם אנחנו...
ד. הוא יחזיק את החתול. גם הן...
ה. היא תסביר לי איך ללכת. גם הנהג...
ו. תמשיך ללמוד אחרי החתונה. גם האישה שלך...
ז. אני אזמין את המעיל. גם את...
ח. תחליטי מחר אם את נוסעת. גם אתם...
ט. אתה תרגיז אותי. גם הם...

יא-39 <u>תרגיל</u>

תַשְׁלִים את המשפטים הבאים לפי הדוגמא.

דוגמא: פעם הוא הרויח אלף לירות לחודש. (אלף חמש מאות)
אבל מעכשיו הוא ירויח אלף חמש מאות לירות לחודש.

א. פעם הוא התחיל לעבוד בשמונה בבוקר. (בשבע)
ב. פעם החלטנו הכל לבד. (ביחד)
ג. פעם הסברת לי הכל באנגלית. (בעברית)
ד. פעם הדלקת את הרדיו כל ערב. (טלוויזיה)
ה. פעם היא המשיכה ללמוד בגלל ההורים שלה. (בגלל הבעל שלה)
ו. פעם הם הזמינו אותנו רק לארוחת ערב. (ארוחת צהריים)
ז. פעם הפסקתם לעבוד בחמש. (בארבע)
ח. פעם הצלחת לקרוא עמוד בעשר דקות. (בחמש דקות)

יא-40 תרגיל

תַשְלִים את הדיאלוג בעתיד.

מילה חדשה

הִצְחִיק   make someone laugh

הוא מצא עבודה!

הבעל: מצאתי עבודה!

האישה: כמה כסף __________ (הרויח)?

הבעל: אני עוד לא יודע. הבוס __________ (הסביר) לי מחר מה אני צריך לעשות וכמה אקבל.

האישה: מתי __________ (התחיל) לעבוד?

הבעל: הבוס אמר שהוא __________ (החליט) מחר, אחרי שהוא ידבר עם האנשים במשרד.

האישה: אבל אנחנו צריכים כסף!

הבעל: אם את __________ (המשיך) __________ (הרגיז) אותי, אני __________ (הפסיק) לעבוד!

האישה: __________ (הפסיק) לְהַצְחִיק אותי, עוד לא התחלת וכבר אתה מפסיק!

יא-41 תרגיל

א. תשלים את הדיאלוג הבא עם הפועל **לְהַחְזִיק** בכל הזמנים.

עובדים על הצגה חדשה

מֶל בְּרוּקְס: __________ ביד אחת את המעיל וביד השניה __________ סיגריה.

השחקן: אולי כדאי גם __________ ספר ואחר כך לשים אותו על השולחן?

מל ברוקס: אתמול __________ ספר, זה עזר לך?

השחקן: כן, כי בספר אני __________ את הטֶקְסְט.

ב. תשלים את הדיאלוג הבא עם לְהַרְוִיחַ בכל הזמנים.

<u>כסף זה לא דבר חשוב</u>

רחל: הבעל שלי אומר שכסף זה לא דבר חשוב.

שרה: מי ________ יותר עכשיו, את או הבעל שלך?

רחל: אני ________ יותר מהבעל שלי, אבל הוא אומר שהוא ________ יותר.

שרה: את חושבת שבשנה הבאה הוא ________ יותר ממך?

רחל: לא, אני תמיד ________ יותר ממנו, אבל הוא חושב שכסף זה לא דבר חשוב...

יא-42 <u>תרגיל</u>

תשלים את הקטע עם הפעלים: המשיך, הזמין, הדליק, הפסיק, התחיל, החזיק.

<u>מַהַטָּה הָרִי המודרנית</u>

- איך אני אדע מי היא?
- היא תשב במסעדה בְּצִירִיךְ. היא ________ ספר אדום בַּיד. היא ________ סיגריה אבל לא ________ אותה. היא ________ בשׂר עם סלט אבל היא לא תאכל שום דבר. היא ________ לקרוא את ה"טַיְימְס" הלונדוני אבל אחרי ארבע דקות בדיוק היא ________ לקרוא. היא תעבור לכסא אחר ו________ לקרוא את העיתון. בעיתון הזה יהיה המכתב.

יא-43 <u>תרגיל</u>

תשלים את הקטע עם הפעלים: הזמין, הבטיח, הסביר, הצליח, הפסיק, התחיל, הרויח.

<u>מי יודע כמה זה עולה?</u>

" אני ________ עכשיו את גברת מִזְרָחִי לעלות. גברת מזרחי, ________ לי לא להתרגש. אני ________ לך מה את צריכה לעשות. אם ________ להגיד כמה עולות הנעליים האלה, בשלוש דקות, ________ אלף לירות.

________ עכשיו... אחת! שתים! שלוש! אני צריך ________ אותך
גברת מזרחי. אין דבר! את מקבלת אַלְפּוֹ לַכֶּלֶב. הוא פיקח מאוד, הוא
יודע מה טוב!"

יא-44

GRAMMAR POINT

Many verbs in the הִפְעִיל pattern have a causative meaning, e.g.:

הילד אוֹכֵל - האמא מַאֲכִילָה את הילד

Note that הילד is the direct object of לְהַאֲכִיל and therefore requires אֶת.

Some additional examples:

(צ.ח.ק.) 1. אנחנו צחקנו - הוא הצחיק אותנו
(ר.ג.ז.) 2. אנחנו התרגזנו - הוא הרגיז אותנו
(ל.ב.ש.) 3. אנחנו התלבשנו - הוא הלביש אותנו
(ד.ל.ק.) 4. האור דלק - הוא הדליק את האור
(פ.ג.ש.) 5. אנחנו פגשנו אחד את השני - הוא הפגיש אותנו
(פ.ח.ד.) 6. אנחנו פחדנו - הוא הפחיד אותנו
(ז.ק.נ.) 7. היא הזדקנה - השנים הזקינו אותה
(ר.ג.ל.) 8. אני התרגלתי לעבוד - הוא הרגיל אותי לעבוד
(ר.ע.ב.) 9. אנחנו היינו רעבים מאוד - הם הרעיבו אותנו
(ר.ח.ק.) 10. אנחנו היינו רחוקים - הם הרחיקו אותנו

יא-45 תרגיל

Fill in with the appropriate verb. Use the correct inflection of את, as in the example:

דוגמא: אתה הלבשת אותם. עכשיו הם לובשים את הבגדים. (להלביש) (ללבוש)
הם

א. הוא רצה _____ _____ , אבל הם לא _____ . (להצחיק) (לצחוק)
הם

ב. האור _____ כל הלילה. מי _____ _____ . (להדליק) (לדלוק)
הוא

ג. הוא לא יכול _____ לבד. אמא שלו _____ _____ . (להאכיל)
הוא

(לאכול)

ד. לפני שהיא למדה _____ , אמא שלה _____ _____ . (להלביש)
היא

(להתלבש)

ה. הבחינה הזאת מאוד _____ _____ . הם ____ ____ שהם לא יצליחו.
הם

(להפחיד) (לפחוד)

ו. היא _____ _____ מאוד. אנחנו _____ עליה. (להרגיז)
אנחנו

(להתרגז)

יא-46

VOCABULARY NOTE

Some verbs in הִפְעִיל require the preposition לְ- when an
object is mentioned:

דוגמאות:

היא הזכירה לי לבוא הביתה מוקדם.
היא החזירה לו את הספר.

יא-47 תרגום

1. When will you decide whether to go on working or to stop?
2. She will turn on the radio to hear what's new.
3. He always gets excited before the exams but he will succeed.
4. Do not explain to me why you decided to stop studying.
5. How would you feel if I also invite Danny to the party?

6. She will dress and order a taxi.
7. We will agree to visit you (m. pl.) only if you (m. pl.) promise to visit us.
8. You (m. sg.) will earn here five hundred dollars every week and I promise you that you will be rich.
9. This funny actress made everybody laugh.
10. She gets very angry at him whenever he makes her angry.
11. They reminded us to take more money.
12. Have you returned the books to her?

PART FOUR - Review   חלק רביעי - חזרה

יא-43 קטע קריאה

מילים חדשות

state	מְדִינָה (נ.)
ship	אוֹנִיָּה (נ.)
shore, beach	חוֹף (ז.)
back (adverb)	חֲזָרָה
help	עֶזְרָה (נ.)
tired	עָיֵף
boat	סִירָה (נ.)
rain	גֶּשֶׁם (ז.)
go down, fall (rain, etc.) (inf.)	יָרַד, לָרֶדֶת

LOAN WORDS

British, Briton	בְּרִיטִי
mandate	מַנְדָּט (ז.)
Cyprus	קַפְרִיסִין (נ.)
legal, lawful	לֵיגָאלִי

בשנים 1948 - 1917 היה לַבְּרִיטִים מַנְדָט על אֶרֶץ ישראל. היהודים בָּאָרֶץ רצו לבנות **מְדִינָה** יְהוּדִית אחרי שֶׁהַבְּרִיטִים יצאו מֵהָאָרֶץ.

אחרי מלחמת העולם השניה הַבְּרִיטִים סגרו את **החוֹפים** ולא נתנו ליהודים מאירופה לעלות לארץ ישראל. הרבה יהודים הצליחו לבוא בְּאוֹנִיּוֹת עד לַחוֹפים של הארץ ואז שלחו אותם הַבְּרִיטִים **חֲזָרָה** לְקַפְרִיסִין.

לא כל היהודים חָזְרוּ לְקַפְרִיסִין. כמה קבוצות של יהודים הצליחו לעבור והַבְּרִיטִים לא הרגישו. היהודים בארץ עזרו ליהודים האלה לעלות לארץ.

אלה היו העולים הלֹא-לֶיגָאלִיִּים. הסיפור הבא הוא על קבוצה שהצליחה, ועל פְּגִישָׁה מְיוּחֶדֶת.

<u>פגישה על החוף</u>

יום אחד בא לקיבוץ שלנו איש אחד ואמר שֶׁאוֹנִיָּה של עולים לֹא-לֶיגָאלִיִּים תבוא בלילה לַחוֹף. הוא ביקש שבלילה ניקח את העולים מֵהָאוֹנִיָּה לקיבוץ שלנו מהר ובשקט. הוא הסביר שֶׁבַּחוֹף יש הרבה שוטרים בְּרִיטִיִּים ואי אפשר לשלוח לנו עֶזְרָה. הוא סיפר שהאוֹנִיָּה עומדת בים כבר כמה ימים והאנשים באוניה **עֲיֵפִים** ורעבים.

בערב יָרַד גֶּשֶׁם. ישבנו על הַחוֹף והסתכלנו כל הזמן על הים כדי לראות את האוֹנִיָּה. היה קר מאוד. פתאום שמענו מישהו קורא:

"חברים, איפה אתם?"

רצנו לַסִּירוֹת וביקשנו שיסבירו לנו מהר לאן צריך לבוא. לא ראינו שום דבר. הלילה היה שחור וקר.

"שקט, שקט, הבריטים יכולים לשמוע."

באנו אל האוֹנִיָּה. ראינו את האוֹנִיָּה גדולה ושחורה. שמענו את הבחורים על האוניה קוראים:

"תקחו את האנשים מהר ובשקט אל החוף."

האנשים ירדו לסִירוֹת. הזקנים והילדים ירדו לאט.

"אנחנו כבר בארץ ישראל?"

"כן, אתם בַּבַּיִת."

"ולא שולחים אותנו חֲזָרָה לְקַפְרִיסִין?"

הבטחנו להם שהם בידיים טובות וביקשנו מהם להפסיק לדבר.

הבריטים היו קרובים מאוד. כל האנשים ירדו. פתאום קרא מישהו מהאוֹנִיָּה:

"נִיסָן, הִנֵּה האישה האחרונה יוֹרֶדֶת. היא זקנה וחולה, תיקח אותה לאט לאט".

נִיסָן לקח את האישה הזקנה והחזיק אותה בידיים שלו כי בַּסִּירָה כבר לא

היה מקום.

"אני מצטערת שאני כבדה, אני באמת מצטערת."

"לא, זה בסדר, אל תצטערי."

"אתה מחזיק אותי כמו הבן שלי."

" את מֶגֶרְמַנְיָה, גברת?"

"לא, אני מוֹיְנָה."

"מוֹיְנָה?" אמר נִיסָן, "גם אני מוֹיְנָה."

"באמת? אתה מוֹיְנָה?"

"כן, איך קוראים לך?"

"<u>אַנַה בֶּרְגֶר</u>".

"את האישה של לֵיאוֹפּוֹלְד בֶּרְגֶר מוֹיְנָה?"

"כן, איך אתה יודע?" שאלה הזקנה.

"אמא!" קרא נִיסָן בֶּרְגֶר פתאום, "סוף סוף מצאתי אותך, אמא!"

<u>שאלות</u>

א. אתה צריך לספר את הסיפור במילים שלך.

ב. למה האנשים באוניה שאלו: "...ולא שולחים אותנו חזרה לקפריסין?"

ג. למה ניסן שאל את הזקנה אם היא מגרמניה?

ד. תספר מה סיפרה האמא לחברים שלה אחר כך.

ה. תספר על המשפחה שלך. מאיפה באו ההורים שלך או הסבים שלך לאמריקה, למה הם באו, מה הם עשו כשהם באו, איפה הם גרו.

יא-49

<u>SUMMARY</u> (סִיכּוּם)

In this chapter you have learned:

1. The present and past tenses of the verb pattern Hif'il (הִפְעִיל).
2. The modal expressions: אסור ל-, מותר ל-, כדאי ל-.
3. The future tense of Hif'il (הִפְעִיל).
4. The following new words:

ship	אוֹנִיָּה (נ.)
light	אוֹר (ז.) אוֹרוֹת (ר.)
rain (n.)	גֶּשֶׁם (ז.)
promise	הִבְטִיחַ לְ-
light, turn on	הִדְלִיק
invite, order	הִזְמִין
hold	הֶחֱזִיק
decide	הֶחְלִיט
continue, go on	הִמְשִׁיךְ
explain	הִסְבִּיר
agree	הִסְכִּים
stop	הִפְסִיק
make laugh	הִצְחִיק
succeed, prosper	הִצְלִיחַ
make angry	הִרְגִּיז
feel	הִרְגִּישׁ
earn, win	הִרְוִיחַ
begin, start	הִתְחִיל
back (adverb)	חֲזָרָה
shore, beach	חוֹף (ז.)
signature	חֲתִימָה (נ.)
hitchhiker	טְרֶמְפִּיסְט
go down, fall (rain) (inf.)	יָרַד, לָרֶדֶת
paved road	כְּבִישׁ (ז.)
The Wailing Wall	הַכּוֹתֶל
almost	כִּמְעַט
state	מְדִינָה (נ.)
sidewalk	מִדְרָכָה (נ.)
fill	מִילֵּא
profession	מִקְצוֹעַ (ז.) מִקְצוֹעוֹת (ר.)
drive (v.)	נָהַג
boat	סִירָה (נ.)
help (n.)	עֶזְרָה (נ.)
tired	עָיֵיף

meeting, date	פְּגִישָׁה (נ.)
questionnaire	שְׁאֵלוֹן (ז.)
(calendar) date	תַּאֲרִיךְ (ז.)

LOAN WORDS

electronics	אֶלֶקְטְרוֹנִיקָה (נ.)
architect	אַרְכִיטֶקְט
architecture	אַרְכִיטֶקְטוּרָה (נ.)
British, Briton	בְּרִיטִי
hypochondriac	הִיפּוֹכוֹנְדְרִי
legal, lawful	לֵיגָאלִי
mandate	מַנְדָט (ז.)
Cyprus	קַפְרִיסִין (נ.)

Also these words used in instructions

parentheses	סוֹגְרַיִים (ז. ר.)
complete (v.)	הִשְׁלִים

UNIT TWELVE - Review Chapter

פרק י"ב - פֶּרֶק חֲזָרָה וְסִיכּוּם

יב-1 סיפור אַפְרִיקָאִי

מילים חדשות

mountain	הַר (ז.)
wind	רוּחַ (נ.)
bonfire	מְדוּרָה (נ.)
farm (n.)	מֶשֶׁק (ז.)
smell (n.)	רֵיחַ (ז.) רֵיחוֹת (ר.)
satisfy hunger	הִשְׂבִּיעַ
heat, warm (v.)	חִימֵּם

לפני הרבה שנים חי איש עשיר מאוד בְּשֵׁם קָגָרִי על-יד **הַר** גבוה. היה לו עוֹזֵר צעיר בשם טַבּוּ.

קָגָרִי היה עשיר מאוד והיה לו כל מה שרצה, אבל היה לו מאוד משעמם. כדי שיהיה לו מעניין יותר בחיים הוא חשב כל הזמן על דברים שאפשר להתרגש מהם.

לילה אחד היה קר מאוד בחוץ וקָגָרִי התחיל לדבר עם טַבּוּ:

"עכשיו קר מאוד בחוץ וקר עוד יותר על ההַר הגבוה. **הרוּחוֹת** שם חזקות מאוד. אתה חושב שאפשר להיות כל הלילה על ההַר ולא למות?"

"אולי", אמר טַבּוּ, "אם לובשים בגדים חמים. אבל אם לא לובשים בגדים חמים, ואם אין אוכל או **מְדוּרָה**..." קָגָרִי הפסיק את טַבּוּ ואמר:

"אתה יודע מה? אם תצליח להיות על ההַר לילה אחד בלי בגדים חמים, בלי אוכל ובלי מְדוּרָה תקבל ממני **מֶשֶׁק** גדול!"

"בסדר", אמר טַבּוּ, "אני מסכים. אעלה מחר בערב להַר, ואז יהיה לי מֶשֶׁק ולא אעבוד יותר בשביל אנשים אחרים".

טַבּוּ לא ישן כל הלילה. הוא התרגש מאוד. בבוקר הוא החליט ללכת לאיש הכי פיקח בעיר ולבקש ממנו שיאמר לו מה הכי טוב לעשות. האיש החכם חשב קצת ואמר לטַבּוּ:

"כשתהיה על ההַר תסתכל על הבית שלי. לא תראה אותי אבל אתה תראה את

הַמְדוּרָה שלי ותדע שאני איתך."

בערב טַבּוּ עלה על הַהַר. היה קר מאוד. הרוּחוֹת היו חזקות מאוד אבל טַבּוּ הסתכל בַּמְדוּרָה הרחוקה והצליח לעבור את הלילה. בבוקר טַבּוּ התלבש וחזר לעיר. הוא בא לַקָגְרִי. קָגְרִי ראה אותו ושאל:

"איך עברת את הלילה? אתה עוד חי?"

טַבּוּ הסביר לו שהוא עבר את הלילה ולא מת כי הוא הסתכל בַּמְדוּרָה רחוקה. קָגְרִי אמר לו:

"הבטחתי לך מתנה, אבל אתה לא תקבל אותה ממני כי היתה שם מְדוּרָה."

"אבל הַמְדוּרָה היתה רחוקה ממני מאוד", אמר טַבּוּ. קָגְרִי לא רצה לשמוע את טַבּוּ.

"אתה חזרת מֵהַהַר כי היתה שם מְדוּרָה", אמר.

טַבּוּ לא ידע מה לעשות. הוא הלך לאיש הפיקח לבקש ממנו עזרה. האיש החכם שמע את הסיפור והלך לדבר עם החבר שלו - אָבַנְסִי. אָבַנְסִי הסכים לעזור לְטַבּוּ. הוא החליט לעשות מסיבה גדולה בבית שלו והזמין הרבה אנשים. הוא הזמין גם את קָגְרִי ואת טַבּוּ. כשהאורחים באו הוא לקח אותם לחדר האורחים וביקש מהם לשבת. החדר היה גדול מאוד, הספות יפות והרהיטים יקרים. הָרֵיחוֹת מהמטבח היו מצויינים והאורחים ישבו וחשבו על האוכל. השעות עברו, האנשים כבר דיברו פחות, הם רצו לאכול. הם רק הרגישו את הָרֵיחַ של האוכל. בשתים-עשרה בלילה אמר אוֹרֵחַ אחד לְאָבַנְסִי:

"הזמנת אותנו כדי להרגיז אותנו?"

"למה?", שאל אָבַנְסִי.

"הָרֵיחַ של האוכל מצויין, אבל אנחנו רוצים גם לאכול. רֵיחַ של אוכל לא יכול לְהַשְׂבִּיעַ אנשים רעבים!"

"וּמְדוּרָה רחוקה יכולה לְחַמֵּם את מי שקר לו?"

בבוקר קיבל טַבּוּ מֶשֶׁק גדול מִקָגְרִי.

יב-2 __תרגיל__

כתוב "נכון" על יד המשפט הנכון לפי הסיפור.

א. 1. קגרי חשב על דברים מעניינים כדי שיהיה לו מה לעשות.
2. קגרי חשב על דברים מעניינים כדי להיות עשיר.

ב. 1. טבו הסכים לעלות להר כי הוא רצה לעזור לקגרי.
2. טבו הסכים לעלות להר כי הוא לא רצה לעבוד בשביל קגרי.

ג. 1. קגרי ביקש מטבו לעלות להר כי הוא רצה שטבו ימות.
2. קגרי ביקש מטבו לעלות על ההר כדי שיהיה לו על מה לחשוב.

ד. 1. טבו הסתכל במדורה כל הלילה.
2. טבו ישב על יד המדורה כל הלילה.

ה. 1. קגרי לא נתן לטבו את המשק כי הוא לא עלה על ההר.
2. קגרי לא נתן לטבו את המשק כי הוא חשב שהיה לו חם.

ו. 1. האיש הפיקח עזר לטבו פעם.
2. האיש הפיקח עזר לטבו פעמיים.

ז. 1. אננסי עשה מסיבה כי הוא רצה לעזור לטבו.
2. אננסי עשה מסיבה כי הוא רצה לקבל משק.

ח. 1. הריחות לאורחים היו כמו האור לטבו.
2. הריחות לאורחים היו כמו המשק לטבו.

יב-3 <u>תרגיל</u>

Complete with the appropriate preposition or את plus pronoun where necessary.

<u>רוֹמֵיאוֹ ויוּלְיָה מספר 2</u>

הם היו חברים שנה. אחרי שנה יוסי ביקש ________ רות להתחתן ________,
אבל רות לא הסכימה ________ זה. היא הסבירה ________ יוסי שהיא רוצה לחיות
לבד. יוסי קם ואמר ________ רות "שלום", והלך ________ הבית. יוסי התגעגע
________ רות אבל לא ראה ________ שלוש שנים. גם רות חשבה ________ יוסי.
יוסי לא ביקר ________ בית של רות והיא לא טילפנה ________ יוסי ולא הזמינה
________ לבוא.

שלוש שנים עברו. יום אחד יוסי פגש ________ רות ________ רחוב. היא
הלכה לאט עם ספרים כבדים. יוסי התרגש מאוד ________ הפגישה. הוא עבר ________
הכביש ושאל ________ רות אם הוא יכול לעזור ________ לקחת ________ הספרים
הכבדים. הם עלו ________ דירה שלה ואז רות ביקשה ________ יוסי לשבת והיא
התחילה לספר ________ השנים האלה. היא אמרה ________ יוסי שהיא התפללה
________ יום הזה שלוש שנים. היא חלמה ________ יוסי וכתבה ________ מכתבים,
אבל היא אף פעם לא שלחה ________ ________ יוסי, כי היא הבטיחה ________ לא

לצלצל ולא לכתוב. היא לא הצליחה ______ לימודים, היא לא התרגלה ______ רעיון שהיא לא תראה ______ יוסי יותר. לפעמים היא חיפשה ______ יוסי בספריה ומצאה ______ יושב ולומד. היא ישבה רחוק והסתכלה ______ יוסי אבל הוא לא הרגיש. בלילות היא לפעמים השתמשה ______ סומינקס כדי לישון והשתתפה ______ שיעורים ליוגה כדי לשכוח.

יוסי ישב ושמע ______ רות. הוא לא דיבר, הוא רק הסתכל ______ רות ושמע. אחר כך הוא התחיל לספר ______ רות ______ השנים האלה לבד...

בבוקר הם הלכו ______ רב יד ביד...

ואם הם לא מתו, הם יחד עד היום הזה...

יב-4 בחינה על מילים

כתוב בכל משפט את המילה הנכונה.

א. לבחורה דתייה מאוד אסור ללבוש ______.
נעליים. אוזניים. מכנסיים. רגליים.

ב. אני לא יודעת איזה מעיל ______ לאמא שלי.
לבכות. לברוח. לבחור. לקבל.

ג. אפשר לעלות עם התמונה. היא ______ מאוד.
גבוהה. קלה. כבדה. קשה.

ד. הוא לקח את ______ כי קר מאוד בחוץ.
המטבח. המעיל. השמלה. נעל.

ה. היא היתה חולה אבל עכשיו היא ______ בריאה.
ביותר. הפחות. פחות או יותר. מדי.

ו. הם קנו את כל ______ לסלון בדֶנְמַרְק.
הקירות. החדרים. האוניות. הרהיטים.

ז. למלפפון יש צבע ______.
צהוב. שחור. כחול. ירוק.

ח. זאת מכונית ______, יש מקום לשבעה אנשים.
קטנה. רחבה. צרה. שמנה.

ט. הילד שלהם ______ לפני שנה.
נחמד. נולד. חיפש. הבטיח.

י. ב_____ של ראש השנה מבקשים סליחה מאלוהים ואנשים.

התפללה. תפילה. תורה. מנהגים.

יא. הפירות ב_____ זולים יותר מהפירות בסופרמרקט.

שוק. שיר. שורה. שר.

יב. בבית שלנו שומרים _____ אבל אנחנו לא דתיים.

מסיבה. מסורת. שמחה. עזרה.

יג. אכלתי הרבה ועכשיו כואבת לי _____.

הגב. הרגליים. הבטן. האף.

יד. כשהיא הסתכלה עלי ראיתי שיש לה _____ כחולות ויפות.

שיניים. עיניים. שערות. אוזניים.

טו. רוֹבֶּרְט רֶדְפוֹרְד _____ בסרט עם רָחֵל וֶולְש.

ממשיך. מדליק. משחק. מבשל.

טז. אין תלמיד יותר טוב ממנו. הוא התלמיד _____ טוב בכיתה.

יותר. הכי. ביותר. פחות.

יז. אם לא תדברי כולם יחשבו שאת _____.

שמנה. גבוהה. רזה. פקחית.

יח. אם אתה מרגיש לא טוב _____ לך ללכת לעבודה.

אסור. אפשר. אי אפשר. צריך.

יט. אם תאכלו רק _____ תהיו רזים.

קירות. ירקות. תפוחי אדמה. ריקות.

כ. באתי לאמריקה ב_____ של "אֶל-עַל".

סירה. טוס. מטוס. אוניה.

כא. לא היה לי כסף _____ שילמתי לו בְּצֶ'ק.

כי. כדי. כדי ש-. לכן.

כב. את חֲנוּכָּה _____ שמונה ימים.

חוגגים. חוזרים. חושבים. חולמים.

יב-5 תרגיל

תַשְׁלִים את המשפטים עם אחרי / אחרי ש- , לפני / לפני ש-

א. ________ אלמד אלך לבחינה.

ב. ________ השיעור אני עושה את השיעורים.

ג. אני רוצה לדעת מתי תבוא אלי. ________ תבוא תכתוב לי!

ד. אנחנו נלך לסרט ________ תגמור את השיעורים שלך.

ה. ________ הקונצרט נשב בבית קפה.

ו. ________ גומרים בית-ספר הולכים לאוניברסיטה.

יב-6 תרגיל

Fill the blanks with the appropriate form of the verb. Choose the tense according to the meaning of the sentence.

א. כשאנחנו ________ (לפגוש) אותה מחר, אנחנו ________ (ללכת) לסרט.

ב. אל ________ (לשבת) כל היום על-יד הטלוויזיה.

ג. מה הם ________ (לעשות) בשנה הבאה? הם ________ (לנסוע) לישראל.

ד. כמה זמן היא ________ (להיות) בשנה הבאה בישראל?

ה. אחרי שהוא ________ (לאכול) מחר הוא ________ (לרוץ) הביתה.

ו. הם רוצים שהבחורים ________ (לאהוב) אותם.

ז. מתי ________ (לבוא) הביתה? אחרי ש________ (לגמור) ________.
(ללמוד)

יב-7 כרמיאל

קרא את הקטע הבא:

בַּגָלִיל, בין עַכּוֹ לִצְפַת, יש עיר קטנה בשם כַּרְמִיאֵל. כַּרְמִיאֵל "נולדה" ב-1964. היום גרים בכרמיאל 8000 אנשים (2000 משפחות), ועוד 1000 אנשים רוצים לגור בעיר הזאת.

כשהתחילו לחשוב על כַּרְמִיאֵל חיפשו מקום יפה בַּגָלִיל. מצאו את המקום על-יד

כביש עַכּוֹ-צְפַת, ושם בנו את העיר החדשה. בעיר יש בתים מודרניים, רחובות רחבים, חנויות גדולות ויפות ופַּרְקִים גדולים וירוקים. יש שם בתי-ספר מצויינים והילדים לומדים בהם עד ארבע אחרי הצהריים.

בכַּרְמִיאֵל גרים עולים חדשים וישראלים. העולים באו מאמריקה, רוסיה ואירופה ויש הרבה מאוד אקדמאים בעיר.

ב-1975 בנו בעיר 10,000 דירות חדשות ובשנת 1976 בנו עוד 1,500 דירות. לא כל האנשים יכולים לעבוד בכַּרְמִיאֵל. אלף אנשים צריכים לנסוע כל יום לעבוד בעַכּוֹ או בצְפַת.

יב-8 תרגיל

א. תשלים את המשפטים לפי הקטע.

1. יש בכרמיאל חנויות יפות ______ כדי שהאנשים יקנו הכל בכרמיאל.
2. ______ כדי שהילדים לא ישחקו בכבישים.
3. ______ כדי שהאימהות יעבדו אם הן רוצות.
4. ______ כדי שהנהגים יסעו מהר.
5. ______ כדי שהעולים יפגשו ישראלים.
6. ______ כדי שעוד אנשים יבואו לגור בכרמיאל.
7. ______ כדי לעבוד ולהרויח כסף.

ב. למה כדאי לבוא לגור לכרמיאל? כתוב חמישה משפטים.

ג. כרמיאל זאת עיר חדשה ומצליחה. כתוב על עיר ישנה ולא מצליחה.

יב-9 תרגיל על פָּעַל

a. Change the sentences below to the past tense.

א. אני שומע הרבה מוזיקה.

ב. היא לומדת טוב מאוד.

ג. אתה גומר לעבוד מוקדם.

ד. הם עובדים קשה מאוד.

ה. היא חושבת רק עליו

ו. את לא חוזרת מאוחר.

b. Change the above sentences to the future tense.

יב-10 תרגיל על פעל ל״ה

a. Change the sentences below to the past tense.

א. אני קונה לחם כל יום.
ב. היא רוצה לבקר אותי.
ג. הם שותים הרבה קפה.
ד. אתה בונה בית חדש.
ה. אנחנו עושים מסיבה בערב.

b. Change the above sentences to the future tense.

יב-11 תרגיל על פעל - פעלים קצרים.

a. Change the sentences below to the past tense.

א. אני רץ תמיד לעבודה.
ב. היא קמה מאוחר מאוד.
ג. אנחנו שמים את הספר שם.
ד. הם באים גם אלינו.
ה. את שרה יפה מאוד.

b. Change the above sentences to the future tense.

יב-12 תרגיל על פעל - יוצאים מן הכְּלָל

a. Change the following sentences to the future tense.

א. אני יושב כל יום בבית קפה.
ב. היא הולכת כל יום ללמוד בספריה.
ג. הם נותנים לבת שלהם מתנות.
ד. אנחנו יודעים לדבר עברית.
ה. הוא לוקח אותה לטיול בישראל.
ו. את נוסעת כל שבועיים לירושלים.

ז. אתם לא אוכלים במסעדות.

ח. אתה לא אוהב לעשות שיעורים.

ט. אני אומר לה שאני אוהב אותה.

b. Change the above sentences to the past tense.

יב-13 תרגיל על פִּיעֵל

a. Change the following sentences into the future tense.

א. היא מספרת להם סיפור.

ב. אנחנו משלמים בשביל הספר.

ג. את מבקשת ממנו לבוא.

ד. אני מדבר עם חנה.

ה. הם מסדרים את הדירה.

b. Change the above sentences to the past tense.

יב-14 תרגיל על הִתְפַּעֵל

a. Change the following sentences to the past tense.

א. הם מתרחצים כל יום.

ב. אתה מסתכל בטלוויזיה.

ג. הוא מתרגש מהמכתב.

ד. הם מתלבשים יפה מאוד.

ה. אני משתתף בהצגה.

b. Change the above sentences to the future tense.

יב-15 תרגיל על הִפְעִיל

a. Change the following sentences to the past tense.

א. אנחנו מרגישים טוב.

ב. את מזמינה ארוחה.

ג. אני מפסיק לעבוד מוקדם.

ד. אתם מצליחים באוניברסיטה.

ה. הם מתחילים ללמוד מאוחר.

b. Change the above sentences to the future tense.

יב-16 כיפה אדומה

א. קרא את הסיפור ותשלים את הפעלים.

מילים חדשות

כִּיפָּה (נ.)	hood, yarmulke
סַל (ז.)	basket
זְאֵב (ז.)	wolf
יַעַר (ז.) יְעָרוֹת (ר.)	forest
סַבְתָּא	grandmother
צַיָּיד (ז.) צַיֶּידֶת (נ.)	hunter

פעם אחת __________ (היה) ילדה קטנה. כל האנשים __________ (קרא) לה "כִּיפָּה אֲדוּמָה" כי היא תמיד __________ (לבש) כִּיפָּה אדומה.

יום אחד __________ (אמר) אמא לכִּיפָּה אדומה: "אני __________ (שמע) שסַבְתָּא חולה. מחר אני __________ (עשה) לה אוכל, את __________ (קם) מוקדם בבוקר ואחרי ש(את) __________ (התרחץ) ו__________ (התלבש) (את) __________ (אכל) ו__________ (שתה), __________ (הלך) לסַבְתָּא לתת לה את האוכל.

כִּיפָּה אדומה __________ (הסכים).

אמא __________ (עבד) כל היום. היא __________ (בישל) אוכל, __________ (סידר) את האוכל יפה בְּסַל ו__________ (שם) את הַסַל עם האוכל במטבח.

בבוקר כִּיפָּה אדומה __________ (קם) מוקדם. היא __________ (הרגיש) שהיא ילדה גדולה וחשובה. אמא שלה __________ (אמר) לה: "כִּיפָּה אדומה, אני __________ (ביקש) שאת __________ (הבטיח) לי ש__________ (הלך) רק לבית של סַבְתָּא. אל __________ (ישב) לנוח ואל __________ (הסתכל) בשום דבר. אם לא __________ (מצא) את הדרך __________ (חזר) הביתה. אל __________ (דיבר)

עם אף אחד בדרך, ואל ________ (הלך) למקום אחר. אני רוצה שאת ________
(בא) לַסַבְתָא עד הצהריים, ש________ (היה) שם שעה או שעתיים ו________
(חזר) הביתה. אל ________ (שכח) שסַבְתָא חולה והיא ________ (רצה)
שמישהו ________ (ביקר) אותה!"

כִּיפָּה אדומה ________ (שמע) את כל מה שאמא ________ (אמר) לה
ו________ (הבטיח) ________ (עשה) הכל. היא ________ (לבש) את הכִּיפָּה
האדומה, ________ (נישק) את אמא שלה ו________ (הלך).

בדרך היא ________ (שר) ו________ (חשב) על החיים... פתאום היא
________ (ראה) את הַזְאֵב הגדול של הַיַעַר. הַזְאֵב ________ (שאל) אותה:
"לאיפה את ________ (הלך), כִּיפָּה אדומה?" היא ________ (הסביר) לו:
"אני ________ (רץ) לַסַבְתָא שלי ואין לי זמן ________ (דיבר) איתך.
סַבְתָא לא ________ (הרגיש) טוב, היא במיטה. אני ________ (בא) ו________
(עזר) לה. אני ________ (סידר) את הבית ו________ (עשה) לה תה והיא
________ (שתה) ו________ (אכל). אני ________ (דיבר) איתה
ו________ (סיפר) לה סיפורים ואולי אם היא ________ (רצה) אני
________ (שיחק) איתה כדי שהיא ________ (שכח) שהיא חולה וכדי שלא
________ (היה) לה משעמם. אני צריכה ________ (רץ), אמא ________
(ביקש) ממני לא ________ (דיבר) עם אף אחד...

הזְאֵב ________ (ביקש) סליחה ו________ (נתן) לה ________ (הלך)
לסַבְתָא. כִּיפָּה אדומה ________ (המשיך) ללכת, אבל הזְאֵב ________ (רץ)
לבית של סַבְתָא. הוא ________ (אכל) אותה, ________ (לבש) את הפִּיזַ'מָה
שלה ו________ (ישב) במיטה.

כִּיפָּה אדומה ________ (בא) אחרי כמה זמן, ________ (פתח) את הדלת
ו________ (ראה) את "סַבְתָא" במיטה. היא ________ (שאל) את סַבְתָא מה שלומה
וסַבְתָא ________ (אמר) לה: "לא כל-כך טוב, אני לא ________ (הרגיש)
טוב."

כִּיפָּה אדומה ________ (הסתכל) על סַבְתָא ו________ (חשב) שהיא לא
________ (ראה) טוב.

"סַבְתָא, למה יש לך אוזניים כל-כך גדולות?"
"כדי ________ (שמע) אותך יותר טוב."
"סַבְתָא, למה יש לך עיניים כל כך גדולות?"
"כדי ש________ (ראה) אותך יותר טוב."
"סבתא, למה יש לך פה כל כך גדול?"
"כדי ________ (אכל) אותך!"

ב. גמור את הסיפור על כִּיפָּה אדומה.

יב-17 קטעים לקריאה מהספר "הָאוֹר הַגָנוּז" - סיפורים שֶל חֲסידִים שֶמַרטִין בּוּבֶּר סִידֵר.

מילה חדשה

orderly, in order, (נ.) מְסוּדָר, מְסוּדֶרֶת
organized

איש מסוּדר

פעם היה איש אחד מאוד לא מְסוּדָר. יום אחד הוא החליט לכתוב איפה הוא שם
כל דבר כדי שבבוקר, כשהוא יקום, הוא ידע איפה למצוא את הבגדים שלו.
הוא כתב:
"את המעיל שמתי בארון. את המכנסיים שמתי על השטיח. את החולצה שמתי
על ספה. ואת הנעליים שמתי במטבח."
בבוקר כשהוא קם, הוא הסתכל בפתק וראה: "המעיל כאן, המכנסיים שם, הנה
הרולצה והנה הנעליים."
כשהוא גמר להתלבש הוא שאל: "אבל אני, איפה אני?"

אם ישאלו אותי

רבי זוּסִיָא אמר זמן קצר לפני שהוא מת:
"אם ישאלו אותי למה לא הייתי משה רַבֵּנוּ, אדע מה לענות, אבל אם ישאלו
אותי למה לא הייתי זוּסִיָא, לא תהיה לי תשובה."

אני ואתה

אמר רבי מְנַחֵם מֶנְדֵל מִקוֹצְק:
"אם אני - אני ואתה - אתה, אז אני - אני ואתה - אתה.
אבל אם אני - אני כי אתה - אתה או אתה - אתה כי אני - אני, אז אני לא
אני ואתה לא אתה."

יב-18 סִיכוּם

בַּפֶּרֶק הזה למדת את המילים החדשות הבאות:

mountain   הַר (ז.)
satisfy hunger   הִשְׂבִּיעַ

wolf	זְאֵב (ז.)
heat, worm (v.)	חִימֵּם
forest	יַעַר (ז.) יְעָרוֹת (ר.)
hood, yarmulke	כִּיפָּה (נ.)
bonfire	מְדוּרָה (נ.)
orderly, in order, organized	מְסוּדָּר (ז.)
farm	מֶשֶׁק (ז.)
grandmother	סַבְתָּא
basket	סַל (ז.)
hunter	צַיָּיד (ז.) צַיֶּידֶת (נ.)
wind	רוּחַ (נ.)
smell, odor	רֵיחַ (ז.) רֵיחוֹת (ר.)

Appendix

Hebrew-English Dictionary (מִילוֹן) and Index

Note: The Dictionary contains the combined vocabulary of Book One and Two. The number given after an entry indicates the page on which the word is introduced in Book Two. If no number appears, the word was introduced in Book One.

Verbs are listed in their third person masculine singular past form. E.g., 'be' הָיָה ,'talk' דִיבֵּר.
Unless otherwise indicated, nouns and adjectives appear in their masculine singular form.

masculine (m.)	= ז.	singular (sg.)	= י.
feminine (n.)	= נ.	plural (pl.)	= ר.

א

אָב, 141	Av
אַבָּא	father
אֲבָל	but
אֶבֶן (נ.), 95	stone
אֲגוֹרָה (נ.), 4	0.01 Israeli pound
אָדוֹם, 133	red
אָדוֹן, 135	Mr.
אֲדָר, 141	Adar
אָהַב	love (v.)
אוֹ	or
אוֹגוּסְט, 140	August
אוֹזֶן (נ.), 241	ear
אוֹטוֹ (ז.), 26	car, automobile
אוֹטוֹבּוּס (ז.)	bus
אוֹטוֹמָט (ז.), 294	automaton, vending machine
אֲוִיר (ז.), 94	air
אוֹכֶל (ז.)	food
אוּלַי, 89	maybe
אוּנִיבֶרְסִיטָה (נ.)	university
אוֹנִיָה (נ.), 332	ship
אוֹפְּטוֹמֶטְרִיסְט, 292	optometrist
אוֹפֵּרָה (נ.)	opera
אוֹצָר (ז.), 178	treasure
אוֹקְטוֹבֶּר, 140	October
אוֹר (ז.), 321	light
אוֹרֶז (ז.), 226	rice
אוֹרֵחַ, 154	guest

to, towards	אֶל, 174
these	אֵלֶּה
God	אֱלוֹהִים
Elul	אֱלוּל, 141
thousand	אֶלֶף (ז.), 102
two thousand	אַלְפַּיִים, 23
electronics	אֶלֶקְטְרוֹנִיקָה (נ.), 317
if	אִם
mother	אִמָּא
ambulance	אַמְבּוּלַנְס (ז.), 59
middle	אֶמְצַע (ז.), 95
say, tell	אָמַר
America	אֲמֶרִיקָה (נ.)
England	אַנְגְלִיָה (נ.), 207
English	אַנְגְלִית (נ.)
we	אֲנַחְנוּ
I	אֲנִי
encyclopedia	אֶנְצִיקְלוֹפֶּדְיָה (נ.)
it's forbidden	אָסוּר, 241
nose	אַף (ז.), 241
nobody, no one	אַף אֶחָד, 80
even	אֲפִילוּ
zero	אֶפֶס
never	אַף פַּעַם, 80
April	אַפְּרִיל, 140
it's possible	אֶפְשָׁר, 251
at somebody's	אֵצֶל, 123
pistol	אֶקְדָּח (ז.), 59
four	אַרְבַּע (נ.)
four	אַרְבָּעָה (ז.)
fourteen	אַרְבָּעָה עָשָׂר (ז.), 101
forty	אַרְבָּעִים, 101
fourteen	אַרְבַּע עֶשְׂרֵה (נ.), 101
meal	אֲרוּחָה (נ.)

me, you, him	אוֹתִי, אוֹתְךָ, אוֹתוֹ...
so, then	אָז
brother	אָח
one	אֶחָד (ז.)
eleven	אַחַד עָשָׂר (ז.), 100
sister	אָחוֹת
other	אַחֵר
last	אַחֲרוֹן, 276
after	אַחֲרֵי
afterwards, later	אַחַר-כָּךְ
one	אַחַת (נ.)
eleven	אַחַת עֶשְׂרֵה (נ.), 100
it's impossible	אִי אֶפְשָׁר, 193
Yiddish	אִידִישׁ (נ.), 8
what, which, which kind of	אֵיזֶה
Italy	אִיטַלְיָה (נ.), 207
Italian	אִיטַלְקִית (נ.), 207
how	אֵיךְ
farmer, peasant	אִיכָּר, 178
there isn't, there aren't	אֵין
intellectual	אִינְטֶלֶקְטוּאַל, 132
have no, not have	אֵין לְ-
I have no idea	אֵין לִי מוּשָׂג
inflation	אִינְפְלַצְיָה (נ.), 94
Europe	אֵירוֹפָּה (נ.)
man, person	אִישׁ
woman, wife	אִישָּׁה
with me, with you, with him...	אִיתִי, אִיתְךָ, אִיתוֹ..
eat	אָכַל
don't	אַל, 97

אֲרוּחַת-בּוֹקֶר (נ.)	breakfast
אֲרוּחַת-עֶרֶב (נ.)	dinner, supper
אֲרוּחַת-צָהֳרַיִים (נ.)	lunch
אָרוֹךְ, 246	long
אָרוֹן (ז.), 40	closet, cabinet
אַרְכִיטֶקְט, 315	architect
אַרְכִיטֶקְטוּרָה (נ.), 315	architecture
אֶרֶץ (נ.), 32	country, land
הָאָרֶץ, 32	Israel
אֶרֶץ יִשְׂרָאֵל, 32	The Land Of Israel
אֶת	definite direct object marker
אַתְּ	you (p. sg.)
אַתָּה	you (m. sg.)
אַתֶּם	you (m. pl.)
אֶתְמוֹל	yesterday
אַתֶּן	you (f. pl)

ב

בְּ-	in, at
בַּ-	in the, at the
בַּ...שֶׁעָבַר (ז.)	last...(night, week, etc.
בָּא	come
בְּגָדִים (ז.ר.)	clothes
בְּדִיחָה (נ.)	joke
בּוֹא, 105	come, let's
בּוֹס (ז.)	boss
בּוֹקֶר (ז.)	morning
בּוּרְגָנִי 167	bourgeois
בָּחוּר	young man
בַּחוּרָה	young woman
בְּחִינָה (נ.), 53	test, examination
בָּחַר בְּ- , 123	choose
בָּטוּחַ, 211	sure, certain
בֶּטַח, 123	sure, surely
בֶּטֶן (נ.), 246	belly, abdomen
בֵּייבִּי-סִיטֶר, 283	baby-sitter
בֵּייסְבּוֹל (ז.), 8	baseball
בֵּין, 290	between, among
בֵּינְתַיִים, 154	meanwhile
בֵּיצָה (נ.), 97	egg
בִּיקִינִי (ז.)	bikini
בִּיקֵּר, 196	visit
בִּיקֵּשׁ מִ- , 8	ask for, request
בִּירָה (נ.), 94	beer
בֵּירֵךְ אֶת, עַל, 302	greet, bless
בִּישֵּׁל, 191	cook (v.)
בַּיִת (ז.)	house, home
בֵּית-כְּנֶסֶת (ז.)	synagogue
בֵּית סֵפֶר (ז.), 13	school
בְּלוֹנְדִינִי, 223	blond
בְּלִי, 4	without
בְּמֶשֶׁךְ, 54	during
בֵּן	son , boy
בָּנָה, 147	build
בִּנְיָן (ז.)	building
בַּנָּנָה (נ.), 279	banana
בְּסֵדֶר	fine, okay
הַכֹּל בְּסֵדֶר	everything's fine
בְּעוֹד שָׁבוּעַ, 68	in a week
בַּעַל	husband
בַּעַל-חֲנוּת (ז.), 54	store owner

Bar Mitzva	בַּר מִצְוָה, 185	restaurant owner	בַּעַל מִסְעָדָה (ז.), 19
next week	בַּשָּׁבוּעַ הַבָּא, 68	onion	בָּצָל (ז.),226
for	בִּשְׁבִיל	bottle	בַּקְבּוּק (ז.), 214
next year	בַּשָּׁנָה הַבָּאָה, 68	request	בַּקָשָׁה (נ.)
quietly	בְּשֶׁקֶט, 83	please, if you please	בְּבַקָשָׁה
meat	בָּשָׂר (ז.), 225	on foot	בָּרֶגֶל, 246
daughter, girl	בַּת	British, Briton	בְּרִיטִי, 332
good appetite!	בְּתֵאָבוֹן	healthy	בָּרִיא, 117
		bridge (game)	בְּרִידְג' (ז.), 22

ג

also, too	גַם	back	גַב (ז.), 246
finish (v.)	גָמַר, 107	tall, high	גָבוֹהַ, 161
garden	גַן (ז.), 117	cheese	גְבִינָה (נ.), 97
thief	גַנָב, 59	man	גֶבֶר (ז.), 193
gentelman	ג'נְטֶלְמֶן	Mrs.	גְבֶרֶת, 135
Garden of Eden, Paradise	גַן עֵדֶן (ז.), 83	big, large	גָדוֹל
		body	גוּף (ז.), 241
live (in a place), reside	גָר	gas	גַז (ז.), 284
throat	גָרוֹן (ז.), 246	carrot	גֶזֶר (ז.), 227
garage	גָרָז' (ז.)	guitar	גִיטָרָה (נ.), 230
rain	גֶשֶׁם (ז.), 332	age	גִיל (ז.), 141

ד

dialogue	דִיאָלוֹג (ז.)	thing	דָבָר (ז.)
speak, talk (to)	דִיבֵּר (עִם), 8	fish(v.)	דָג
Dizengoff (street)	דִיזֶנְגוֹף	fish	דָג (ז.)
fisherman	דַייָג	example	דוּגְמָא (נ.)
apartment	דִירָה (נ.)	dollar	דוֹלָר (ז.)
door	דֶלֶת (נ.)	doctor	דוֹקְטוֹר (ז.)
knock (v.)	דָפַק	diet	דִיאָטָה (נ.)

דֵּצֶמְבֶּר, 140	December
דַּקָּה (נ.), 56	minute
דֶּרֶךְ (נ.), 95	way, road
דָּתִי, 191	religious

ה

הַ-	the
הִבְטִיחַ לְ- , 310	promise
הַבַּיְתָה, 154	homeward
הִגִּיעַ לְ-	deserve
הִדְלִיק, 324	light, turn on
הוּא	he
הוֹוֶה	present (tense, time)
הוֹרִים (ז.ר.)	parents
הִזְדַּקֵּן, 289	get old
הִזְמִין, 306	invite, order
הֶחְזִיק, 324	hold
הֶחְלִיט, 324	decide
הִיא	she
הָיָה (זמן עבר)	past tense of "be"
הַיּוֹם	today
הִסְטוֹרְיָה (נ.)	history
הִיפּוֹכוֹנְדְּרִי, 310	hypochondriac
הִיפִּי, 279	hippie
הֲכִי, 230	the most
הֲכִי פָּחוֹת	the least
הַכֹּל, 77	everything
הַכֹּל בְּסֵדֶר	evertything's fine
הַלְוָיָה (נ.), 178	funeral
הָלַךְ	go, walk
הֵם	they (m.)
הַמְבּוּרְגֶּר (ז.)	hamburger
הִמְשִׁיךְ, 310	continue, go on
הֵן	they (p.)
הִנֵּה, 105	here
הִסְבִּיר, 324	explain
הִסְכִּים, 310	agree
הִסְתַּכֵּל עַל / בְּ- , 289	look, watch
הָפַךְ אוֹתִי לְ-..	change me to..
הִפְסִיק, 306	stop (v.)
הַצָּגָה (נ.), 281	show, performance
הִצְחִיק, 328	make laugh
הִצְטַעֵר, 289	be sorry, regret
הִצְלִיחַ, 306	succeed, prosper
הַר (ז.), 337	mountain
הַרְבֵּה	much, many, a lot (of)
הָרַג, 147	kill
הִרְגִּיז, 324	make angry
הִרְגִּישׁ, 306	feel
הִרְוִיחַ, 324	earn
הָרַס, 193	destroy
הִשְׂבִּיעַ, 337	satisfy hunger
הִשְׁלִים, 326	complete (v.)
הִשְׁתַּמֵּשׁ בְּ- , 289	use
הִשְׁתַּתֵּף בְּ- , 289	participate
הִתְגַּעְגֵּעַ לְ- , 264	miss,long for
הִתְגָּרֵשׁ, 269	get divorced
הִתְחַבֵּק (עִם), 269	hug each other
הִתְחִיל, 306	begin, start
הִתְחַתֵּן (עִם), 264	get married
הִתְלַבֵּשׁ, 260	get dressed
הִתְנַשֵּׁק (עִם), 269	kiss (each other)
הִתְפַּלֵּל, 269	pray
הִתְקַדֵּם (בְּ-), 298	make progress
הִתְרַגֵּז (עַל), 270	get angry
הִתְרַגֵּל לְ- , 269	get used to

got excited	הִתְרַגֵּשׁ, 264
get washed	הִתְרַחֵץ, 260

ו

and	-וְ

ז

wolf	זְאֵב (ז.), 346
this (f.)	זֹאת
this (m.)	זֶה
gold	זָהָב (ז.), 178
pair, couple	זוּג (ז.), 295
cheap, inexpensive	זוֹל
dual, double	זוּגִי, 242
remember	זָכַר, 107
masculine	זָכָר
time, tense	זְמַן (ז.)
present tense	זְמַן הוֹוֶה
tail	זָנָב (ז.), 246
old	זָקֵן
sow (v.)	זָרַע, 178

ח

friend, boyfriend	חָבֵר
friend, girlfriend	חֲבֵרָה
holiday	חַג (ז.), 191
celebrate	חָגַג, 191
room	חֶדֶר (ז.)
living room	חֲדַר אוֹרְחִים (ז.), 154
bedroom	חֲדַר שֵׁינָה (ז.) 154
new	חָדָשׁ
month	חוֹדֶשׁ (ז.)
this month	הַחוֹדֶשׁ
rope, thread	חוּט (ז.), 211
sick	חוֹלֶה, 117
shirt	חוּלְצָה (נ.), 117
fever	חוֹם (ז.),248
brown	חוּם, 132
shore, beach	חוֹף (ז.), 332
vacation	חוֹפֶשׁ (ז.), 1
come back, go back, return	חָזַר
review	חֲזָרָה (נ.)
back (adj.)	חֲזָרָה, 332
live	חַי, 4
animal	חַיָּה (נ.), 193
life	חַיִּים (ז.ר.), 32
give out, distribute	חִילֵּק, 214
heat, warm (v.)	חִימֵּם, 337
education	חִינּוּךְ (ז.), 191
Haifa	חֵיפָה (נ.)
look for	חִיפֵּשׂ, 105
marry (perform the ceremony)	חִיתֵּן, 269
wise, clever	חָכָם
milk	חָלָב (ז.), 95
chalah	חַלָּה (נ.), 191
dream	חֲלוֹם (ז.), 83
window	חַלּוֹן (ז.),154
pioneer	חָלוּץ (ז.)
dream (v.)	חָלַם, 270
part	חֵלֶק, 270
hot, warm	חַם, 75
donkey	חֲמוֹר (ז.), 211

English	Hebrew		English	Hebrew
farmer	חַקְלַאי, 147		five	חֲמִישָׁה (ז.)
plowed	חָרוּשׁ, 178		fifteen	חֲמִישָׁה עָשָׂר (ז.)
plow (v.)	חָרַשׁ, 178		fifth	חֲמִישִׁי
think	חָשַׁב (עַל)		fifty	חֲמִישִׁים, 101
important	חָשׁוּב		I'm hot	חַם לִי, 71
Heshvan	חֶשְׁוָן, 141		five	חָמֵשׁ (נ.)
desire	חֵשֶׁק (ז.), 44		fifteen	חָמֵשׁ עֶשְׂרֵה (נ.), 101
cat	חָתוּל		store, shop	חֲנוּת (נ.)
wedding	חֲתוּנָה (נ.), 261		lettuce	חַסָּה (נ.)
signature	חֲתִימָה (נ.), 317		half	חֲצִי, 56

ט

English	Hebrew		English	Hebrew
telegram	טֶלֶגְרָמָה (נ.)		Tiberias	טְבֶרְיָה (נ.)
television	טֶלֶוִיזְיָה (נ.)		Tevet	טֵבֵת, 141
telephone	טֶלֶפוֹן (ז.)		good	טוֹב
taste	טַעַם (ז.), 97		well (adj.)	טוֹב
taxi	טַקְסִי (ז.), 59		better	יוֹתֵר טוֹב
fresh	טָרִי, 229		trip, journey	טִיּוּל (ז.), 107
hitchhiker	טְרֶמְפִּיסְט, 321		phone, call (v.)	טִילְפֵּן, 200
			tip	טִיפּ (ז.)
			stupid	טִיפֵּשׁ, 218

י

English	Hebrew		English	Hebrew
more	יוֹתֵר, 218		hand, arm	יָד (נ.), 246
better	יוֹתֵר טוֹב		know	יָדַע
together	יַחַד		jew, jewish	יְהוּדִי
singular	יָחִיד		July	יוּלִי, 140
wine	יַיִן (ז.)		day	יוֹם (ז.)
can, able to	יָכוֹל		everyday	יוֹם יוֹם, 32
yacht	יַכְטָה (נ.), 107		June	יוּנִי, 140
boy, child	יֶלֶד		great!	יוֹפִי!

girl, child	יַלְדָּה
sea, beach	יָם (ז.)
January	יָנוּאָר , 140
forest	יַעַר (ז.), 346
nicely	יָפֶה
pretty, nice, beautiful	יָפֶה
expensive, dear	יָקָר
go down,fall(rain, etc.)	יָרַד, 332
Jordan (river)	יַרְדֵּן (ז.), 207
green	יָרוֹק, 133
Jerusalem	יְרוּשָׁלַיִם
vegetables	יְרָקוֹת (ז.נ.), 225
there is, there are	יֵשׁ
sit	יָשַׁב
have	יֵשׁ לְ-
sleep(v.)	יָשַׁן
old (thing)	יָשָׁן
Israel	יִשְׂרָאֵל

כ

hurt	כָּאַב לְ- , 248
here	כָּאן
heavy	כָּבֵד, 161
paved road	כְּבִישׁ (ז.), 321
already	כְּבָר
no longer	כְּבָר לֹא, 4
it's worthwhile	כְּדַאי, 283
in order(to)	כְּדֵי, 185
so that	כְּדֵי שֶׁ- , 185
energy, strength	כּוֹחַ (ז.)
all of them, everybody	כּוּלָּם (ר.)
glass	כּוֹס (נ.), 211
The Wailing Wall	הַכּוֹתֶל (ז.), 322
blue	כָּחוֹל, 133
because	כִּי
chair	כִּיסֵּא (ז.), 40
hood, yarmulke	כִּיפָּה (נ.), 346
classroom, class	כִּיתָּה (נ.)
so, in this way	כָּךְ, 95
every	כׇּל
all	כֹּל, 77
prison	כֶּלֶא, 147
all, all the	כׇּל הַ- , 77
everything	הַכֹּל
everything's fine	הַכֹּל בְּסֵדֶר
so	כׇּל-כָּךְ
how many? how much?	כַּמָּה
some, several	
how long?	כַּמָּה זְמַן?
how much time?	
how long ago?	לִפְנֵי כַּמָּה זְמַן?
like, as	כְּמוֹ
almost	כִּמְעַט, 315
yes	כֵּן
Kislev	כִּסְלֵו, 141
money	כֶּסֶף(ז.)
village	כְּפָר (ז.), 178
ticket	כַּרְטִיס (ז.) 94
New Year Card	כַּרְטִיס שָׁנָה טוֹבָה(ז.), 116
when, at the time that	כְּשֶׁ-
write	כָּתַב
address	כְּתוֹבֶת(נ.), 104
writing	כְּתִיבָה (נ.)

לְ

לְ-	to, for
לַ-	to the, for the
לֹא	no, not
לָאדִינוֹ, 32	Ladino
לְאַט	slowly
לְאֵיפֹה, לְאָן	where? where to?
לֹא נָכוֹן	not right, wrong
לֵב(ז.), 246	heart
לְבַד	by oneself, alone
לָבִיא, 270	lion
לָבָן, 133	white
לָבַשׁ	wear, put on
לְהַגִּיד (לְ-)	to tell
לִהְיוֹת	to be
לְהִתְרָאוֹת	see you again, see you
לֶחֶם (ז.), 83	bread
לָטִינִית, 218	Latin
לִי, לְךָ, לוֹ	to me, to you,to him..
לִיבֶּרָלִי, 278	liberal
לֵיגָאלִי, 332	legal, lawful
לַיְלָה(ז.)	night
לִימֵּד, 8	teach
לִימוֹן (ז.), 94	lemon
לִימוֹנָדָה(נ.)	lemonade
לִירָה(נ.)	lira, pound(currency)
לָכֵן, 229	therefore
לָמַד	study, learn
לָמָּה	why?
לְפִי, 256	according to
לִפְנֵי	before, ago
לִפְעָמִים	sometimes
לָקַח	take
לָשׁוֹן (נ.), 270	tongue

מ

מִ-/מֵ-	from
מֵאָה(נ.), 101	hundred
מְאוֹד	very
מְאוּחָר, 56	late
מְאוּשָׁר, 177	happy
מַאי, 140	May
מָאתַיִם, 101	two hundred
מְבוּשָׁל, 229	cooked
מְדוּרָה(נ.), 337	bonfire
מְדִינָה(נ.), 332	state
מִדְרָכָה(נ.), 321	sidewalk
מַה	what?
מַה נִשְׁמַע?	how are things? how are you?
מַהֵר	quickly
מַה שֶׁ-, 19	what, whatever, that which
מוֹדָעָה(נ.), 282	ad, notice
מוֹדֶרְנִי, 32	modern
מוֹהֵל(ז.)	circumciser
מָוֶות(ז.), 270	death
מוּזֵיאוֹן (ז.)	museum
מוּזִיקָה(נ.)	music
מוֹכֵר	seller
מוּקְדָם, 56	early
מוֹרֶה(ז.)	teacher (m.)
מוֹרָה(נ.)	teacher (f.)
מוּתָּר, 276	it's permitted
מַזָּל(ז.)	luck
מַזָּל טוֹב!	congratulations! good luck!

secretary	מַזְכִּירָה (נ.), 49
note book	מַחְבֶּרֶת (נ.)
milk man	מְחַלֵּק חָלָב, 214
tomorrow	מָחָר, 49
kitchen	מִטְבָּח (ז.), 40
meter	מֶטֶר (ז.), 223
who?	מִי
special	מְיוּחָד
bed	מִיטָה (נ.), 40
fill	מִילֵּא, 316
word	מִילָּה (נ.)
dictionary	מִילּוֹן (ז.), 32
water	מַיִם (ז.ר.)
number	מִיסְפָּר (ז.)
someone	מִישֶׁהוּ, 59
car	מְכוֹנִית (נ.)
sale	מְכִירָה (ז.), 123
pants	מִכְנָסַיִים (ז.ר.), 123
letter	מִכְתָּב (ז.)
sell	מָכַר
angel	מַלְאָךְ (ז.), 83
dirty	מְלוּכְלָךְ
salt	מֶלַח (ז.), 227
war	מִלְחָמָה (נ.), 59
king	מֶלֶךְ
queen	מַלְכָּה
beauty queen	מַלְכַּת יוֹפִי, 223
cucumber	מְלָפְפוֹן (ז.), 226
since when?	מִמָּתַי
from when?	
mandate	מַנְדָּט (ז.), 332
custom	מִנְהָג (ז.), 391
lamp	מְנוֹרָה (נ.), 40
orderly, in order	מְסוּדָּר, 348
tradition	מָסוֹרֶת (נ.), 191
party	מְסִיבָּה (נ.)
restaurant	מִסְעָדָה (נ.)
enough	מַסְפִּיק, 103
coat	מְעִיל (ז.), 59
interesting	מְעַנְיֵין
map	מַפָּה (נ.), 104
key	מַפְתֵּחַ (ז.), 284
find	מָצָא, 95
excellent	מְצוּיָּן, 302
funny	מַצְחִיק, 281
Macdonald	מֶקְדוֹנַלְד
place, room	מָקוֹם (ז.), 107
Mexico	מֶקְסִיקוֹ, 207
professiopm	מִקְצוֹעַ (ז.), 317
margarine	מַרְגָּרִינָה (נ.), 94
Marocco	מָרוֹקוֹ
terrace, balcony	מִרְפֶּסֶת (נ.), 154
March	מֶרֶץ, 140
something	מַשֶּׁהוּ, 74
mad, crazy	מְשׁוּגָּע
acting, play(n.)	מִשְׂחָק (ז.), 302
messiah	מָשִׁיחַ (ז.), 54
Mishna	מִשְׁנָה (נ.), 32
boring	מְשַׁעֲמֵם, 75
I'm bored	מְשַׁעֲמֵם לִי, 71
family	מִשְׁפָּחָה (נ.)
trial , sentence	מִשְׁפָּט (ז.), 83
farm	מֶשֶׁק (ז.), 337
office	מִשְׂרָד (ז.)
die	מֵת, 83
when?	מָתַי
since when?	מִמָּתַי
mathematics	מָתֵימָטִיקָה
gift, present	מַתָּנָה (נ.)

נ

Nazi	נָאצִי
driver	נֶהָג
drive (v.)	נָהַג, 321
November	נוֹבֶמְבֶּר, 140
be born	נוֹלַד, 139
normal	נוֹרְמָלִי, 189
rest (v.)	נָח, 154
nice, cute	נֶחְמָד
New York	נְיוּ יוֹרְק

Nisan	נִיסָן, 141
correct, right	נָכוֹן
low, short (person)	נָמוּךְ, 161
go (by car, plane, etc.)	נָסַע
put on (shoes)	נָעַל, 123
shoes	נַעֲלַיִים (ז.ר.), 123
female, feminine	נְקֵבָה
clean	נָקִי
candle	נֵר (ז.), 191
give	נָתַן

ס

grandfather	סַבָּא, 21
close, shut	סָגַר
order	סֵדֶר (ז.)
parentheses	סוֹגְרַיִים (ז.ר.), 314
sweater	סְוֶודֶר (ז.), 73
end	סוֹף (ז.), 85
writer	סוֹפֵר, 147
horse	סוּס
drag	סָחַב, 211
student	סְטוּדֶנְט
steak	סְטֵייק (ז.)
cigarette	סִיגָרְיָה (נ.), 59
arrange, put in order	סִידֵר
Sivan	סִיוָן, 141
symphony	סִימְפוֹנְיָה (נ.)
China	סִין, 207
Chinese	סִינִית (נ.), 207
story	סִיפּוּר (ז.)
tell	סִיפֵּר (לְ-), 8
boat	סִירָה (נ.), 332
basket	סַל (ז.), 346
living room	סָלוֹן (ז.), 154
forgive	סָלַח, 147
salad	סָלָט (ז.), 226

excuse me! sorry!	סְלִיחָה
semester	סֶמֶסְטֶר (ז.)
sandal	סַנְדָל (ז.), 123
snob	סְנוֹבּ
spaghetti	סְפַּגֶטִי (ז.)
sofa	סַפָּה (נ.), 154
sport	סְפּוֹרְט (ז.)
September	סֶפְּטֶמְבֶּר, 140
book	סֵפֶר (ז.)
Spain	סְפָרַד, 207
Spanish (language)	סְפָרַדִית (נ.), 207
library	סִפְרִיָה (נ.)
movie, film	סֶרֶט (ז.)

ע

עָבַד	work (v.)
עֲבוֹדָה (נ.)	work (n.)
עָבַר, 95	pass
עָבָר	past
בַּשָּׁבוּעַ(חוֹדֶשׁ) שֶׁעָבַר(נ.)	last week (month)
בַּשָּׁנָה(פַּעַם) שֶׁעָבְרָה (נ.)	last year (time)
עִבְרִית (נ.)	Hebrew
עַגְבָנִיָּה (נ.), 226	tomato
עַד, 89	until
עוּגָה (נ.), 279	cake
עוֹד	more
עוֹד לֹא	not yet
עוֹזֶרֶת (נ.), 49	cleaning woman
עוֹלָם (ז.), 147	world
עֵז (נ.), 270	goat
עֶזְרָה (נ.), 332	help(n.)
עָזַר לְ-	help (v.)
עָיֵף, 332	tired
עַיִן (נ.), 241	eye
עִינָּה, 147	torture
עִיר (נ.)	city, town
עִיתּוֹן (ז.)	newspaper
עַכְשָׁיו	now
עַל, 40	on, upon,, about
עָלָה	cost
עָלָה עַל,99	climb, ascend
עַל יַד	near, by
עִם	with
עָמַד, 223	stand
עָנָה (לְ-)	answer (v.)
עָנִי	poor
עָצוּב	sad
עָצַר, 59	stop
עֶרֶב (ז.)	evening
עֲרָבִית (נ.), 32	Arabic
עֶרֶב שַׁבָּת	Saturday eve (Friday night)
עָשָׂה	do, make
עָשָׂה טוֹבָה לְ-	do a favor
עָשָׂה סֵדֶר	put in order
עָשִׁיר	rich
עֲשִׂירִי (ז.)	tenth
עֶשֶׂר (נ.)	ten
עֲשָׂרָה (ז.)	ten
עֶשְׂרִים, 101	twenty

פ

פֶבְּרוּאָר, 140	February
פְּגִישָׁה (נ.), 315	meeting, date
פָּגַשׁ, 1	meet
פֶּה (ז.), 241	mouth
פּוֹלִיטִיקַאי, 49	politician
פּוֹלִיטִיקָה (נ.)	politics
פּוֹלַנְיָה (נ.), 302	Poland
פּוֹפּוּלָרִי	popular
פָּחַד, 19	fear, be afraid
פָּחוֹת, 218	less
פִּיצָה (נ.)	pizza
פִּיקֵחַ, 218	smart
פֵּירוֹת (ז.ר.), 225	fruit
פָלָפֶל (ז.)	falafel (oriental dish)
פִּלְפֵּל (ז.), 226	pepper
פָּנִים (ז.ר.), 241	face
פְּסִיכוֹלוֹגְיָה (נ.), 1	psychology
פְּסִיכִיאָטוֹר, 189	psychiatrist

פַּעַם (נ.) one time, once, on one occasuon
הַפַּעַם this time
פְּרוֹפֶסוֹר professor
פַּרְטִיזָן, 147 partisan
פָּרָס (נ.) 270 Persia
פֶּרֶק (ז.), 214 chapter
פָּשׁוּט simple
פִּתְאוֹם, 59 suddenly
פָּתַח open
פֶּתֶק (ז.), 21 4 note (n.)

צ

צָבָא (ז.), 147 army
צָבַע (אֶת, בְּ-) dye, paint
צֶבַע (ז.), 133 color
צָהוֹב, 133 yellow
צוֹדֵק, 193 right (person)
צָהֳרַיִים noon
צַיָּיד, 346 hunter
צַיָּיר painter
צִילְצֵל, 200 ring
צִ'יפְּס (ז.) French fries
צִמְחוֹנִי, 299 vegetarian
צָנַח, 147 parachute (v.)
צַנְחָן, 147 paratrooper
צָעִיר young
צָעַק, 211 yell, shout (v.)
צַר, 161 narrow
צָרִיךְ must, need have to
צָרְפַת (נ.), 207 France
צָרְפַתִית (נ.), 207 French (language)

ק

קָהָל (ז.), 289 audience
קוֹדֶם, 193 first, beforehand
קוֹלְנוֹעַ (ז.), 275 cinema, movie theater
קוֹמֶדְיָה (נ.), 147 comedy
קוֹנְצֶרְט (ז.) concert
קוּפָּה (נ.), 281 box office, cash register
קוֹקָה קוֹלָה (נ.) Coca Cola
קוֹרְאִים לְ- (my, his, etc.) name is.....
אֵיךְ קוֹרְאִים לְ- what's (your, his, etc.) name ?
קוּרְס (ז.), 22 course
קָטָן small
קִיבּוּץ (ז.) Kibbutz
קִיבֵּל, 8 receive, get
קִילוֹגְרָם (ז.), 113 kilogram
קִיר (ז.), 154 wall
קַל, 75 easy
קַל, 161 light (adj.)
קְלַאסִי, 132 classical
קַל לִי, 71 it's easy for me

קָם	get up
קַמְפּוּס (ז.)	campus
קָנָה	buy
קָפֶה (ז.)	coffee
קָפֶטֶרְיָה (נ.)	cafeteria
קַפְרִיסִין (נ.), 332	Cyprus
קָצָר, 246	short (thing)
קְצָת, 223	a little, a bit
קַר, 75	cold
קָרָא	read
קָרָא לְ-	call
קָרָה, 95	happen
קָרוֹב, 105	near
קְרִיאָה (נ.)	reading
קַר לִי, 71	I'm cold
קָשֶׁה, 75	hard, difficult
קָשֶׁה לִי, 71	it's difficult for me
קָשַׁר, 221	tie (v.)

ר

רָאָה	see
רֹאשׁ (ז.), 1	head
רִאשׁוֹן	first
רַבִּי (ז.)	Rabbi
רַבִּים	plural
רְבִיעִי	forth
רֶבַע (ז.), 56	quarter
רֶגֶל (נ.), 211	leg, foot
רֶגַע (ז.)	moment
רַדְיוֹ (ז.)	radio
רַהִיטִים (ז.ר.),154	furniture
רוּחַ (נ.), 337	wind
רוֹמַנְטִי	romantic
רוּסְיָה (נ.), 32	Russia
רוּסִית (נ.), 207	Russian (language)
רוֹפֵא, 117	physician
רָזֶה, 218	slim, thin
רָחָב, 161	wide
רְחוֹב (ז.)	street
רָחוֹק, 59	far
רֵיחַ (ז.), 337	smell, odor
רַע	bad
רָעֵב, 19	hungry
רַעְיוֹן (ז.), 193	idea
רַעַשׁ (ז.), 97	noise
רָץ	run
רָצָה	want
רְצִינִי, 281	serious
רַק	only
רָקַד, 193	dance
רַק רֶגַע	just a moment

ש

שֶׁ-	that (prefix)
שָׁאַל	ask
שְׁאֵלָה (נ.)	question
שְׁאֵלוֹן (ז.), 316	questionnaire
שְׁבֶדְיָה (נ.), 207	Sweden
שְׁבֶדִית (נ.), 207	Swedish
שָׁבוּעַ (ז.)	week
הַשָּׁבוּעַ	this week
שְׁבָט, 141	Shevat
שְׁבִיעִי	seventh
שֶׁבַע(נ.)	seven
שִׁבְעָה עָשָׂר (ז.), 101	seventeen

thirty	שְׁלוֹשִׁים, 101
thirteen	שְׁלוֹשׁ עֶשְׂרֵה (נ.), 100
send	שָׁלַח, 123
my, your, his	שֶׁלִּי, שֶׁלְּךָ, שֶׁלּוֹ
third	שְׁלִישִׁי
there	שָׁם
put	שָׂם
name	שֵׁם (ז.)
eight	שְׁמוֹנָה (ז.)
eight	שְׁמוֹנֶה (נ.)
eighteen	שְׁמוֹנָה עָשָׂר (ז.), 101
eighteen	שְׁמוֹנֶה עֶשְׂרֵה (נ.), 101
eighty	שְׁמוֹנִים, 101
glad, happy	שָׂמֵחַ
eighth	שְׁמִינִי
dress (n.)	שִׂמְלָה (נ.), 123
fat	שָׁמֵן, 218
hear	שָׁמַע
guard, observe	שָׁמַר עַל, 101
tooth	שֵׁן (נ.), 241
year	שָׁנָה (נ.)
this year	הַשָּׁנָה
second	שֵׁנִי
two	שְׁנַיִים (שְׁנֵי) (ז.)
twelve	שְׁנֵים עָשָׂר (ז.)
hour	שָׁעָה (נ.)
at.. (o'clock)..	בְּשָׁעָה...
the time is...	הַשָּׁעָה
it's...o'clock	
what time is it?	מַה הַשָּׁעָה?
watch, clock	שָׁעוֹן (ז.)
hair	שְׂעָרוֹת (נ.ר.), 241
lip	שָׂפָה (נ.), 241
language	שָׂפָה (נ.), 8
quiet	שֶׁקֶט, 83
sing	שָׁר
seventy	שִׁבְעִים, 101
Saturday	שַׁבָּת (נ.)
field	שָׂדֶה (ז.), 178
policeman	שׁוֹטֵר, 59
table, desk	שׁוּלְחָן (ז.), 40
nothing	שׁוּם דָּבָר, 80
different	שׁוֹנֶה, 226
judge (n.)	שׁוֹפֵט, 83
market	שׁוּק (ז.), 229
chocolate	שׁוֹקוֹלָד (ז.), 279
row, line	שׁוּרָה (נ.), 276
black	שָׁחוֹר, 133
actor	שַׂחְקָן, 281
carpet	שָׁטִיחַ (ז.), 154
seven	שִׁבְעָה (ז.)
conversation	שִׂיחָה (נ.)
play (game, role) (v.)	שִׂיחֵק, 8
pay	שִׁילֵּם לְ-, 8
lesson, class, course	שִׁיעוּר (ז.)
homework	שִׁיעוּרִים (ז.ר.)
Chicago	שִׁיקָגוֹ (נ.)
lie (v.)	שִׁיקֵּר, 178
sixteen	שִׁישָּׁה עָשָׂר (ז.), 101
sixty	שִׁישִּׁים, 101
song, poem	שִׁיר (ז.)
six	שִׁישָּׁה (ז.)
sixth	שִׁישִּׁי
forget	שָׁכַח
brains, intelligence	שֵׂכֶל (ז.)
neighbour	שָׁכֵן, 32
of	שֶׁל
hello, goodby, peace	שָׁלוֹם
three	שָׁלוֹשׁ (נ.)
three	שְׁלוֹשָׁה (ז.)
thirteen	שְׁלוֹשָׁה עָשָׂר (ז.), 100

שַׂר (ז.), 270	minister
שֵׁשׁ (נ.)	six
שֵׁשׁ עֶשְׂרֵה (נ.), 101	sixteen
שָׁתָה	drink
שְׁתַּיִם (שְׁתֵּי) (נ.)	two
שְׁתֵּים עֶשְׂרֵה (נ.), 100	twelve

ת

תֵּאוֹרְיָה (נ.), 302	theory
תַּאֲרִיךְ (ז.), 317	(calender) date
תֵּה (ז.)	tea
תּוֹדָה	thanks! thank you!
תּוֹרָה (נ.)	Torah
תַּחֲנָה (נ.)	station
תַּחֲנָה הַמֶּרְכָּזִית	central (bus) station
תַּחַת, 95	under
תֵּיאַטְרוֹן (ז.), 302	theater
תֵּימָן (נ.), 211	Yemen
תִּשְׁעָה (ז.)	nine
תֵּל-אָבִיב (נ.)	Tel-Aviv
תַּלְמוּד (ז.)	Talmud
תַּלְמִיד	student, pupil
תַּלְמִיד חָכָם	learned person (in Torah and Talmud)
תַּמּוּז, 141	Tamuz
תְּמוּנָה (נ.)	picture, painting
תָּמִיד	always
תַּנּוּר (ז.)	store, oven
תַּנַ"ךְ (ז.), 32	Bible
תַּפּוּחַ אֲדָמָה (ז.), 226	potato
תְּפִילָּה (נ.), 185	prayer
תָּפַס, 147	catch (v.)
תִּרְגּוּם (ז.)	translation
תַּרְגִּיל (ז.)	exercise
תַּרְגִּיל בְּעַל-פֶּה	oral exercise
תְּשׁוּבָה (נ.)	answer (n.)
תְּשִׁיעִי	ninth
תֵּשַׁע (נ.)	nine
תִּשְׁעָה-עָשָׂר (ז.), 101	nineteen
תִּשְׁעִים, 101	ninety
תְּשַׁע-עֶשְׂרֵה (נ.), 101	nineteen
תִּשְׁרֵי, 141	Tishri

which	אֵיזֶה
white , 133	לָבָן
who?	מִי?
why	לָמָּה
wide, 161	רָחָב
wife	אִשָּׁה
wind, 337	רוּחַ (נ.)
window, 154	חַלּוֹן (ז.)
wine	יַיִן (ז.)
wise	חָכָם
with	עִם
with me, 28	אִיתִּי
without, 4	בְּלִי
with you (m.sg.)	אִיתְּךָ
wolf, 346	זְאֵב (ז.)
woman	אִשָּׁה
word	מִלָּה (נ.)
work (n.)	עֲבוֹדָה (נ.)
work (v.)	עָבַד
world, 147	עוֹלָם (ז.)
it's worth while, 283	כְּדַאי
write	כָּתַב
writer, 147	סוֹפֵר
writing	כְּתִיבָה (נ.)
wrong	לֹא נָכוֹן

Y

yacht, 107	יַכְטָה (נ.)
yarmulke, 346	כִּיפָּה (נ.)
year	שָׁנָה (נ.)
this year	הַשָּׁנָה
yell, 211	צָעַק
yellow, 133	צָהוֹב
Yemen, 211	תֵּימָן (נ.)
yes	כֵּן
yesterday	אֶתְמוֹל
Yiddish, 8	אִידִישׁ (נ.)
you (m.sg.)	אַתָּה, אוֹתְךָ
you (f.sg.)	אַתְּ, אוֹתָךְ
you (m.pl.)	אַתֶּם, אוֹתְכֶם
you (f. pl.)	אַתֶּן, אוֹתְכֶן
young	צָעִיר
young man	בָּחוּר
young woman	בַּחוּרָה
your (m.sg.)	שֶׁלְּךָ

Z

zero	אֶפֶס

town	עִיר (נ.)	turn on, 324	הִדְלִיק
to you (m. sg.)	לְךָ	twelve, 100	שְׁנֵים עָשָׂר (ז.)
tradition, 191	מָסוֹרֶת (נ.)		שְׁתֵּים עֶשְׂרֵה (נ.)
translation	תִּרְגּוּם (ז.)	twenty, 101	עֶשְׂרִים
treasure , 178	אוֹצָר (ז.)	two	שְׁנַיִים (שְׁנֵי) (ז.)
trial, 83	מִשְׁפָּט (ז.)		שְׁתַּיִים (שְׁתֵּי) (נ.)
trip, 107	טִיּוּל (ז.)	two hundred, 101	מָאתַיִים
		two thousand, 32	אַלְפַּיִים

U

under, 95	תַּחַת	upon, 40	עַל
university	אוּנִיבֶרְסִיטָה	use, 289	הִשְׁתַּמֵּשׁ בְּ-
until, 89	עַד		

V

vacation, 1	חוֹפֶשׁ (ז.)ּ, חוּפְשָׁה (נ.)	verb	פּוֹעַל
vegetables, 225	יְרָקוֹת (ז.ר.)	very	מְאוֹד
vegetarian, 299	צִמְחוֹנִי	village, 178	כְּפָר (ז.)
vending machine, 294	אוֹטוֹמָט (ז.)	visit (v.), 196	בִּיקֵּר

W

The Wailing Wall, 322	הַכּוֹתֶל (ז.)	week	שָׁבוּעַ (ז.)
walk	הָלַךְ	this week	הַשָּׁבוּעַ
wall, 154	קִיר (ז.)	well (adj.)	טוֹב
want	רָצָה	what, 19	אֵיזֶה, מַה שֶׁ-
war, 59	מִלְחָמָה	what ?	מַה?
warm, 75	חַם	whatever, 19	מַה שֶׁ-
warm (v.), 337	חִימֵּם	what kind of	אֵיזֶה
watch	שָׁעוֹן (ז.)	what's (your, his, etc.)	אֵיךְ קוֹרְאִים לְ-
watch (v.), 289	הִסְתַּכֵּל עַל/בְּ-	name?	
water	מַיִם (ז.ר.)	what time is it?	מַה הַשָּׁעָה?
way, 95	דֶּרֶךְ (נ.)	when?	מָתַי?
we	אֲנַחְנוּ	when	כְּשֶׁ-
wear	לָבַשׁ	where?	אֵיפֹה? לְאֵיפֹה?
wedding, 261	חֲתוּנָה (נ.)	where to ?	לְאֵיפֹה? לְאָן?

teach, 8	לִימֵּד
teacher (m.)	מוֹרֶה
teacher (f.)	מוֹרָה
Tel-Aviv	תֵּל-אָבִיב (נ.)
telegram	טֶלֶגְרָמָה (נ.)
telephone	טֶלֶפוֹן (ז.)
television	טֶלֶוִויזְיָה (נ.)
tell, 8	אָמַר, סִיפֵּר (לְ-)
ten	עֲשָׂרָה (ז.), עֶשֶׂר (נ.)
tense	זְמַן (ז.)
tenth	עֲשִׂירִי (ז.)
terrace, 154	מִרְפֶּסֶת (נ.)
test, 53	בְּחִינָה (נ.)
Tevet, 141	טֵבֵת
thanks!	תּוֹדָה
thank you!	תּוֹדָה
that (prefix)	שֶׁ-
that which ,99	מַה שֶׁ-
the (prefix)	הַ-
theater, 302	תֵּיאַטְרוֹן (ז.)
then	אָז
theory, 302	תֵּאוֹרְיָה (נ.)
there	שָׁם
there are	יֵשׁ
there aren't	אֵין
therefore, 229	לָכֵן
there is	יֵשׁ
there isn't	אֵין
these	אֵלֶּה
they (m.)	הֵם
they (f.)	הֵן
thief , 59	גַּנָּב
thin	רָזֶה
thing	דָּבָר (ז.)
think	חָשַׁב (עַל)
third	שְׁלִישִׁי
thirteen	שְׁלֹשָׁה עָשָׂר (ז.)
	שְׁלֹשׁ עֶשְׂרֵה (נ.)
thierty, 101	שְׁלוֹשִׁים
this (m.)	זֶה
this (f.)	זאת
this time	הַפַּעַם
thousand, 102	אֶלֶף (ז.)
thread, 211	חוּט (ז.)
three	שְׁלוֹשָׁה (ז.), שָׁלוֹשׁ (נ.)
throat	גָּרוֹן (ז.)
Tiberias	טְבֶרְיָה (נ.)
ticket, 94	כַּרְטִיס (ז.)
tie (v.), 211	קָשַׁר
time	זְמַן (ז.)
the time is...	הַשָּׁעָה...
tip	טִיפּ (ז.)
tired, 332	עָיֵף
Tishri, 141	תִּשְׁרֵי
to, 174	אֶל, לְ-
today	הַיּוֹם
together	יַחַד
tomato, 226	עַגְבָנִיָּה (נ.)
to me	לִי
tomorrow, 49	מָחָר
tongue, 270	לָשׁוֹן (נ.)
too	גַּם
tooth, 241	שֵׁן (נ.)
Torah	תּוֹרָה (נ.)
torture, 147	עִינָּה
to tell	לְהַגִּיד לְ-
to the	לַ-
towards, 174	אֶל

sixteen, 101	שש עשׂרה (נ.)
	שִׁישָּׁה עָשָׂר (ז.)
sixth	שִׁישִּׁי
sixty , 101	שִׁישִּׁים
sleep (v.)	יָשַׁן
slim, 218	רָזֶה
slowly	לְאַט
small	קָטָן
smart, 218	פִּיקֵחַ
smell, 337	רֵיחַ (ז.)
snob	סְנוֹבּ
so, 95	אָז, כָּךְ, כׇּל-כָּךְ
sofa, 154	סַפָּה (נ.)
some	כַּמָּה
someone, 59	מִישֶׁהוּ
something, 74	מַשֶּׁהוּ
sometimes	לִפְעָמִים
son	בֵּן
song	שִׁיר (ז.)
sorry!	סְלִיחָה !
so that, 185	כְּדֵי שֶׁ-
sow (v.), 178	זָרַע
spagetti	סְפָּגֶטִי (ז.)
Spain, 207	סְפָרַד
Spanish (language), 207	סְפָרַדִית (נ.)
speak	דִּיבֵּר (עִם)
special	מְיוּחָד
sport	סְפּוֹרְט (ז.)
stand, 223	עָמַד
start, 306	הִתְחִיל
state, 332	מְדִינָה (נ.)
station	תַּחֲנָה (נ.)
steak	סְטֵיק (ז.)
stone, 95	אֶבֶן
stop, 59	עָצַר
stop (v.), 306	הִפְסִיק
store	חֲנוּת (נ.)
store owner, 54	בַּעַל חֲנוּת (ז.)
story	סִיפּוּר (ז.)
stove	תַּנּוּר (ז.)
street	רְחוֹב (ז.)
student	סְטוּדֶנְט, תַּלְמִיד
study	לָמַד
stupid, 218	טִיפֵּשׁ
succeed, 306	הִצְלִיחַ
suddenly, 59	פִּתְאוֹם
supper	אֲרוּחַת עֶרֶב (נ.)
sure , 211	בָּטוּחַ
sure, 123	בֶּטַח
surely, 123	בֶּטַח
sweater, 73	סְוֶודֶר (ז.)
Sweden, 207	שְׁבֶדְיָה (נ.)
Swedish, 207	שְׁבֶדִית
symphony	סִימְפוֹנְיָה (נ.)
Synagogue	בֵּית-כְּנֶסֶת (ז.)

T

table, 40	שׁוּלְחָן (ז.)
tail, 246	זָנָב (ז.)
take	לָקַח
talk (to), 8	דִּיבֵּר (עִם)
tall, 161	גָּבוֹהַּ
Talmud	תַּלְמוּד (ז.)
Tamuz, 141	תַּמּוּז
taste (n.), 97	טַעַם (ז.)
taxi, 59	טֶקְסִי (ז.); מוֹנִית (נ.)
tea	תֵּה (ז.)

ring, 200	צִלְצֵל
road, 95	דֶּרֶךְ (נ.)
romantic	רוֹמַנְטִי
room, 107	מָקוֹם (ז.), חֶדֶר (ז.)
rope, 211	חוּט (ז.)
row, 276	שׁוּרָה (נ.)
run	רָץ
Russia, 32	רוּסְיָה (נ.)
Russian (language), 207	רוּסִית (נ.)

S

sad	עָצוּב
salad, 226	סָלָט (ז.)
sale, 123	מְכִירָה (נ.)
salt, 227	מֶלַח (ז.)
sandal, 123	סַנְדָּל (ז.)
satisfy hunger, 337	הִשְׂבִּיעַ
Saturday	שַׁבָּת (נ.)
Saturday eve (Friday night)	עֶרֶב שַׁבָּת
say	אָמַר
school, 13	בֵּית-סֵפֶר (ז.)
sea	יָם (ז.)
second	שֵׁנִי
secretary	מַזְכִּירָה (נ.), מַזְכִּיר (ז.)
see	רָאָה
see you, see you again	לְהִתְרָאוֹת
sell	מָכַר
seller	מוֹכֵר
semester	סֶמֶסְטֶר (ז.)
send, 123	שָׁלַח
sentences	מִשְׁפָּטִים (ז.ר.)
September , 140	סֶפְּטֶמְבֶּר
serious, 281	רְצִינִי
seven	שִׁבְעָה (ז.), שֶׁבַע (נ.)
seventeen, 101	שִׁבְעָה עָשָׂר (ז.)
	שְׁבַע עֶשְׂרֵה (נ.)
seventh	שְׁבִיעִי
seventy	שִׁבְעִים
several	כַּמָּה
she	הִיא
Shevat, 141	שְׁבָט
ship, 332	אוֹנִיָּה (נ.)
shirt, 117	חוּלְצָה (נ.)
shoes, 123	נַעֲלַיִם (ז.ר.)
shop	חֲנוּת (נ.)
shore, 332	חוֹף (ז.)
short (person), 161	נָמוּךְ
short (thing), 246	קָצָר
shout (v.), 211	צָעַק
show, 281	הַצָּגָה (נ.)
shut	סָגַר
sick, 117	חוֹלֶה
sidewalk, 321	מִדְרָכָה (נ.)
signature, 317	חֲתִימָה (נ.)
simple	פָּשׁוּט
since when?	מִמָּתַי
sing	שָׁר
singular	יָחִיד
sister	אָחוֹת
sit	יָשַׁב
Sivan, 141	סִיוָן
six	שִׁישָּׁה (ז.), שֵׁשׁ (נ.)

poem	שִׁיר (ז.)
Poland, 302	פּוֹלַנְיָה (נ.)
policeman, 59	שׁוֹטֵר
politician, 49	פּוֹלִיטִיקַאי
politics	פּוֹלִיטִיקָה (נ.)
poor	עָנִי
popular	פּוֹפּוּלָרִי
it's possible, 251	אֶפְשָׁר
potato, 226	תַּפּוּחַ-אֲדָמָה (ז.)
pound (currency)	לִירָה (נ.)
pray, 269	הִתְפַּלֵּל
prayer, 185	תְּפִילָּה
present	מַתָּנָה (נ.)
present tense	זְמַן הוֹוֶה
pretty	יָפֶה
prison, 147	כֶּלֶא
profession, 317	מִקְצוֹעַ (ז.)
professor	פְּרוֹפֵסוֹר
promise (v.), 310	הִבְטִיחַ לְ-
prosper, 306	הִצְלִיחַ
psychiatrist, 189	פְּסִיכִיאָטוֹר
psychology, 1	פְּסִיכוֹלוֹגְיָה (נ.)
pupil	תַּלְמִיד
put	שָׂם
put in order	סִידֵּר, עָשָׂה סֵדֶר
put on	לָבַשׁ
put on (shoe)	נָעַל

Q

quarter, 56	רֶבַע (ז.)
queen	מַלְכָּה
question	שְׁאֵלָה (נ.)
questionnaire, 316	שְׁאֵלוֹן (ז.)
quickly	מַהֵר
quiet, 83	שֶׁקֶט
quietly, 83	בְּשֶׁקֶט

R

rabbi	רַבִּי (ז.)
radio	רַדְיוֹ (ז.)
rain	גֶּשֶׁם (ז.)
read	קָרָא
reading	קְרִיאָה (נ.)
receive, 8	קִיבֵּל
red, 133	אָדוֹם
regret, 289	הִצְטַעֵר
religious, 191	דָּתִי
remember, 107	זָכַר
request (n.)	בַּקָּשָׁה (נ.)
request (v.), 8	בִּיקֵּשׁ מִ-
reside	גָּר
rest (v.), 154	נָח
restaurant	מִסְעָדָה (נ.)
restaurant owner, 19	בַּעַל מִסְעָדָה (ז.)
return (v.)	חָזַר
review	חֲזָרָה (נ.)
rice, 226	אוֹרֶז (ז.)
rich	עָשִׁיר
right	נָכוֹן
right (person), 193	צוֹדֵק

old (thing)	יָשָׁן
on, 40	עַל
once	פַּעַם (נ.)
one	אֶחָד (ז.), אַחַת (נ.)
0.01 of Israeli pound, 4	אֲגוֹרָה
on one occasion	פַּעַם (נ.)
one time	פַּעַם (נ.)
onion, 226	בָּצָל (ז.)
only	רַק
open (v.)	פָּתַח
opera	אוֹפֶּרָה (נ.)
optometrist, 292	אוֹפְּטוֹמֶטְרִיסְט
or	אוֹ
oral exercise	תַּרְגִּיל בְּעַל-פֶּה
order (n.)	סֵדֶר (ז.)
order (v.), 306	הִזְמִין
orderly, 348	מְסוּדָּר
other	אַחֵר
oven	תַּנּוּר (ז.)

P

painter	צַיָּר
painting	תְּמוּנָה (נ.)
pair, 295	זוּג (ז.)
pants, 123	מִכְנָסַיִם (ז.ר.)
parachute (v.), 147	צָנַח
paradise, 83	גַּן עֵדֶן (ז.)
paratrooper, 147	צַנְחָן
parentheses, 314	סוֹגְרַיִים (ז.ר.)
parents	הוֹרִים (ז.ר.)
part, 270	חֵלֶק (ז.)
participate, 289	הִשְׁתַּתֵּף בְּ-
partisan, 147	פַּרְטִיזָן
party	מְסִיבָּה (נ.)
pass, 95	עָבַר
past	עָבָר
past tense	זְמַן עָבָר
paved road, 321	כְּבִישׁ (ז.)
pay, 8	שִׁילֵּם לְ-
peace	שָׁלוֹם
peasant, 178	אִיכָּר
pepper, 226	פִּלְפֵּל (ז.)
performance, 281	הַצָּגָה (נ.)
it's permitted, 276	מוּתָּר
Persia, 270	פָּרַס (נ.)
person	אִישׁ
phone (v.), 200	טִילְפֵּן
physician, 117	רוֹפֵא
picture	תְּמוּנָה (נ.)
pioneer	חָלוּץ (ז.)
pistol, 59	אֶקְדָּח (ז.)
pizza	פִּיצָה (נ.)
place, 107	מָקוֹם (ז.)
play (n.), 302	מִשְׂחָק (ז.)
play (game, role) (v.), 8	שִׂיחֵק
please	בְּבַקָּשָׁה
plow (v.), 178	חָרַשׁ
plowed, 178	חָרוּשׁ
plural	רַבִּים

mother	אִמָּא
mountain, 337	הַר (ז.)
mouth, 241	פֶּה (ז.)
movie	סֶרֶט (ז.)
movie theater, 275	קוֹלְנוֹעַ (ז.)
Mr., 135	אָדוֹן
Mrs., 135	גְבֶרֶת
much	הַרְבֵּה
museum	מוּזֵיאוֹן (ז.)
music	מוּזִיקָה (נ.)
must	צָרִיךְ
my	שֶׁלִּי

N

name	שֵׁם (ז.)
(my, his, etc.) name is	קוֹרְאִים לְ-
narrow, 161	צַר
Nazi, 147	נָאצִי
near, 105	קָרוֹב, עַל-יַד
need	צָרִיךְ
neighbour, 32	שָׁכֵן
never, 80	אַף פַּעַם
new	חָדָשׁ
newspaper	עִיתוֹן (ז.)
new year card, 116	כַּרְטִיס שָׁנָה טוֹבָה (ז.)
New-York	נְיוּ-יוֹרְק
next week, 68	בַּשָּׁבוּעַ הַבָּא
next year, 68	בַּשָּׁנָה הַבָּאָה
nice	יָפֶה, נֶחְמָד
nicely	יָפֶה
night	לַיְלָה (ז.)
nine	תִּשְׁעָה (ז.), תֵּשַׁע (נ.)
nineteen, 101	תִּשְׁעָה עָשָׂר (ז.)
	תְּשַׁע עֶשְׂרֵה (נ.)
ninth	תְּשִׁיעִי
Nisan, 141	נִיסָן
no	לֹא
nobody, 80	אַף אֶחָד
noise, 97	רַעַשׁ (ז.)
no longer, 4	כְּבָר לֹא
noon	צָהֳרַיִים
no one, 80	אַף אֶחָד
normal, 189	נוֹרְמָלִי
nose, 241	אַף (ז.)
not	לֹא
note (n.), 214	פֶּתֶק (ז.)
notebook	מַחְבֶּרֶת (נ.)
nothing , 80	שׁוּם דָּבָר
notice, 282	מוֹדָעָה (נ.)
not right	לֹא נָכוֹן
not yet	עוֹד לֹא, עֲדַיִין לֹא
November, 140	נוֹבֶמְבֶּר
now	עַכְשָׁיו
number	מִסְפָּר (ז.)

O

observe, 191	שָׁמַר עַל
it's... o'clock	הַשָּׁעָה
October, 140	אוֹקְטוֹבֶּר
odor, 337	רֵיחַ (ז.)
of	שֶׁל
office	מִשְׂרָד (ז.)
okay	בְּסֵדֶר
old (person)	זָקֵן

line, 276	שׁוּרָה (נ.)
lion, 270	לָבִיא
lip, 241	שָׂפָה (נ.)
lira	לִירָה (נ.)
a little, 223	קְצָת
live, 4	חַי
live (in a place)	גָּר
living room, 154	סָלוֹן (ז.) , חֲדַר אוֹרְחִים (ז.) ,
long, 246	אָרוֹךְ
long for, 246	הִתְגַּעְגֵּעַ לְ-
look, 289	הִסְתַּכֵּל עַל/בְּ-
look for, 105	חִיפֵּשׂ
a lot	הַרְבֵּה
love (v.)	אָהַב
low, 161	נָמוּךְ
luck	מַזָּל (ז.)
lunch	אֲרוּחַת-צָהֳרַיִם (נ.)

M

Macdonald	מֶקְדוֹנַלְד
mad	מְשׁוּגָע
make	עָשָׂה
make angry, 324	הִרְגִּיז
make laugh, 328	הִצְחִיק
make progress (in), 298	הִתְקַדֵּם (בְּ-)
man, 193	גֶּבֶר, אִישׁ
mandate, 332	מַנְדָּט (ז.)
many	הַרְבֵּה
map, 104	מַפָּה (נ.)
March, 140	מֶרְץ
margarine, 94	מַרְגָּרִינָה (נ.)
market, 229	שׁוּק (ז.)
Marocco	מָרוֹקוֹ
marry (perform the ceremony), 269	חִיתֵּן
masculine	זָכָר
mathematics	מָתֵמָטִיקָה
May, 140	מַאי
maybe, 89	אוּלַי
me	אוֹתִי
meal	אֲרוּחָה (נ.)
meanwhile, 154	בֵּינְתַיִים
meat, 225	בָּשָׂר (ז.)
meet, 1	פָּגַשׁ
meeting, 315	פְּגִישָׁה (נ.)
Messiah, 54	מָשִׁיחַ (ז.)
meter, 223	מֶטֶר (ז.)
Mexico, 207	מֶקְסִיקוֹ
middle, 95	אֶמְצַע (ז.)
milk, 95	חָלָב (ז.)
milk man, 214	מְחַלֵּק חָלָב
minister, 270	שַׂר (ז.)
minute, 56	דַּקָּה (נ.)
Mishna, 32	מִשְׁנָה (נ.)
miss, 264	הִתְגַּעְגֵּעַ לְ-
modern, 32	מוֹדֶרְנִי
moment	רֶגַע (ז.)
money	כֶּסֶף (ז.)
month	חוֹדֶשׁ (ז.)
this month	הַחוֹדֶשׁ
more, 218	עוֹד, יוֹתֵר
morning	בּוֹקֶר (ז.)
the most, 230	הֲכִי

J

January, 140	יָנוּאָר
Jerusalem	יְרוּשָׁלַיִם
Jew	יְהוּדִי
Jewish	יְהוּדִי
joke	בְּדִיחָה (נ.)
Jordan (river), 207	יַרְדֵּן (ז.)
journey, 107	טִיּוּל (ז.)
judge (n.), 83	שׁוֹפֵט
July, 140	יוּלִי
June, 140	יוּנִי
just a moment	רַק רֶגַע

K

key, 284	מַפְתֵּחַ (ז.)
kibbutz	קִיבּוּץ (ז.)
kill, 147	הָרַג
kilogram, 223	קִילוֹגְרַם (ז.)
king	מֶלֶךְ
Kislev, 141	כִּסְלֵו
kiss (each other), 269	הִתְנַשֵּׁק (עִם)
kitchen, 40	מִטְבָּח (ז.)
knock (v.)	דָּפַק
know	יָדַע

L

Ladino, 32	לָאדִינוֹ
lamp, 40	מְנוֹרָה (נ.)
land, 32	אֶרֶץ (נ.)
the Land of Israel, 32	אֶרֶץ יִשְׂרָאֵל
language, 8	שָׂפָה (נ.)
large	גָּדוֹל
last, 276	אַחֲרוֹן
last..(night, week, etc.)	בַּ...שֶׁעָבַר
late, 56	מְאוּחָר
later	אַחַר-כָּךְ
Latin, 218	לָטִינִית (נ.)
lawful, 332	לֵיגָאלִי
learn	לָמַד
learned person (in Torah and Talmud)	תַּלְמִיד-חָכָם
the least, 230	הֲכִי פָּחוֹת
legal, 332	לֵיגָאלִי
lemon, 94	לִימוֹן (ז.)
lemonade	לִימוֹנָדָה (נ.)
less, 218	פָּחוֹת
lesson	שִׁיעוּר (ז.)
let's, 105	בּוֹא
letter	מִכְתָּב (ז.)
lettuce, 226	חַסָּה (נ.)
liberal, 278	לִיבֵּרָלִי
library	סִפְרִיָּה (נ.)
lie (v.), 178	שִׁיקֵּר
life, 32	חַיִּים (ז.ר.)
light (adj.), 161	קַל
light, 321	אוֹר (ז.)
light (v.), 324	הִדְלִיק
like	כְּמוֹ

hold, 324	הֶחֱזִיק
holiday, 191	חַג (ז.)
home	בַּיִת (ז.)
homeward, 154	הַבַּיְתָה
homework	שִׁיעוּרִים (ז.ר.)
hood, 346	כִּיפָּה (נ.)
horse	סוּס
hot, 75	חַם
I'm hot, 71	חַם לִי
hour	שָׁעָה (נ.)
house	בַּיִת (ז.)
how	אֵיךְ
how are things?	מַה נִשְׁמַע?
how are you?	מַה נִשְׁמַע?
how long?	כַּמָּה זְמַן?
how long ago?	לִפְנֵי כַּמָּה זְמַן?
how many?	כַּמָּה?
how much?	כַּמָּה?
how much time?	כַּמָּה זְמַן?
hug each other, 269	הִתְחַבֵּק (עִם)
hundred, 101	מֵאָה (נ.)
hungry, 19	רָעֵב
hunter, 346	צַיָּיד
hurt, 248	כָּאַב לְ-
husband	בַּעַל
hypochondriac, 310	הִיפּוֹכוֹנְדְרִי

I

I	אֲנִי
idea, 193	רַעְיוֹן (ז.)
if	אִם
if you please	בְּבַקָּשָׁה
I have no idea	אֵין לִי מוּשָּׂג
it's impossible	אִי אֶפְשָׁר
important	חָשׁוּב
in	בְּ-
in a week, 68	בְּעוֹד שָׁבוּעַ
inexpensive	זוֹל
inflation , 94	אִינְפְלַצְיָה (נ.)
in order (to), 185	כְּדֵי
intellectual, 132	אִינְטֶלֶקְטוּאָל
intelligence	שֶׂכֶל (ז.)
interesting	מְעַנְיֵין
in the	בַּ-
in this way, 95	כָּךְ
invite, 306	הִזְמִין
Israel, 32	הָאָרֶץ
Israel	יִשְׂרָאֵל
Italian, 207	אִיטַלְקִית (נ.)
Italy, 207	אִיטַלְיָה (נ.)

gift	מַתָּנָה
girl	בַּת, יַלְדָּה
girlfriend	חֲבֵרָה
give	נָתַן
give out, 214	חִילֵּק
glad	שָׂמֵחַ
glass, 211	כּוֹס (נ.)
go	הָלַךְ
go (by car, plane, etc.)	נָסַע
goat, 270	עֵז (נ.)
go back	חָזַר
God	אֱלוֹהִים (ז.)
go down, 332	יָרַד
gold, 178	זָהָב (ז.)
good	טוֹב
good by	שָׁלוֹם
good luck !	מַזָּל טוֹב !
go on, 310	הִמְשִׁיךְ
grandfather, 21	סַבָּא
great ! , 281	יוֹפִי !
green, 133	יָרוֹק
greet, 302	בֵּירֵךְ אֶת, עַל
guard, 191	שָׁמַר עַל
guest, 154	אוֹרֵחַ
guitar, 230	גִּיטָרָה (נ.)

H

Haifa	חֵיפָה (נ.)
hair, 241	שְׂעָרוֹת (נ.ר.)
half, 56	חֲצִי
hamburger	הַמְבּוּרְגֵר (ז.)
hand, 246	יָד (נ.)
happen, 95	קָרָה
happy, 117	מְאוּשָּׁר, שָׂמֵחַ
hard, 75	קָשֶׁה
have	יֵשׁ לְ-
have no	אֵין לְ-
not have	אֵין לְ-
have to	צָרִיךְ
he	הוּא
head, 1	רֹאשׁ (ז.)
healthy, 117	בָּרִיא
hear	שָׁמַע
heart, 246	לֵב (ז.)
heat (v.), 337	חִימֵּם
heavy, 161	כָּבֵד
Hebrew	עִבְרִית (נ.)
help, 332	עֶזְרָה (נ.)
help (v.)	עָזַר לְ-
here, 105	הִנֵּה, כָּאן
Heshvan, 141	חֶשְׁוָן
high, 161	גָּבוֹהַּ
him	אוֹתוֹ
hippie, 279	הִיפִּי
his	שֶׁלּוֹ
history	הִיסְטוֹרְיָה (נ.)
hitchhiker, 321	טְרֶמְפִּיסְט

fifteen, 101	חֲמִישָׁה עָשָׂר (ז.)
	חֲמֵשׁ עֶשְׂרֵה (נ.)
fifth	חֲמִישִׁי
fifty, 101	חֲמִישִּׁים
fill, 316	מִילֵא
find, 95	מָצָא
fine	בְּסֵדֶר
finish (v.), 107	גָּמַר
first	רִאשׁוֹן
first, 193	קוֹדֶם
fish	דָּג (ז.)
fish (v.)	דָּג
fisherman	דַּיָּיג
fire	מְדוּרָה
food	אוֹכֶל (ז.)
foot	רֶגֶל (נ.)
on foot, 246	בָּרֶגֶל
for	בִּשְׁבִיל, לְ-
it's forbidden, 276	אָסוּר
forest, 346	יַעַר (ז.)
forget	שָׁכַח
forgive, 147	סָלַח
for the	לַ-
four	אַרְבָּעָה (ז.), אַרְבַּע (נ.)
fourteen	אַרְבָּעָה עָשָׂר (ז.)
	אַרְבַּע עֶשְׂרֵה (נ.)
forth	רְבִיעִי
forty, 101	אַרְבָּעִים
France, 207	צָרְפַת (נ.)
French (language), 207	צָרְפָתִית (נ.)
French Fries	צִ'יפְּס (ז.)
fresh, 229	טָרִי
friend	חָבֵר
from	מִ-/מֵ-
from when?	מִמָּתַי
fruit, 225	פֵּירוֹת (ז.ר.)
funeral, 178	הַלְוָויָה (נ.)
funny, 281	מַצְחִיק
furniture, 154	רָהִיטִים (ז.ר.)
future	עָתִיד

G

garage	גָּרָז' (ז.)
garden, 117	גַּן (ז.)
Garden of Eden, 83	גַּן עֵדֶן (ז.)
gas, 284	גַּז (ז.)
gentelman	גֶ'נְטֶלְמֶן
get, 8	קִיבֵּל
get angry, 270	הִתְרַגֵּז (עַל)
get divorced, 269	הִתְגָּרֵשׁ
get dressed, 260	הִתְלַבֵּשׁ
get excited, 264	הִתְרַגֵּשׁ
get married, 264	הִתְחַתֵּן (עִם)
get old, 289	הִזְדַּקֵּן
get up	קָם
get used to, 269	הִתְרַגֵּל לְ-
get washed, 260	הִתְרַחֵץ

E

ear, 241	אוֹזֶן (נ.)
early, 56	מוּקְדָם
earn, 324	הִרְוִיחַ
easy, 75	קַל
it's easy for me, 71	קַל לִי
eat	אָכַל
education, 191	חִינּוּךְ (ז.)
egg, 97	בֵּיצָה (נ.)
eight	שְׁמוֹנָה (ז.), שְׁמוֹנֶה (נ.)
eighteen	שְׁמוֹנָה עָשָׂר (ז.)
	שְׁמוֹנֶה עֶשְׂרֵה (נ.)
eighth	שְׁמִינִי
eighty , 101	שְׁמוֹנִים
electronics, 317	אֶלֶקְטְרוֹנִיקָה (נ.)
eleven, 100	אַחַד עָשָׂר (ז.)
	אַחַת עֶשְׂרֵה (נ.)
Elul, 141	אֱלוּל
encyclopedia	אֶנְצִיקְלוֹפֶּדְיָה (נ.)
end, 95	סוֹף (ז.)
energy	כּוֹחַ (ז.)
England, 207	אַנְגְלִיָה (נ.)
English	אַנְגְלִית (נ.)
enough, 103	מַסְפִּיק
Europe	אֵירוֹפָּה (נ.)
even	אֲפִילוּ
evening	עֶרֶב (ז.)
every, 77	כׇּל
everybody	כּוּלָם (ר.)
everyday, 32	יוֹם יוֹם
everything, 77	הַכֹּל
everything's fine	הַכֹּל בְּסֵדֶר
examination, 53	בְּחִינָה (נ.)
example	דוּגְמָא (נ.)
excellent, 302	מְצוּיָן
excuse me !	סְלִיחָה
exercise	תַּרְגִּיל (ז.)
explain, 324	הִסְבִּיר
eye, 241	עַיִן (נ.)

F

face, 241	פָּנִים (ז.ר.)
falafel	פַלָפֶל (ז.)
fall (rain, etc.), 332	יָרַד
family	מִשְׁפָּחָה (נ.)
far, 59	רָחוֹק
farm, 337	מֶשֶׁק (ז.)
farmer, 147	חַקְלַאי
farmer, 178	אִיכָּר
fat, 218	שָׁמֵן
father	אַבָּא
fear, 19	פַּחַד
February, 140	פֶּבְּרוּאָר
feel, 306	הִרְגִּישׁ
female	נְקֵבָה
feminine	נְקֵבָה
fever, 248	חוֹם (ז.)
field, 178	שָׂדֶה (ז.)

D

dance (v.), 193	רָקַד
date, 315	פְּגִישָׁה (נ.)
date (calendar), 317	תַּאֲרִיךְ (ז.)
daughter	בַּת
day	יוֹם (ז.)
dear	יָקָר
death, 270	מָוֶת (ז.)
December, 140	דֶּצֶמְבֶּר
decide, 324	הֶחְלִיט
definite direct object marker	אֵת
deserve	הִגִּיעַ לְ-
desire, 44	חֵשֶׁק (ז.)
desk, 40	שׁוּלְחַן (ז.)
destroy, 193	הָרַס
dialogue	דִיאַלוֹג (ז.)
dictionary, 32	מִילוֹן (ז.)
die, 83	מֵת
diet, 276	דִיאֵטָה (נ.)
different, 226	שׁוֹנֶה
difficult, 75	קָשֶׁה
It's difficult for me, 71	קָשֶׁה לִי

dinner	אֲרוּחַת-עֶרֶב (נ.)
dirty	מְלוּכְלָךְ
distribute, 214	חִילֵּק
Dizengoff (street)	דִיזֶנְגוֹף
do	עָשָׂה
do a favor	עָשָׂה טוֹבָה לְ-
doctor	דוֹקְטוֹר (ז.)
dollar	דוֹלָר (ז.)
donkey, 211	חֲמוֹר (ז.)
don't, 97	אַל
door	דֶּלֶת (נ.)
double, 242	זוּגִי
drag, 211	סָחַב
dream (v.), 270	חָלַם
dream, 83	חֲלוֹם (ז.)
dress (n.), 123	שִׂמְלָה (נ.)
drink	שָׁתָה
drive (v.), 321	נָהַג
driver	נֶהָג
dual, 242	זוּגִי
during, 54	בְּמֶשֶׁךְ
dye	צָבַע (אֶת, בְּ-)

C

cabinet, 40	אָרוֹן (ז.)
cafeteria	קָפֶטֶרְיָה
cake, 279	עוּגָה (נ.)
calendar date, 317	תַּאֲרִיךְ (ז.)
call, 200	קָרָא לְ-, טִילְפֵן
campus	קַמְפּוּס (ז.)
can	יָכוֹל
candle, 191	נֵר (ז.)
car, 26	אוֹטוֹ (ז.), מְכוֹנִית (נ.)
carpet, 154	שָׁטִיחַ (ז.)
carrot, 227	גֶּזֶר (ז.)
cash register, 281	קוּפָּה (נ.)
cat	חָתוּל
catch (v.), 147	תָּפַס
celebrate, 191	חָגַג
central (bus) station	תַּחֲנָה מֶרְכָּזִית
certain, 211	בָּטוּחַ
chair, 40	כִּיסֵא (ז.)
Chalah, 191	חַלָּה (נ.)
change me to...	הָפַךְ אוֹתִי לְ-
chapter, 214	פֶּרֶק (ז.)
cheap	זוֹל
cheese, 97	גְּבִינָה (נ.)
Chicago	שִׁיקָגוֹ (נ.)
child	יֶלֶד
China, 207	סִין
Chinese, 207	סִינִית (נ.)
chocolate, 279	שׁוֹקוֹלָד (ז.)
choose, 123	בָּחַר בְּ-
cigarette, 59	סִיגָרְיָה (נ.)
cinema, 275	קוֹלְנוֹעַ (ז.)
circumciser	מוֹהֵל (ז.)
city	עִיר (נ.)
class	שִׁיעוּר (ז.), כִּיתָּה (נ.)
classical, 132	קְלַאסִי
classroom	כִּיתָּה (נ.)
clean	נָקִי
cleaning woman, 49	עוֹזֶרֶת (נ.)
clever	חָכָם
climb, 99	עָלָה עַל
clock	שָׁעוֹן (ז.)
close	סָגַר
closet, 40	אָרוֹן (ז.)
cloths	בְּגָדִים (ז.ר.)
coat, 59	מְעִיל (ז.)
Coca-Cola	קוֹקָה-קוֹלָה (נ.)
coffee	קָפֶה (ז.)
cold, 75	קַר
I'm cold, 71	קַר לִי
color, 133	צֶבַע (ז.)
come	בָּא
come, 105	בּוֹא
come back	חָזַר
comedy, 147	קוֹמֶדְיָה (נ.)
complete (v.), 326	הִשְׁלִים
concert	קוֹנְצֶרְט (ז.)
congratulations !	מַזָּל טוֹב !
continue, 310	הִמְשִׁיךְ
conversation	שִׂיחָה (ז.)
cook (v.), 191	בִּישֵּׁל
cooked, 229	מְבוּשָּׁל
correct	נָכוֹן
cost	עָלָה
country, 32	אֶרֶץ (נ.)
couple, 295	זוּג (ז.)
course, 22	קוּרְס (ז.), שִׁיעוּר (ז.), ?
crazy	מְשׁוּגָּע
cucumber, 226	מְלָפְפוֹן (ז.)
custom, 191	מִנְהָג (ז.)
cute	נֶחְמָד
Cyprus, 332	קַפְרִיסִין

B

baby-sitter, 283	בֵּיְיבִּי סִיטֶר
back, 246	גַּב (ז.)
back (adj.), 332	חֲזָרָה
bad	רַע
balcony, 154	מִרְפֶּסֶת (נ.)
banana, 279	בָּנָנָה (נ.)
Bar-Mitzva, 185	בַּר מִצְוָה
baseball, 8	בֵּייסְבּוֹל (ז.)
basket, 346	סַל (ז.)
be	הָיָה
beach, 332	חוֹף (ז.) , יָם (ז.)
beautiful	יָפֶה
beauty queen, 223	מַלְכַּת יוֹפִי
because	כִּי
bed, 40	מִיטָה (נ.)
bedroom, 154	חֲדַר שֵׁינָה (ז.)
beer, 94	בִּירָה (נ.)
before	לִפְנֵי
beforehand, 193	קוֹדֶם
begin, 306	הִתְחִיל
belly, 246	בֶּטֶן (נ.)
better	יוֹתֵר טוֹב
between, 290	בֵּין
Bible, 32	תַּנַ"ךְ (ז.)
big	גָּדוֹל
bikini	בִּיקִינִי (ז.)
a bit, 223	קְצָת
black, 133	שָׁחוֹר
bless, 302	בֵּירַךְ אֶת, עַל
blond, 223	בְּלוֹנְדִינִי
blue, 133	כָּחוֹל
boat, 332	סִירָה (נ.)
body, 241	גּוּף (ז.)

bonfire, 337	מְדוּרָה (נ.)
book	סֵפֶר (ז.)
I'm bored, 71	מְשַׁעֲמֵם לִי
boring, 75	מְשַׁעֲמֵם
be born, 139	נוֹלַד
boss	בּוֹס
bottle, 214	בַּקְבּוּק (ז.)
bourgeois, 107	בּוּרְגָּנִי
box office, 281	קוּפָּה (נ.)
boy	יֶלֶד , בֵּן
boyfriend	חָבֵר
brains	שֵׂכֶל (ז.)
bread, 83	לֶחֶם (ז.)
breakfast	אֲרוּחַת בּוֹקֶר (נ.)
bridge (game), 22	בְּרִידְג' (ז.)
British, 332	בְּרִיטִי
Briton, 332	בְּרִיטִי
brother	אָח
brown, 132	חוּם
build, 147	בָּנָה
building	בִּנְיָן (ז.)
bus	אוֹטוֹבּוּס (ז.)
but	אֲבָל
buy	קָנָה
by	עַל־יַד
by oneself	לְבַד

English-Hebrew Dictionary

A

abdomen, 246	בֶּטֶן (נ.)
able to	יָכוֹל
about	עַל
according to, 256	לְפִי
acting (n.), 302	מִשְׂחָק (ז.)
actor, 281	שַׂחְקָן
ad, 282	מוֹדָעָה (נ.)
Adar, 141	אֲדָר
address, 104	כְּתוֹבֶת (נ.)
be afraid, 19	פָּחַד
after	אַחֲרֵי
afterwards	אַחַר-כָּךְ
ago	לִפְנֵי
agree, 310	הִסְכִּים
air, 94	אֲוִיר
all, 77	כֹּל, כֹּל הַ-
all of them	כּוּלָּם (ר.)
all the, 77	כֹּל הַ-
almost, 315	כִּמְעַט
alone	לְבַד
already	כְּבָר
also	גַּם
always	תָּמִיד
ambulance, 59	אַמְבּוּלַנְס (ז.)
America	אֲמֵרִיקָה (נ.)
among, 290	בֵּין
and	וְ-
angel, 83	מַלְאָךְ (ז.)
animal, 199	חַיָּה (נ.)
answer (n.)	תְּשׁוּבָה (נ.)
answer (v.)	עָנָה (לְ-)
apartment	דִּירָה (נ.)
good appetite!	בְּתֵאָבוֹן
April, 140	אַפְּרִיל
Arabic, 32	עֲרָבִית (נ.)
architect, 315	אַרְכִיטֶקְט
architecture, 315	אַרְכִיטֶקְטוּרָה (נ.)
arm, 246	יָד (נ.)
army, 147	צָבָא (ז.)
arrange, 116	סִידֵּר
as	כְּמוֹ
ascend, 99	עָלָה עַל
ask	שָׁאַל
ask for, 8	בִּיקֵּשׁ מִ-
at	בְּ-
at...(o'clock)	בְּשָׁעָה...
at somebody's, 123	אֵצֶל
at the	בַּ-
at the time that	כְּשֶׁ-
audience, 289	קָהָל (ז.)
August, 140	אוֹגוּסְט
automaton, 294	אוֹטוֹמָט (ז.)
automobile, 26	אוֹטוֹ (ז.)
Av, 141	אָב